Anmerkungen und Argumente
zur historischen und politischen Bildung

Herausgegeben von Friedrich J. Lucas †
Paul Ackermann · Rolf Schörken

Herausgeber

Prof. Dr. Friedrich Lucas (1927–1974)

Dr. Paul Ackermann, Professor für Politikwissenschaft an der Pädagogischen Hochschule Ludwigsburg, Pfullinger Steige 13, 7410 Reutlingen 2 (Gönningen)

Dr. Rolf Schörken, Professor für Didaktik der Geschichte und politische Bildung an der Universität-Gesamthochschule-Duisburg, Aprather Str. 4, 4000 Düsseldorf 12

Paul Ackermann (Hrsg.)

Politisches Lernen vor Ort

**Außerschulische Lernorte
im Politikunterricht**

Ernst Klett Verlag

CIP-Titelaufnahme der Deutschen Bibliothek

Politisches Lernen vor Ort : außerschul. Lernorte im
Politikunterricht / Paul Ackermann (Hrsg.). – Stuttgart : Klett,
1988
  (Anmerkungen und Argumente zur historischen und politischen
  Bildung)
  ISBN 3-12-920294-3
NE: Ackermann, Paul [Hrsg.]

1. Auflage 1988
Alle Rechte vorbehalten
© Ernst Klett Verlag GmbH u. Co. KG, Stuttgart 1988
Printed in Germany
Schreibsatz: M. Jirschik, Schwieberdingen
Druck: Ludwig Auer, Donauwörth
Einbandgestaltung: Zembsch' Werkstatt, München
ISBN 3-12-920294-3

Inhalt

Vorwort

In diesem Band werden wichtige außerschulische Lernorte für die schulische politische Bildung vorgestellt und dem Lehrer Hilfen zu deren Erkundung an die Hand gegeben. Obwohl diese Organisationsform des Lehrens und Lernens, die in verwandten Fächern wie Geographie und Geschichte schon eine Tradition hat, einen Ansatz zu einem lebendigeren politischen Unterricht darstellt, wurde sie bisher in der Praxis und Theorie politischer Bildung vernachlässigt. Die Einführung gibt einen Überblick über die besonderen Lernchancen von politischen Erkundungen.

Die Beiträge zu den einzelnen Lernorten haben den Charakter eines didaktisch-methodischen Reiseführers, der über die verschiedenen Stationen und Lernangebote informiert. Die Benutzer des Bandes sollen in die Lage versetzt werden, nicht nur eine Erkundung nachzuvollziehen, sondern auch sich selbst ein Programm zusammenzustellen, das den Bedürfnissen ihrer Lerngruppe – vor allem der Sekundarstufe I – entspricht. Auf eine einheitliche Präsentationsform wurde bewußt verzichtet, auch um die unterschiedlichen Möglichkeiten der Vor- und Nachbereitung und Durchführung von Erkundungen zu dokumentieren.

Die Veröffentlichung ist aus einem didaktischen Forschungsprojekt über „Außerschulische Lernorte schulischer politischer Bildung" entstanden, das an den Pädagogischen Hochschulen Reutlingen und Ludwigsburg mit Unterstützung der „Stiftung für Bildung und Behindertenförderung" Stuttgart und der Landeszentrale für politische Bildung Baden-Württemberg durchgeführt wurde. Neben diesen Institutionen ist der Herausgeber Herrn Jürgen Beck, Grund- und Hauptschullehrer, der zeitweise für dieses Projekt an die Hochschule abgeordnet war, und vielen Schulklassen, mit denen wir Erkundungen erprobt haben, zu Dank verpflichtet.

Paul Ackermann

Einführung: Außerschulische Lernorte — ungenutzte Chancen politischer Bildung

„Unsere Gelehrten sind doch wunderliche Leute. Wenn jemand wochenlang im Bücherstaube wühlt und nichts findet, so war das wissenschaftlich gearbeitet, wenn aber Einer im lebendigen persönlichen Verkehr die feinste Entdeckung macht, so kann das doch nicht für wissenschaftliche Arbeit gelten." Hans-Goerg Wehling überträgt diese sicher etwas übertrieben formulierte These des „Vaters der deutschen Volkskunde" Wilhelm Heinrich Riehl (1869) auf die heutige Pädagogik: „Unsere Pädagogen sind doch wunderliche Leute. Wenn jemand tage- und wochenlang in der Enge des Tagungsraums oder des Klassenzimmers arbeitet und nichts erreicht, so war das pädagogisch gearbeitet, wenn aber einer im lebendigen persönlichen Verkehr die feinsten Entdeckungen zu machen ermöglicht, so kann das doch nicht für pädagogische Arbeit gelten" (1).

Mit diesem Band wollen wir auf die didaktisch-methodischen Möglichkeiten außerschulischer Lernorte für den politischen Unterricht aufmerksam machen. Die Auswertung der fachdidaktischen Literatur und Umfragen bei Lehrern haben gezeigt, daß dieser pädagogische Zugang zur politischen Wirklichkeit im Schulfach Politik relativ wenig genutzt wird. In verwandten Fächern wie Geographie und Geschichte liegen dagegen mehrere Konzepte und eine Fülle von Erfahrungsberichten zu dieser Organisationsform des Unterrichts vor. Bevor wir die besonderen Lernchancen an außerschulischen Lernorten für die politische Bildung darstellen, wollen wir zunächst deren mögliche Funktion mittels einer Begriffsklärung und anhand einiger ausgewählter Beispiele aus der Geschichte der Pädagogik umreißen.

Lernen vor Ort, Lerngänge, Erkundungen, Studienfahrten u.a. — Begriffliche Hinweise

Der aus der Bergmannssprache stammende Ausdruck „vor Ort" bedeutet für den Unterricht, daß bestimmte Inhalte und Probleme außerhalb des Klassenzimmers „an der Stelle bearbeitet werden, wo sie direkt gesehen, studiert, unterrichtet werden können" (2). Man spricht auch von Real- und originaler Begegnung. Im angloamerikanischen Bereich, u.a. in den social

8

studies der USA, in denen die Schulfächer Geographie, Geschichte und Sozialkunde zusammengefaßt sind, werden für die Arbeit vor Ort Begriffe wie field study oder field research verwendet. In ähnliche Richtung zielt der Begriff der Erkundung, der vor allem im Zusammenhang mit Stadterkundung und Betriebserkundung gebraucht wird.

In der Heimatkunde und im Sachunterricht spricht man von Lern- oder Unterrichtsgang (z. B. zur Post oder zur Kläranlage), wobei in der Regel Lernorte, die zu Fuß zu erreichen sind, aufgesucht werden.

Die Schüler höherer Schulstufen machen Klassen- und Studienfahrten oder Exkursionen zu entfernteren Lernorten. Auch die Schullandheimaufenthalte oder Betriebspraktika gehören im weitesten Sinn zu dieser besonderen Organisationsform schulischen Lernens.

Der Begriff der außerschulischen Lernorte wurde vor allem in der Diskussion über die berufliche Bildung gebraucht. Dabei ging es vor allem darum, die strukturelle Trennung von allgemeiner und beruflicher Bildung zu überwinden. Vor diesem Hintergrund entwickelte die Bildungskommission des Deutschen Bildungsrates 1974 für die Sekundarstufe II das Konzept der Pluralität der Lernorte, wobei zwischen Schule, Betrieb und überbetrieblicher Ausbildungsstätte unterschieden wurde" (3).

Ohne auf definitorische Probleme und hinter den verschiedenen Begriffen stehenden didaktischen Konzepte einzugehen, werden in ihnen, wenn auch in unterschiedlicher Akzentuierung, folgende didaktisch-methodischen Intentionen angesprochen:

— das Verlassen der Schule, das Herauslaufen aus dem Schulgebäude (excurrere, excursio, Exkursion)
— die direkte Begegnung und die gezielte Auseinandersetzung mit Gegenständen, Problemen und Personen vor Ort durch die Schüler (z. B. Erkundung)
— die Durchführung und Auswertung eigener Untersuchungen „vor Ort" (z. B. Feldstudien)
— das Lernen und Zusammenleben in der Gruppe außerhalb der Schule (z. B. Klassenfahrt)

Die genannten Begriffe werden im folgenden z. T. synonym gebraucht, wenn auch unserer Meinung nach „Erkundung" am ehesten die angestrebte Intention trifft.

Außerschulische Lernorte — Ausgewählte Motive und Kategorien aus der Geschichte der Pädagogik

Die Forderung nach Realbegegnung besitzt in der Geschichte der Pädagogik eine lange Tradition. In unserem Zusammenhang ist es nicht sinnvoll, die entsprechende Entwicklungslinie zu beschreiben; es sollen vielmehr anhand einiger ausgewählter Beispiele Motive und Kategorien für Erkundungen, die auch heute noch von heuristischem Wert sind, aufgezeigt werden.

„Die Sache und handelnde Personen an die Stelle von Worten und Zeichen"

Fast alle Klassiker der Pädagogik, u.a. Commenius, Rousseau, die Philantropen, Pestalozzi, haben gefordert, „res et verba", Sache und Wort miteinander zu verbinden; so z. B. Rousseau: „Allgemein gelte, daß man nur dann das Zeichen an die Stelle der Sache setzen darf, wenn es unmöglich ist, sie zu zeigen" (4). Oder: „Die Lektüre ist die Geisel der Kindheit" (5). Diese Sätze wirken für die heutige durch das Buch und andere Medien bestimmte Schule sicher provozierend. An einer anderen Stelle des „Emile", wo der junge Mensch vor allem durch die günstige Auswahl von Lernsituationen und Lernorten lernen soll, wird Rousseau noch konkreter:

„Ihr beabsichtigt, das Kind in der Geographie zu unterrichten und holt ihm zu dem Zweck einen Globus, Karten des gestirnten Himmels und Atlanten herbei. Was für künstliche Apparate!. . . Weshalb laßt ihr nicht euer Erstes sein, ihm den Gegenstand selbst zu zeigen, damit es wenigstens begreife, wovon ihr mit ihm redet" (6).

In die gleiche methodische Richtung geht die Forderung Rousseaus in seinem Artikel „Economie politique":

„Deshalb sollen berühmte unter der Last ihrer Lorbeeren gebeugte Krieger den Mut predigen; rechtschaffene Magistrate, die im Purpur und auf dem Richterstuhl ergraut sind, Gerechtigkeit lehren; die einen wie die anderen werden sich so tugendhafte Nachfolger heranziehen. . ." (7).

Wenn wir auch der hinter dieser Forderung stehenden Konzeption politischer Bildung nicht folgen können, so ist der auch in diesem Beitrag wiederaufgenommene Hinweis bemerkenswert, die Jugendlichen direkt mit Politikern, Beamten, Richtern und Soldaten zu konfrontieren, allerdings nicht im Rousseauschen Sinne einer „Nachfolge", sondern zum Zwecke einer kritischen Auseinandersetzung.

Rousseau und anderen Pädagogen war die Vorstellung gemeinsam, daß die Realbegegnung und die Anschauung das Fundament des Unterrichtens und Lehrens sei.

Erkundungen zur Verstärkung der Lernmotivation

Die Ideen von Rousseau kamen über die Philantropen in die deutsche Pädagogik. Einer ihrer Vertreter, Christian Gotthilf Salzmann (1744–1811), empfahl die unmittelbare Begegnung mit der Heimat u.a., um die Motivation der Schüler zu verstärken. Dabei sah er durchaus die Schwierigkeiten von Erkundungen und ihren Zusammenhang mit dem normalen Unterricht:

„Aber, sagt man, dadurch werden deine Zöglinge zu sehr zerstreuet und gegen anhaltende Arbeit abgeneigt gemacht werden. Dieser Bedenklichkeit widerspricht aber die Erfahrung. Meine Zöglinge sind freilich nach einer geendigten Reise zwei bis drei Tage zerstreuet und fühlen sich nicht zu sehr zur Arbeit abgeneigt. Dies gestehe ich gerne zu. Nach diesem aber sind sie zu jedem Geschäfte weit munterer, als wenn sie ununterbrochen bei demselben hätten sitzen müssen. Jede Arbeit wird ihnen nur leichter, wenn nun die Rede auf Bergwerke, Naturalienkabinette, Fabriken, Holzpflanzungen, Wasserfälle, Felsen, Thäler und dgl. kommt, so haben sie von allen diesen Sachen deutliche Vorstellungen und freuen sich, daß sie das alles selbst gesehen haben, und daß sie sich an alle Vergnügen, das sie dabei genossen, und alle Beschwerlichkeiten, die sie dabei ausgestanden haben, wieder erinnern können" (8).

Erkundungen als Chance für bewußtes Sehen und Hören, gemeinsames Erleben und selbständiges Arbeiten

Die Gedanken Rousseaus und der Philantropen wurden vor allem in der deutschen Reformpädagogik wiederaufgenommen (9). In seinem Buch über Schülerwanderungen aus dem Jahre 1922 wendet sich Fritz Brather gegen die „Zwangsjacke der Lernschule, der Kenntnisschule":

„Der Schüler nimmt die vom Lehrer peinlichst zerlegte und vorgeschnittene Geistesnahrung willig auf und kaut sie brav und geduldig wieder. Glücklicher Weise ist jene Gattung von Schulräten, von denen nur das Schubladenwissen Geltung hat, im Aussterben begriffen . . . und der von der aus der Neugier der Wanderungen geborene Geistesblitz schafft der Jugend ein Wissen, das, anders als trockenes Buchwissen, lebt und selbst wieder pulsendes Leben schafft" (10).

Durch die unmittelbare Begegnung mit dem Objekt „vor Ort" in der Natur, in der Stadt, am Arbeitsplatz soll bewußtes Sehen und Hören gefördert werden.

Die Reformpädagogen sahen auch in den Lernorten außerhalb des Klassenzimmers eine Chance, das Interesse der Schüler zu wecken und gemeinsame Erlebnisse zu ermöglichen. Der Erlebnisunterricht sollte den ganzen Menschen erfassen und einen einseitigen Intellektualismus verhindern. Dieser Impuls wurde noch durch die Jugendbewegung Anfang des 20. Jahrhunderts verstärkt, die der Lebensentfremdung, dem toten Wissensstoff in Autoritätsschulen und dem Großstadtleben das gemeinsame Erlebnis der Wanderungen in freier Natur gegenüberstellte. In dieser Zeit wurden die Schulwandertage eingeführt und das deutsche Jugendherbergswerk errichtet (11).

Die Erkundungen boten auch die Möglichkeit, mit der „Schule der Tat, in der die drei Grundkräfte des Menschen ‚Kopf, Herz und Hand' (Pestalozzi) gleichermaßen zu ihrem Recht kommen, . . . die alte Wort-, Buch- und Sitzschule" zu überwinden. Nahezu alle Reformpädagogen hatten für eine Arbeits-, Tat-, Produktions- und Gemeinschaftsschule plädiert und legten besonderen Wert auf die Selbsttätigkeit der Schüler.

Die Entschulungsdiskussion und das Problem der außerschulischen Lernorte

In der Bundesrepublik Deutschland erhielt die Diskussion über außerschulische Lernorte neue Impulse durch die sogenannte Entschulungsdebatte in den 70er Jahren (12). Sie war vor allem durch die lateinamerikanischen Pädagogen Illich und Freire ausgelöst worden, die die organisierten Lernprozesse in der Schule weitgehend in Frage stellten. Mittels der Erfahrungen in Lateinamerika und in den Slums von Nordamerika arbeiteten sie heraus, daß Schule als staatliche Zwangsinstitution soziale Ungleichheit reproduziert, zum anderen wollten sie „mit ihrem Ruf nach ‚Entschulung' die pädagogische Entfremdung überhaupt aufheben, die Schule hinsichtlich der Vorbereitung zum Leben produziert" (13).

Neben dem Bemühen, „Schule als Erfahrungsraum" zu rekonstruieren, ging es in der bundesrepublikanischen Diskussion vor allem darum, durch eine Pluralität von Lernorten die institutionelle Trennung von allgemeiner und beruflicher Bildung zu überwinden. Mit Recht wird bemängelt, daß die Lernorttheorie stark auf den Bereich der beruflichen Bildung eingegrenzt und damit in ihrer Reichweite beschränkt wurde. Keck/Sandfuchs kommen zu dem Schluß, daß die Notwendigkeit und Fruchtbarkeit von Lerngängen zwar in zahlreichen Unterrichtslehren und Unterrichtsbeispielen (vor allem im Sachunterricht) ihren Niederschlag gefunden haben, aber insgesamt von der Unterrichtsforschung und in der didaktischen Theoriebildung vernachlässigt worden sind (14).

Politische Aspekte außerschulischer Lernorte

In der pädagogischen Diskussion spielten bisher politische außerschulische Lernorte eine relativ geringe Rolle. Auch bei geographisch und historisch orientierten Exkursionen wird dieser Aspekt oft bewußt oder unbewußt ausgeblendet. Dieses Defizit ist einmal mit einer in der deutschen politischen Kultur und Pädagogik begründeten Scheu vor der Politik zu erklären; zum anderen fehlt es den Lehrern und dann auch den Schülern oft an politischen Kategorien, um den politischen Charakter von außerschulischen Lernorten überhaupt wahrnehmen zu können. Nach Wolf-Dieter Narr ist das politische Feld gekennzeichnet durch „wissenschaftlich als Fragen formulierte Probleme, alternative Möglichkeiten, diese Probleme zu bewältigen, also Möglichkeiten des offenen und unterdrückten Konflikts und schließlich der Entscheidung und Durchführung der aktualisierten Problemlösung" (15). Diese Politikdefinition macht deutlich, daß Politik verschiedene Dimensionen aufweist. In der Regel werden folgende Aspekte von Politik unterschieden: Inhalt (policy), Prozeß (politics), Form (polity). Ausgehend von den genannten politischen Dimensionen wollen wir nun wichtige politische Hinsichten auf bzw. Kriterien für außerschulische Lernorte aufzeigen (16).

Gründe für die Vernachlässiung außerschulischer politischer Lernorte

Zunächst scheint es uns notwendig, nach den Gründen für die Ausblendung des Politischen bei Erkundungen zu suchen, auch um mögliche Vorurteile gegenüber dieser Organisationsform des politischen Unterrichts abzubauen. Allerdings fehlen uns für diesen Bereich empirische Untersuchungen, so daß wir uns z.T. auf Mutmaßungen beschränken müssen.
Wir haben gesehen, daß von der Reformpädagogik her Lern- und Unterrichtsgänge in der Heimatkunde die längste Tradition haben. Wie aus allen Untersuchungen hervorgeht, war das Gesellschaftsbild der Reformpädagogik weitgehend konfliktfeindlich und harmonisierend. Heimat wurde als heile Welt begriffen und ihre Verflochtenheit mit den übergreifenden gesellschaftlichen und politischen Strukturen bei den Lerngängen ausgeklammert (17).
Das in der Weimarer Republik eingeführte Schulfach Staatsbürgerkunde blieb auf Verfassungs- und Institutionenkunde beschränkt. Daß nach Gründung der Bundesrepublik Sprache und Schrift weitgehend die Auswahl der Inhalte des politischen Unterrichts und die Formen ihrer Bearbeitung bestimmten, liegt u.a. daran, daß dieses Fach sich in der Schule als „Ort der Schrift- und Sprachkultur" (18) erst etablieren mußte. Eine zum Teil falsch verstandene Wissenschaftsorientierung und eine Überbetonung kognitiver Inhalte ließen Lernorte außerhalb des Klassenzimmers für überflüssig erscheinen.

13

Ausgehend von der erwähnten Politikdefinition wollen wir nun aufzeigen, welche Aspekte der Politik durch Erkundungen zugänglich gemacht werden können. Allerdings werden die verschiedenen Dimensionen der Politik nur aus analytischen Gründen getrennt, in der politischen Wirklichkeit, d. h. an den verschiedenen außerschulischen Lernorten, erscheinen sie meistens nicht so getrennt.

Form der Politik

Politik läuft nach bestimmten Verfahrensregeln wie z. B. Verfassungen, Gesetzen, Geschäftsordnungen und in dafür zuständigen Institutionen wie Rathaus, Landesparlament, Bundestag, Europaparlament, aber auch Gerichten ab. Diese formale Dimension der Politik ist im Unterricht z. T. schwer zu vermitteln und wird oft negativ als Institutionenkunde etikettiert. Erfahrungsberichte über Schülerbesuche des Rathauses, der verschiedenen Parlamente zeigen, daß auf diesem Wege die Notwendigkeit und der Sinn von Verfahrensregeln und Institutionen einsichtig und lebendig gemacht werden können.

Politische Aufgaben und Probleme

Politik hat es mit verschiedenen Aufgaben und Problemen zu tun, die gelöst werden müssen. Die einzelnen Bürger werden mit diesen Fragen, Herausforderungen und Problemen an die Politik in der Regel nur durch die Massenmedien konfrontiert. Erkundungen bieten die Möglichkeiten, gewissermaßen die Problemstandorte wie z.B. Straßenbaustellen, Energieversorgungsunternehmen, aber auch Bundeswehrkasernen direkt aufzusuchen und zu untersuchen oder über bestimmte politische Vorhaben und Gesetzesentwürfe von den damit befaßten Politikern und Experten direkt informiert zu werden. Dabei wird deutlich, daß es für jedes Problem verschiedene Lösungen gibt, je nach den Zielen und Wertüberzeugungen, von denen man ausgeht, und daß bei der Knappheit der Mittel, z. B. des Geldes, Prioritäten gesetzt werden müssen.

Der Prozeß der politischen Willensbildung

Die dritte Dimension umfaßt jene Prozesse, die zwischen den an der Politik Beteiligten ablaufen, also die Auseinandersetzungen zwischen Parteien, Interessengruppen, Bürgerinitiativen und Einzelpersonen, die mit den Kategorien Konflikt, Interesse, Macht, Entscheidung, Kompromiß beschrieben werden können. Dieser Aspekt der Politik ist dem einzelnen Bürger und wohl auch dem Jugendlichen am meisten vertraut, da

14

die Massenmedien ausführlich darüber berichten. Allerdings wird die Komplexität des politischen Prozesses sowohl in den Massenmedien als auch im Unterricht – aus didaktischen Gründen – reduziert. Die ungefilterte, direkte Konfrontation mit politischen Entscheidungsprozessen und den daran beteiligten politischen Akteuren ermöglicht es den Schülern, die Vielzahl der Interessen und die entsprechenden Durchsetzungsstrategien zu vergleichen. Dabei können sie erkennen, wie schwierig und langwierig es ist, eine Lösung zu finden, die von den meisten akzeptiert werden kann. Nicht zuletzt drängt sich die Frage auf, welchen Einfluß der einzelne Bürger auf den politischen Prozeß nehmen kann.

Die aufgezeigten formalen, inhaltlichen und prozessualen Dimensionen der Politik machen deutlich, daß es schwierig, wenn nicht sogar unmöglich ist, Politik als Ganzes zu erfassen; sie liefern aber wichtige Aspekte und Kriterien, nach denen außerschulische politische Lernorte ausgewählt und erkundet werden können.

Besondere Lernchancen durch Erkundungen

Wir wollen nun versuchen, einige Lernmöglichkeiten, die sich für den politischen Unterricht durch die Einbeziehung außerschulischer Lernorte bieten, herauszustellen.

Verbindung von abstraktem und konkretem Lernen

Die organisierte politische Bildung in der Schule, die oft als Einstundenfach angeboten wird, ist in besonderem Maße in Gefahr, sich von der gesellschaftlich-politischen Wirklichkeit zu entfernen. Die Politik ist dem Wahrnehmungsvermögen des einzelnen in der Regel nicht direkt zugänglich und nur über die Massenmedien erfahrbar. Hartmut von Hentig spricht in seinen Studien über die Auswirkungen der Neuen Medien sogar vom „allmählichen Verschwinden der Wirklichkeit" (19). Die meist nicht sichtbaren politischen Vorgänge kann der Schüler nur mit Hilfe abstrakter Begriffe und Verallgemeinerungen erfassen. Doch hat die zum Teil als „Verkopfung" beklagte rein intellektuelle Bearbeitung politischer Probleme bei den Jugendlichen in den letzten Jahren nur wenig politisches Interesse oder gar politische Handlungsbereitschaft wecken können. Die Erkundungen ermöglichen einen direkteren, erlebnisbezogenen Zugang zu zentralen Politikbereichen, was aber nicht einen Verzicht auf abstraktes Lernen bedeuten soll. „Die ausschließliche Denkarbeit auf der abstrakten Ebene erschwert den Schülern ebenso eine eigenständige Urteilsbildung und Handlungsorientierung wie der völlige Verzicht auf Abstraktion" (20).

15

Es wäre naiv zu glauben, daß die Schüler bei Erkundungen die politische Wirklichkeit durch unmittelbare Anschauung unverstellt und richtig erfassen können. Politik und Gesellschaft können nicht mehr, wie es in der älteren Heimatkunde angenommen wurde, als eine von der Natur vorgegebene Weltordnung angesehen werden, sondern als ein konstruierter Zusammenhang, „als etwas unter Bedingungen und Interessen und Bedürfnissen so Erzeugtes und Zustandegekommenes, also als etwas, das bei anderer Interessenlage sich notwendig wird verändern müssen" (21). Den Schülern sollten Fähigkeiten vermittelt werden, mit deren Hilfe sie die komplexen Zusammenhänge und interessen- und ideologiegebundenen Präsentationsformen der Politik und Politiker durchschauen können. Die Lehrbarmachung von Themen im politischen Unterricht „verführt leicht dazu, die Komplexität der Dinge übermäßig zu reduzieren und sie damit zu verfälschen" (22). Je mehr wir versuchen, durch konkretes Lernen an außerschulischen Lernorten die Erfahrungsräume der Schule zu erweitern, desto mehr müssen wir den Schülern die vorgefundene Komplexität der politischen Wirklichkeit, also auch Ungeplantes und Unerwartetes, zumuten: „Wenn ich eine Erfahrung mache, so heißt dies, es geht nicht so, wie ich mir es gedacht habe. Es tritt ein, was meine Erwartungen an die Sache durchkreuzt" (23). Diese neuen Herausforderungen zu bewältigen, stärkt nicht zuletzt das Selbstwertgefühl der Jugendlichen.

Mehrdimensionales Lernen

Außerschulische Lernorte bieten auch die Chance zu einem mehrdimensionalen oder ganzheitlichen politischen Lernen. Beim Lernen aus der Wirklichkeit nimmt man „sehr viel mehr wahr als nur schwarze Buchstaben auf weißem Papier, man arbeitet mit allen Sinnen, der ganze Mensch ist beteiligt. Auf diese Weise vermittelte Informationen und Zusammenhänge bleiben besser im Gedächtnis und besser wieder abrufbar, da intensives Erleben sehr viel mehr Bezugspunkte liefert als das Lesen" (24). Mit dem Begriff der „Verkopfung" wird eine „einseitige Formierung der sinnlich-ganzheitlichen Denk- und Handlungsweisen der Schüler" (25) gekennzeichnet und kritisiert. Sie bringen, so spitzt Horst Rumpf seine These der „Zivilisierung" der Sinnlichkeit zu, ihre Körper nur noch als Prothese für redende Münder, lesende Augen und schreibende Hände in den Unterricht ein (26).
Mögliche sinnliche und ästhetische (visuelle, auditive, szenische, symbolische u.a.) Zugänge zur gesellschaftlich-politischen Wirklichkeit sind bisher in der Politikdidaktik vernachlässigt worden. Doch machen z. B. Berlinbesuche oder DDR-Fahrten den Jugendlichen deutlich, wie wichtig diese Ausdrucksformen des Staates und der Politik sein können und wie sie auch politisch mißbraucht werden können. Die Vernachlässigung dieser

Komponente in der bundesrepublikanischen Politik und Didaktik ist wohl auch damit zu erklären, daß die Ästhetisierung der Politik während des Dritten Reichs politisch mißbraucht wurde und man durch zurückhaltende Darstellungsformen den Provisoriumscharakter der Bundesrepublik unterstreichen wollte. Aber „aus der zögerlich provisoriumsbewußten Staatsarchitektur der Nachkriegszeit sind erste verbindliche Images entstanden, die schon heute bestätigen, daß es eine völlige Abstinenz von aller sinnenhaft erfahrbaren Darstellung der staatlichen Institutionen nicht geben kann. Die Einrichtungen des Staates können sich nicht unsichtbar machen, sondern inkorporieren sich in Architektur, vergegenwärtigen sich auch in der gehemmtesten Symbolisierung" (27). Es ist daher notwendig, den Schülern Beobachtungshilfen anzubieten, mit denen sie die Physiognomie des Politischen wahrnehmen und reflektieren können.

In der politischen Bildung fehlt es z.T. auch noch an Instrumentarien, die bei Erkundungen entstehenden emotionalen Erlebnisse aufzunehmen und zu verarbeiten. Die Besichtigung der Berliner Mauer, der Besuch einer Bundeswehrkaserne oder einer Körperbehindertenschule als Arbeitsstätte für Zivildienstleistende − um nur einige Beispiele zu nennen − führen zu ganz unterschiedlichen Erlebnissen und damit verbundenen Phantasien, Wahrnehmungen und Haltungen. Doch dürfen die Jugendlichen nicht auf der Ebene der Eindrücke und des unmittelbaren Erlebnisses verhaftet bleiben. Wir müssen ihnen vielmehr Lernsituationen anbieten, „die Entstehung eines Erlebnisses im Wechselverhältnis von Ich und Ereignis zu untersuchen und zu interpretieren. Sie müssen verstehen, was in dieser Situation mit ihnen passiert ist, welche falschen Vorstellungen, Gefühle und Haltungen durch welche Wahrnehmungen und Handlungen in Frage gestellt wurden und welche Konsequenzen sie daraus ziehen können" (28).

Soziales Lernen

Besonders wichtig ist bei Erkundungen der Bereich des sozialen Lernens. Auf der Beziehungsebene ergeben sich dabei neue Kommunikationsmöglichkeiten zwischen Lehrern und Schülern, aber auch zwischen den Schülern untereinander. Durch diese andere Lernform kann auch das Feld der didaktischen Rollen erweitert werden. Die Schüler können neue und andere Rollen übernehmen als im Fachunterricht, z.B. als Photograph, als Journalist, der über die Erkundung berichtet, als Experte und Referent für bestimmte Fragen oder Lernortaspekte, als Organisator oder Sprecher, der die Gruppe bei den verschiedenen Außenkontakten vertritt. Dadurch ergibt sich natürlich eine neue Aufgabenstellung für den Lehrer.

Aus den neuen Beziehungsstrukturen können Gruppenkonflikte entstehen, die aufgearbeitet werden müssen. Wenn zu wenig Raum für soziale

Kontakte und Entspannung gegeben wird, leidet die praktische Erkundungsarbeit darunter.

Auch wenn Schüler als Interview- und Diskussionspartner Erwachsenen und Funktionsträgern wie z. B. Bürgermeister, Abgeordneten gegenübertreten, sind andere Beziehungsprobleme zu lösen und Ängste und Unsicherheiten zu bewältigen. Aber „das Wissen, das die Schüler bei ihren Erkundungen erwerben, ist nicht neutrales, trockenes, zubereitetes Schulwissen. Es ist vielmehr ‚ihr' Wissen, das sie von ‚ihren' Interviewpartnern erfragt, geprüft und erhärtet haben. Die Beziehung der Kinder zu ihren Informanten definiert die Art, die Qualität und die Bedeutung des erworbenen Wissens" (29).

Die Schüler können auch über ihre Erkundung z. B. in der Schülerzeitung, in einer Ausstellung oder auch beim Elternabend und in der Presse berichten und damit Schulöffentlichkeit herstellen. Empirische Untersuchungen zur politischen Sozialisation haben gezeigt, daß ein offenes Schulklima viel eher politisches Interesse und soziale Handlungsfähigkeit wecken kann als der traditionelle politische Unterricht.

Methoden lernen

Erkunden vor Ort erfordert zudem ein detailliertes Untersuchen gesellschaftlicher Probleme mit den unterschiedlichsten Methoden, die zwar vorbereitet, aber immer am konkreten Fall erprobt und überprüft werden müssen. Insofern könnten Erkundungen die durch empirische Untersuchungen nachgewiesene „methodische Monostruktur des Unterrichts" (30) etwas aufbrechen. Dem Schüler wird dabei in besonderem Maße bewußt, daß er Werkzeuge braucht, um die politische Wirklichkeit zu erschließen. Mit dem folgenden Werkzeugschrank, in dem die Hilfsmittel eines Sozialwissenschaftlers sehr vereinfacht dargestellt sind, können sich Lehrer und Schüler überlegen, welche Instrumente sie am sinnvollsten anwenden.

Beim Lernen vor Ort ist der Schüler in erster Linie aktives, suchendes und forschendes Subjekt, was jedoch rezeptives und reflexives Lernen nicht ausschließt. „Wenn einerseits – wegen der ‚Unnatur' der Schule – Kinder (bzw. Jugendliche) in der außerschulischen Realität Erfahrungen sammeln sollen, andererseits aber diese Erfahrungen – wegen der verwirrenden Komplexität der Wirklichkeit – der Erklärung und Aufarbeitung bedürfen, sind Lernaktivitäten so zu verzahnen, daß sie sich gegenseitig ergänzen und stützen" (31). Das folgende Schema zeigt die angedeutete Problematik am Beispiel von Methoden der Informationsbeschaffung- und Auswertung:

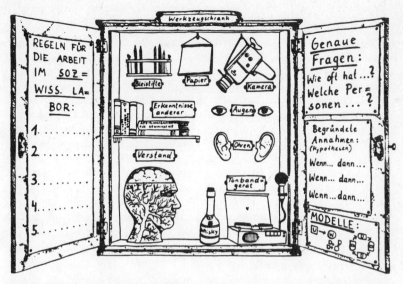

Abb. 1: Sozialwissenschaftlicher Werkzeugschrank. Detto und andere. 8 Einheiten für die Sozialwissenschaften in der Schule. Stuttgart (Klett) 1980, S. 6 (32)

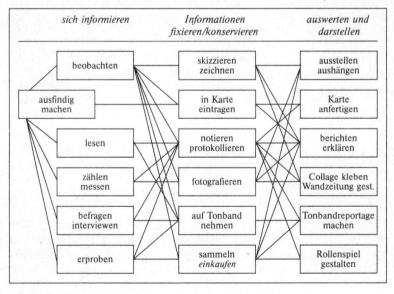

Abb. 2: Produktives Umsetzen von Informationen (Beispiele). Praxis Geographie 3/1985, S. 9 (33)

Während sich der Unterricht in den traditionellen Schulfächern vor allem an den Inhalten und Methoden der entsprechenden Bezugswissenschaft orientiert, steht bei Erkundungen die direkte Auseinandersetzung mit einem Problem bzw. einem Ort, an dem bestimmte gesellschaftlich-politische Probleme sichtbar werden (z.B. Berlin-Problem, Probleme der europäischen Integration oder des Parlamentarismus, kommunale Projekte), im Mittelpunkt. Dabei können die Schüler feststellen, daß verschiedene Sichtweisen, Zugriffsformen, aber auch Begriffe und Erkenntnisse verschiedener Fächer notwendig sind, um die Komplexität dieser Probleme zu erfassen. In diesem Zusammenhang wird ihnen auch bewußt, daß die Schulfächer z. T. recht künstliche Filter zur Erfassung der Wirklichkeit darstellen. Der oft geforderte, aber wenig realisierte fächerübergreifende Unterricht kann mit verschiedener Akzentuierung erfolgen. „Die didaktische Absicht kann sein:

– die Anwendung von bereits vorhandenem Fachwissen in sinnvollen Kontexten anderer Fächer;
– die Nutzung von Berührungspunkten oder Qualifikationen, die im bestehenden Curriculum in mehreren Fächern gleichzeitig auftauchen;
– die Relativierung der Fachperspektive;
– die Erprobung von Projektunterricht, mit dem Ziel der Förderung der Handlungskompetenz" (34).

Der Grad der überfachlichen Kooperation, vor allem der Fächer Sozialkunde, Geschichte und Geographie, hängt u.a. von organisatorischen Bedingungen einer Schule und der Kompetenz und dem guten Willen der Lehrer ab, wobei schon die Notwendigkeit von mehreren Begleitpersonen bei Exkursionen didaktisch genutzt werden sollte. Trotz der sich dabei ergebenden Schwierigkeiten stellen Erkundungen sehr günstige Gelegenheiten bzw. Einstiegsstellen für fächerübergreifendes Arbeiten dar.

Die Funktion von Erkundungen im Lernprozeß — Zur Vor- und Nachbereitung

Die vorhergehenden Hinweise auf die besonderen Lernchancen durch Erkundungen haben gezeigt, daß die zu gewinnenden Erfahrungen und Erkenntnisse in den Gesamtzusammenhang des jeweiligen Lernprozesses gebracht werden müssen. Dazu ist es unbedingt notwendig, deren Funktion innerhalb eines Unterrichtsvorhabens genau zu reflektieren:„ Erkundungen können zur ersten Einführung in ein neues Unterrichtsthema dienen; sie können auf halber Strecke zur Vertiefung und Veranschaulichung der im Unterricht aufgearbeiteten Themenkomplexe genutzt werden; sie können am Schluß einer Unterrichtsphase die Funktion einer Ergebnissicherung erhalten" (35).

Der Erfolg einer Erkundung, die nur episodischen Charakter haben kann und von Einzelinformationen lebt, steht und fällt mit einer gründlichen Vor- und Nachbereitung. Neben den organisatorischen Vorbereitungen und inhaltlichen Vorausinformationen ist es notwendig, den Schülern die wichtigsten Grundbegriffe und Fragestellungen zu vermitteln, mit denen sie das, was sie direkt sehen, hören und erfahren, einordnen können. Auch hier gilt der vielzitierte Satz von Immanuel Kant: „Begriffe ohne Anschauung sind leer, Anschauung ohne Begriffe sind blind". Außerdem müssen schon vorher die angesprochenen Methoden eingeübt werden, wie z. B. Interviewtechnik, die Anlage, das Ausfüllen und das Auswerten eines Fragebogens. Bei der Auswertung sollten nicht nur die gewonnenen Erfahrungen in den Zusammenhang des Lernprozesses eingeordnet und aufgearbeitet werden, sondern auch z. B. durch Photoreportagen, Ausstellung, Berichte in der Schülerzeitung, in der allgemeinen Presse oder beim Elternabend dokumentiert werden.

In Anlehnung an die Kontroversen über den offenen und geschlossenen Unterricht kann man geschlossene und offene Erkundungen unterscheiden. In der Geographie (36) spricht man von Arbeitsexkursionen, wenn sich die Schüler in Kleingruppen selbst an einem außerschulischen Ort durch verschiedene Methoden originäre Informationen beschaffen, während bei einer Übersichtsexkursion die Klasse „geführt" wird. Nach unserer Auffassung ist es jedoch pädagogisch sinnvoll, die Schüler möglichst stark an der Vorbereitung, Durchführung und Auswertung zu beteiligen und ihnen Spielräume für ungeplante Erfahrungen und Wahrnehmungen zu lassen, d. h. die Erkundung möglichst offen zu gestalten. Es bietet sich auch an, Erkundungen mit anderen offenen Unterrichtsformen, z. B. Projekttagen, zu verbinden.

Schlußbemerkungen: Außerschulische Lernorte kein didaktisches Allheilmittel

Ob eine Erkundung erfolgreich war, läßt sich nicht immer genau erfassen, da deren Auswirkungen erst mittelfristig erkennbar werden. Erfahrungsberichte und Voruntersuchungen deuten darauf hin, daß sie sich vor allem positiv auf die Motivation und die soziale Kommunikation in der Schulklasse auswirken (37). Allerdings sehen wir in ihnen kein didaktisches Allheilmittel für den politischen Unterricht, sondern eine wertvolle Ergänzung der üblichen Lernformen und Methoden politischer Bildung.

Der Hauptgewinn von Erkundung liegt sicher nicht in kurzfristig abfragbarem Wissen. Die Schüler werden dabei oft mit Problemen konfrontiert, für die es keine befriedigende Lösungen gibt, oder über die noch nicht entschieden ist. Horst Rumpf hat vor der Definitheit, d. h. der Endgültigkeit und Unüberholbarkeit des Schulwissens gewarnt. Vor allem Schulbücher sind in Gefahr, „Lehrer und Schüler mit der Blindheit des Bescheidwissens zu schlagen" (38). Wenn wir die Schüler zu urteils- und handlungsfähigen Bürgern erziehen wollen, dann müssen wir ihnen auch Skepsis und Zweifel, das Aushalten von Spannungen und ungelösten Problemen zumuten.

Anmerkungen

1) Wehling, H.G.: Ganzheitliches Lernen. In: Politische Bildung im öffentlichen Auftrag. Landeszentrale für politische Bildung Baden-Württemberg (Hrsg.), S. 79 f. Stuttgart 1982.

2) Niemetz, G.: Arbeit vor Ort — unverzichtbarer Bestandteil geographischen Unterrichts. Geographie und Schule, H. 6/1980 (2. Jg.), S. 3.

3) Stöltenfuß, G.: Lernorte. In: Wirtschaft — Handwörterbuch zur Arbeits- und Wirtschaftslehre. Kaiser/Kaminski (Hrsg.), S. 182—185. Bad Heilbrunn 1981.

4) Rousseau, J.-J.: Emile oder Über die Erziehung. Zit. nach der Ausgabe Stuttgart 1963 (reclam-Ausgabe). S. 360.

5) Rousseau, a.a.O., S. 258.

6) Rousseau, a.a.O.

7) Rousseau, J.-J.: Artikel „Economie politique", der für die von Diderot und d'Alembert herausgegebene „Encyclopedie" geschrieben und dort 1755 im 5. Band veröffentlicht wurde. Zit. nach: Politische Sozialisation. Ackermann, P. (Hrsg.), S. 40, Opladen 1974.

8) Salzmann, C.G.: Noch etwas über Erziehung nebst Ankündigung einer Erziehungsanstalt, 1784. Zit. nach: Die Grundschule, H. 9/1978, S. 369.

9) Vgl. Burk, K.H./Claussen, C. (Hrsg.): Lernorte außerhalb des Klassenzimmers I. Frankfurt 1980. S. 16 ff.

10) Brather, F.: Schulwanderungen — eine Zielweisung zur geistigen, künstlerischen und sittlichen Bereicherung auf Wanderfahrten. Leipzig 1922, S. 6 ff.

11) Vgl. dazu auch Pramstaller, H.: Lernorte außerhalb der Schule — kein pädagogisches Neuland. Schulreport, H. 3/1984, S. 2.

12) Vgl. Wahler, P.: Das Problem der Lernorte in der Diskussion um die berufliche Bildung. Zeitschrift für Pädagogik, H. 1/1978 (24. Jg.), S. 37—50 und Greinert, W.-D.: Lernort. Ein neuer Schlüsselbegriff pädagogischer Theorie und Praxis? arbeiten und lernen, H. 3/1978 (1. Jg.), S. 12—15.

13) Keck, R.W./Sandfuchs, U. (Hrsg.): Schulleben konkret. Bad Heilbrunn 1979. S. 15.

14) Keck, a.a.o., S. 150.

15) Narr, W.D.: Logik der Politikwissenschaft – eine propädeutische Skizze. In: Politikwissenschaft. Eine Einführung in ihre Probleme. Kress/Senghaas (Hrsg.), S. 94. Frankfurt/M 1972.

16) Vgl. Ackermann, P./Landfried, K./Wagner, A./Wehling, H.-G.: Politik – Ein einführendes Studienbuch. Hamburg 1980. S. 12 ff.

17) Vgl. Ackermann, P.: Einführung in den sozialwissenschaftlichen Sachunterricht. München 1972. S. 11 ff.

18) Duncker, L.: Erfahrung und Methode. Langenau-Ulm 1987. S. 194.

19) Hentig, H. v.: Das allmähliche Verschwinden der Wirklichkeit. München 1984.

20) Breit, G.: „Sozialhilfe" – Didaktische Planung von politischem Unterricht für die Sekundarstufe I und II. Sozialwissenschaftliche Informationen 14, H. 3/1985. S. 219.

21) Hahn, W.: Bemerkungen zum politischen Profil integrativer, mehrperspektivischer Unterrichtsmodelle. In: Sozialkunde und soziales Lernen in der Grundschule. Müller, E.H. (Hrsg.), S. 168. Ulm 1974.

22) Duncker, L.: Die Suche nach neuen Lernformen. GEW-Lehrerzeitung Baden-Württemberg, H. 11/1986 (40. Jg.), S. 254.

23) Duncker, a.a.O., S. 253.

24) Gunnemann, K.: Plädoyer für das Lernen aus der Wirklichkeit. In: Reisende Hochschule. Institut für Politische Wissenschaft, Universität Hannover (Hrsg.), S. 308. Hannover 1983 (Selbstverlag).

25) Meyer, H.: Unterrichtsmethoden. Bd. II. Frankfurt 1987. S. 65.

26) Rumpf, H.: Die übergangene Sinnlichkeit. München 1981. S. 7.

27) Klotz, H.: Architektur als Staatsrepräsentation der Bundesrepublik Deutschland. Merkur, H. 9/1986 (40. Jg.), S. 765.

28) Scheller, I.: Erfahrungsbezogener Unterricht. Königstein 1981. S. 61.

29) Grass, K./Heilig, B.: Außerschulische Lernorte: Schüler und Lehrer verlassen die Schule (nicht). LehrerJournal, H. 4/1986 (54. Jg.), S. 151.

30) Hage, K./Bischoff, H./Dichanz, H./Eubel, K.D./Oelschläger, H.J./Schwittmann, D.: Das Methodenrepertoire von Lehrern. Opladen 1985. S. 147.

31) Burk, K./Claussen, C.: Zur Methodik des Lernens außerhalb des Klassenzimmers. Bd. II. Frankfurt/M. 1981, S. 26.

32) Detto u.a.: 8 Einheiten für die Sozialwissenschaften in der Schule. Stuttgart 1980. S. 6.

33) Praxis Geographie, H. 3/1985, S. 9.

34) Hessisches Institut für Bildungsplanung und Schulentwicklung: Lernen auf der Förderstufe. In: Materialien zur Schulentwicklung, H. 10, S. 85. Wiesbaden 1987.

35) Meyer, H.: Unterrichtsmethoden. Bd. II. Frankfurt/M. 1987. S. 328.

36) Haubrich, H.: Konkrete Didaktik der Geographie. Braunschweig 1977. S. 182 ff. Vgl. dazu auch Hey, B.: Die historische Exkursion. Stuttgart 1978.

37) Vgl. dazu Informationszentrum Berlin: Kurzauswertung des Tabellenbandes „Die Resonanz der Berliner Reisen von Jugendlichen." o.J.

38) Rumpf, H.: Schulwissen. Neue Sammlung, H. 2/1968, S. 57.

Paul Ackermann

Politische Erkundungen im Nahbereich

Ausgehend von Forschungsergebnissen der Sozialisationsforschung und
der Sozialwissenschaften zum Nahbereich sollen Kriterien für die Auswahl von kommunalpolitischen Lernorten entwickelt und anhand von
Beispielen Hinweise zur Planung und Durchführung von Erkundungen
gegeben werden.

Der Nahbereich als Sozialisationsfeld

In der erziehungswissenschaftlichen Forschung wird seit einigen Jahren
der sogenannte sozioökologische Ansatz diskutiert, bei dem der Zusammenhang von Umwelt und Lernen untersucht wird. Zu den Lernvoraussetzungen, die im Unterricht berücksichtigt werden sollen, gehören die
vielen Erfahrungen, die die Schüler in ihrer Lebenswelt machen. In diesem Sinne bedeutet Nahbereich, also der Ort, die Region, in der die Jugendlichen wohnen, auch Erfahrungsraum und damit außerschulischer
Lernort für die Jugendlichen. Martha Muchow spricht in diesem Zusammenhang von Spiel- und Streifraum der Kinder und Jugendlichen (1). Die
Anregungsqualität ihres Wohn- und Lebensraumes wirkt sich wiederum
auf das schulische Lernen aus. In einer Untersuchung über „Disziplinschwierigkeiten" und schulische Verhaltensauffälligkeiten wurde u.a.
festgestellt:

„In den eintönigen Trabantenstädten gibt es in den seltensten Fällen Einrichtungen, die die Kommunikation unter den Jugendlichen fördern, und
wenig Möglichkeiten sportlicher und kultureller Betätigung. Dadurch
werden Ansätze zur Differenzierung der Verhaltensstrukturen blockiert.
An Stelle der aktiven Auseinandersetzung in einer Gemeinschaft, an Stelle
der schöpferischen Betätigung an einer Sache bieten diese Wohnverhält-
nisse den Kindern nur den Konsum. Die einzige Haltung, die gefördert
wird, ist also die Konsumhaltung. Um der Vereinzelung, zu der sie verurteilt sind, zu entgehen, schließen sie sich häufiger in Banden zusammen,
die rigide-autoritäre Strukturen zeigen. Einzige Beschäftigung dieser
Banden ist die ziellose Aggression" (2).

Roland Narr unterscheidet in seiner Studie „Lernen im städtischen Umfeld" folgende ausgewählte Bereiche, Felder, die von den Jugendlichen
beiläufig und geplant genutzt werden (3).

- *Offener Bereich:* Straßen, Plätze, Rolltreppen am Bahnhof, Uferbö-schungen, ungenutzte Spielplätze, wo sich die Jugendlichen mehr oder weniger beiläufig treffen
- *Kommerzieller Bereich:* Kioske, Eisdielen, Spielhallen, Kneipen, Diskotheken, Mc Donald's Restaurants
- *Freie Zusammenschlüsse:* Fanclubs, Vereine, Kirchen, Jugendgruppen
- *Öffentliche Angebote:* Spielplätze, Schwimmbäder, Kinder- und Jugendhäuser, Museen

Die Erfahrungen, die die Jugendlichen in den genannten Bereichen machen, hängen wiederum ab von ihrer sozialen Herkunft, den altersgleichen Gruppen, denen sie angehören, und der Schulart, die sie besuchen. Narr stellt nun die Frage: Wie kommt der Lehrer an das außerschulische Leben seiner Schüler heran, um sich produktiv damit auseinanderzusetzen. Als Methoden werden u.a. empfohlen (4):

- Beiläufige Beobachtungen
- Einstiegsgespräche
- Collagen
- Erstellen eines Zeitbudgets der Schüler
- Tagesbuchschreiben
- Markieren eines persönlichen Stadtplanes
- Arbeiten mit Listen und Tabellen
- Befragungen
- Rollenspiele
- Aufsätze
- Unterrichtseinheiten

Nicht zuletzt stellt die Erkundung eine Methode dar, außerschulische Erfahrungen der Schüler aufzunehmen, diese zu erweitern und neue Möglichkeiten über den spezifischen Erfahrungshorizont hinaus hinzuzufügen.

Nahbereich aus der Sicht der Fachwissenschaften und Schulfächer

Um didaktisch sinnvolle Erkundungsziele, Lernorte im Nahbereich auswählen zu können, müssen wir uns auch fragen, wie Fachwissenschaften und Schulfächer diesen Bereich betrachten. Nahbereich bedeutet im geographischen Sinn der Raum in 30 km Distanz vom Wohnort. Neben dieser relativ technischen Definition läßt sich dieser Raum ganz unterschiedlich beschreiben und abgrenzen, nach welchen Gesichtspunkten wir ihn jeweils untersuchen: etwa als Natur-, Wirtschafts-, Verwaltungs-, Kultur-, Kommunikations- und Verkehrsraum. Bei der Suche nach geeigneten

Lernorten im Nahbereich zeigt es sich, wie unterschiedlich die Hinsichten der verschiedenen Fachwissenschaften und Schulfächer und damit die entsprechenden Erkenntnisinteressen sein können:

Zum Begriff „Nahbereich", Entwurf eines fachwissenschaftlichen Rasters

Definitionsbereiche	Beispiele, Begriffe
1) politisch-administrativ	Landkreis, Landratsamt Stadt und Gemeinde Gerichtsbezirke Gliederungen von Parteien
2) historisch	historische Landschaften (Territorien) Oberämter Konfessions- und Sprachgrenzen Kultur (Sitte, Brauchtum) Realteilung Kirchensprengel
3) kirchlich	Sprengel, Dekanate, Parochie (= Pfarrge-meinde), Prälatur, Diözese
4) sozial-geographisch	Naturräume, 30'-Distanz (= Isochrone), Wirtschaftsräume (IHK-Bezirke),
„räumliche Komponente"	Handwerkskammer, Arbeitsstätten, Genos-senschaften, Zentralörtliche Institutionen: Kreiskrankenhaus mit Fachabteilungen, Kreissparkasse, Schulen (Berufsschulen) Schul-Ausbildungs-Berufspendler, Arbeits-ämter, Verkehr, Ver- und Entsorgung
5) Konsum, Freizeit, Kultur	Kaufhäuser, Fachhandel, Gastronomie, altersspezifische Orte (Disco, Sportstätten, Boutiquen, Kulturkneipe), Kino, Theater, kulturelle Denkmäler, Freizeitanlagen, Vereine, Sportbezirke, Supermärkte
6) Massenkommunikation	Rundfunk (neue Medien) Lokal- Regionalzeitung Amts- und Gemeindeblätter (Gemeinde-bote) Telefonbezirke
7) Verkehrsräume	Bus, Bahn, Radwege, Privat-PKW Individual – Massenverkehrsmittel Private – öffentliche Verkehrsmittel

Das Politische im Nahbereich

Sowohl in der Öffentlichkeit als auch in der Schule wird der politische Charakter des Nahbereichs oft nicht gesehen oder ausgeblendet. Man spricht von kommunaler Selbstverwaltung und nicht von Kommunalpolitik; die Gruppen im Nahbereich werden oft mit dem harmonisierenden Begriff „Gemeinschaft" beschrieben. Nach Wolf Dieter Narr ist das politische Feld gekennzeichnet durch „wissenschaftlich als Fragen formulierte Probleme, alternative Möglichkeiten, diese Probleme zu bewältigen, also Möglichkeiten des offenen und unterdrückten Konflikts und schließlich der Entscheidung und Durchführung der aktualisierten Problemlösung" (5). Betrachten wir die Aufgaben der Gemeinden und Landkreise wie z. B. Bau von Straßen, Stadtsanierung, Bau von Freizeiteinrichtungen wie Schwimmbädern und Jugendhäusern, Müllbeseitigung, Errichtung von Schulen und Kindergärten, so wird deutlich, daß die Entscheidung über diese Probleme und deren Durchführung durchaus Merkmale des Politischen aufweisen, wie sie in der zitierten Definition aufgeführt werden.

Hans-Georg Wehling weist darauf hin, daß Kommunalpolitik in ihrem Wesen nach projektbezogen und einzelfallorientiert ist: „Im Gemeinderat wird nicht generell über Straßenführung und Straßenbreite entschieden, sondern über ein ganz bestimmtes Straßenprojekt" (6). Was oft unpolitisch als Verwaltung charakterisiert wird, ist in Wirklichkeit eine politische Entscheidung, die mit Interessenkonflikten und Machtkämpfen verbunden ist:

„Ob in einer Gemeinde zuerst ein Altersheim oder ein Freibad gebaut werden soll, ob stärker die vereinsgebundene oder die offene Jugendarbeit finanziell gefördert werden soll, ob das geplante Jugendhaus selbstverwaltet werden soll oder nicht – das alles sind in der Kommunalpolitik in höchstem Maße strittige, und das heißt: politische Entscheidungen" (7).

Allerdings dürfen wir den Nahbereich politisch nicht isoliert sehen. Die Gemeinden und Landkreise sind in ihren Entscheidungen zunehmend abhängig von Zuschüssen und Richtlinien von Bund und Ländern, so daß die Gefahr besteht, daß sie politisch nicht selbstverwaltet, sondern ferngesteuert werden. Im Unterricht sollte die Politikverflechtung der verschiedenen staatlichen Ebenen und die damit verbundene Komplexität der politischen Entscheidungsprozesse deutlich gemacht werden.

Kriterien für die Auswahl der Lernorte im Nahbereich

Aus den genannten fachwissenschaftlichen und didaktischen Überlegungen ergeben sich folgende Kriterien für die Auswahl der Lernorte im Nahbereich, aber nicht mit dem Anspruch einer stringenten oder systematischen Begründung, sondern in der Absicht, Suchhilfen zu geben.

Schülerorientierung: Bei der Auswahl der Lernorte sollten die in Abschnitt 1 skizzierten Vorerfahrungen der Jugendlichen in ihrem Nahbereich berücksichtigt und diese mit den dort genannten Methoden erschlossen werden; es geht aber darum, das Interesse u.U. erst zu erzeugen, es zu erweitern und zu vertiefen.

Problem- bzw. Fallorientierung: Die Lernorte sollten zentrale Probleme bzw. aktuelle Fälle der Kommunalpolitik repräsentieren. Dabei ist es sinnvoll, nicht nur Problemstandorte wie z. B. Mülldeponien, sondern auch Lernorte, die den Schülern Spaß machen (z. B. Freizeiteinrichtungen), auszuwählen.

Fächerübergreifender Zugang: Bei Erkundungen sollte die Wirklichkeit nicht von vornherein durch den relativ künstlichen Filter der Schulfächer gesehen werden. Die fächerübergreifende Struktur der Probleme erfordert eine Zusammenarbeit der Fächer in der Schule.

Erlebnisqualität: Die Schüler sollten an einem Lernort möglichst viele sinnliche und emotionale Erfahrungen machen können.

Handlungsorientierung: Die Erkundungen bieten den Schülern die Chance, den Lern- und Erfahrungsprozeß selbst mitzubestimmen, in der Schule gelernte Methoden vor Ort zu erproben und Ansätze zu politischem Handeln zu entwickeln.

Lehrerinteresse: Besonders wichtig ist das Interesse des Lehrers. Nur wenn dieser einen eigenen Bezug zum Lernort hat und diesen selbst schon erkundet hat, kann er auch die Schüler dafür motivieren.

Beispiele und didaktisch-methodische Hinweise zur Planung und Durchführung von Erkundungen

Anhand einiger Unterrichtsbeispiele sollen nun die bisherigen Überlegungen illustriert und als didaktisch-methodische Hinweise zur Durchführung und Planung von Naherkundungen konkretisiert werden. Obwohl wir einen fächerübergreifenden Zugang für didaktisch sinnvoll halten, gehen wir auf den politischen Aspekt, der bei den bisherigen Versuchen etwas vernachlässigt wurde, besonders ein.

Lerngänge in der Grundschule

Von der Konzeption der Heimatkunde her, für die Prinzipien wie Anschauung und direkte Erfahrung bestimmend waren, haben Lerngänge im Nahbereich die längste Tradition. Der moderne Sachunterricht versucht daran anzuknüpfen (8). Erkunden des Kinderspielplatzangebots, der Wasserversorgung, der Verkehrswege, der Post, der Feuerwehr und von Arbeitsstätten gehört oder sollte zum Programm der Grundschulen gehören. Allerdings wird z. T. immer noch das heimatkundliche Gemeinschaftsmotto „Alle für einen − Einer für alle" angeboten. Das Beispiel Feuerwehr, ein beliebtes Thema der Heimatkunde, zeigt, daß hier der persönliche Einsatz nicht genügt, sondern daß das Zusammenwirken von Organisationen, Gesetzgebung, Verwaltung und Technik notwendig sind. Schon Grundschüler können erkennen, daß es innerhalb einer Gemeinde, z. B. beim Bau einer Umgehungsstraße, verschiedene Interessen und Machtkämpfe gibt, über die letztlich im Gemeinderat entschieden wird.

Inhalt, Prozeß und Form der Kommunalpolitik als Erkundungsgegenstände

Das Schulfach Geographie hat wohl die meisten Erfahrungen mit Stadt bzw. Gemeindeerkundungen. Als Orientierungsrahmen dienen dabei in der Regel die sogenannten Daseinsgrundfunktionen, d. h. die Schüler sollen untersuchen:

− „Wie Menschen sich versorgen,
− wie sie am Verkehr teilnehmen,
− wie sie arbeiten,
− wie sie ihre Freizeit verbringen,
− wie sie sich bilden,
− wie sie wohnen,
− wie sie in Gemeinschaften leben" (9).

Vor allem bei der letzten Funktion, „Wie sie in Gemeinschaften leben", ist der politische Aspekt der Gemeinde angesprochen. Allerdings ist der harmonisierende Begriff der Gemeinschaft nicht geeignet, um Kommunalpolitik adäquat zu beschreiben. Folgende Dimensionen der Politik können auch als Suchraster für politische Naherkundungen verwendet werden (10).

Inhalt: Kommunalpolitik hat es immer mit Inhalten, Problemen zu tun. Diese Aufgaben werden in den Daseinsgrundfunktionen angesprochen. Es bietet sich daher an, eine bestimmte Funktion, z.B. Feizeitangebote, auszuwählen und vor Ort zu überprüfen, wie eine Gemeinde diese Funktion bzw. Aufgabe erfüllt.

Prozeß: Die Inhalte und Probleme der Gemeinde sind Gegenstand von Entscheidungsprozessen, die einzelne Bürger, aber vor allem Gruppen wie politische Parteien, Verbände/Vereine und Bürgerinitiativen zu beeinflussen suchen.
Durch Befragungen einzelner Bürger, der Gruppenvertreter, durch Besuch ihrer Veranstaltungen können die Schüler etwas über die Ziele der kommunalpolitischen Akteure erfahren. Durch die Analyse der Zusammensetzung des Gemeinderates und durch gezielte Beobachtung der Ratssitzungen lernen sie die Macht einzelner Gruppen einschätzen und die Strukturen des Entscheidungsprozesses kennen.

Form: Der Besuch von Gemeinderatssitzungen macht den Schülern aber auch bewußt, wie notwendig Institutionen für die Entscheidungsfindung sind, und daß die entsprechenden politischen Auseinandersetzungen der Regeln wie z.B. Gemeindeordnung, Geschäftsordnung bedürfen.

Vom Problemstandort zu den Institutionen — Naherkundungen als Lernortvernetzung

Die folgenden nur stichwortartig wiedergegebenen Verlaufsskizzen sollen die mögliche Funktion und den Stellenwert von Erkundungen im Unterrichtsprozeß verdeutlichen und auf alternative Möglichkeiten aufmerksam machen. Die Variante 1 wurde mit einer 7. Hauptschulklasse, die Variante 2 mit einer 7. Realschulklasse durchgeführt (11).
Beide Unterrichtsskizzen machen deutlich, daß Erkundungen gründlich vor- und nachbereitet und mit einem Set von anderen Methoden verbunden sein müssen. Je nach Stellenwert im Unterrichtsprozeß können sie auch unterschiedliche Funktionen haben. So soll z. B. die Besichtigung der Mülldeponie am Anfang der Unterrichtseinheit die Schüler motivieren, sich mit dem Müllproblem intensiv auseinanderzusetzen. Bei beiden Varianten hat sich der Wechsel von Arbeit vor Ort und im Unterricht positiv auf das Interesse und die Arbeitshaltung der Schüler ausgewirkt.

Variante 1	Variante 2
Planungsgespräch beteiligter Kollegen(-innen)	

Aktion „Müllhappening"
mit anschließender
Auswertung

„Müllprobleme bei uns – gibt es
das?" *Informationen aus
Presseberichten*

Erkundung I
(Mülldeponie) mit Beob-
achtungsaufträgen und
Befragung

Unterricht
„Müllprobleme früher und heute"
Interpretation verschiedener
Materialien

Unterricht
„Abfallmengen und Abfall-
arten im Kreisgebiet"

„Müllbeseitigung kostet viel Geld"

„Müll ist Kreissache"
Aufgaben und Organisation
des Landkreises

„Der Kreis ist zuständig"
Der Landkreis und seine Verwaltung
„Das Landratsamt und sein Chef,
der Landrat"
„Abfallbeseitigung als *eine* Pflicht-
aufgabe des Kreises"

Expertengespräch mit einem
Kreisrat

Planspiel „Kreistagssitzung"
„Möglichkeiten der Abfallbeseitigung und Abfallvermeidung"

Möglichkeiten der Abfallbeseitigung
„Recycling – nur ein Fremdwort?"

Erkundungsvorbereitung

Erkundung II und III
(Humus- und Wertstoffwerk/
gepl. Deponiestandort)

Erkundung I und II
(Mülldeponie/Humus- und Wert-
stoffwerk)

Erkundung IV
(Landratsamt; Diskussion mit
dem Landrat; Teilnahme an
Kreistagssitzung)

Erkundung III
(wie nebenstehend)

Dokumentation
Vorbereitung einer Ausstellung
in der Aula der Schule

Produktion
„Müll zerstört unsere Umwelt"

Elternabend zum Thema
„Müll" mit Tonbildschau
„Zeitbombe Müll" und
Ausstellungseröffnung

Zusammenfassung und Ausblick:
Wir müssen unser Verhalten ändern.
Wo fangen wir an?
Beispiel: Schule und Altbatterie-
sammelstelle

Im letzten Abschnitt haben wir aufgezeigt, daß es didaktisch besonders sinnvoll ist, wenn sich die Jugendlichen zunächst vor Ort ein Bild machen, um dann mit entsprechenden Fragen, Meinungen, aber auch schon erworbenem Sachwissen zu den politischen Institutionen und Politikern zu gehen. Diese Vernetzung von verschiedenen Lernorten gibt dem Vorhaben immer neue Impulse und fordert, bestätigt aber auch die Schüler in verschiedener Weise.

Nicht zuletzt kann eine gründliche Auswertung und die Veröffentlichung der Erkundungsergebnisse in der Form von Produktionen, Ausstellungen, Presseberichten und Elternabenden die notwendigen Gemeinschafts- und Erfolgserlebnisse vermitteln.

Aspekte der Aneignung von Welt in der Stadt

Das folgende Unterrichtsprojekt, das im Oberstufenkolleg Bielefeld entwickelt und durchgeführt wurde, soll fächerübergreifende Zugänge zum Problem Stadt deutlich machen (13). Es stand unter dem Motto: „Das Leben sichtbar machen." Maßgebend für die didaktischen Entscheidungen waren nicht die Schulfächer, sondern die „ungefächerte Realität". Die Versuchsschule des Landes Nordrhein-Westfalen wollte mit diesem Projekt Alternativen zum oft starr geregelten Betrieb der Schule (hier: Sekundarstufe II) und des Grundstudiums anbieten: „Wir können also aus den vielen Wunschkonjunktiven den Indikativ des ‚Wir versuchen es mal so' machen — den interdisziplinären Unterricht, das Projekt im normalen Stundenplan, den regelmäßigen Kontakt mit der Außenwelt. Das tun wir freilich nicht in einer Idylle, sondern unter den ernsthaften Bedingungen des Unterrichts mit keineswegs ‚idealen Schülern' und unter dem zuweilen mißtrauischen Blick einer reformunlustigen Öffentlichkeit" (14).

Die folgende Themenliste zeigt die verschiedenen „Hin-Sichten auf die Stadt" und die verschiedenen Erkenntnisziele:

Aspekte der Aneignung von Welt in der Stadt			
Thema z. B.	Hinsicht auf die Stadt	Hinsicht auf die Geschichte	Erkenntnisziele (Wissen „an sich" — Wissen „für mich")
„Fremd- arbeiterinnen" (Heft 7)	Ort für Ereignisse in Geschichte/ Lebens- und Arbeitsraum der Mitbürger/Eltern	Geschichte selber entdecken und schreiben	Das Allgemeine im Einzelnen wiedererkennen; Verdrängen und blinde Flecken auflösen, „aufklären"; menschliches Handeln verstehen/verändern

Thema z. B.	Hinsicht auf die Stadt	Hinsicht auf die Geschichte	Erkenntnisziele (Wissen „an sich" — Wissen „für mich")
„Ansichts-sache" (Heft 1)	Produktions- und Lebensraum; Imageträger/-bildner/-opfer	Geschichte widerspiegeln in verschiedenen Objektivierungen und aus verschiedenen Blickwinkeln	Wirklichkeit „an sich" und „für mich" erkennen; Wahrnehmungsmuster kennenlernen und verstehen; Wahrnehmungen wirksam machen
„Stadtsanierung" (Heft 12)	Konflikt- und Gestaltungsfeld; Substrat für Leitbilder und Werte	Bewegungskräfte (z. B. Parlamente, Verwaltungen, Bürgergruppen) und Bewegungsgesetze (z. B. Kapitalverwertung, Sozialstaatsdoktrin) verstehen; aus der Geschichte lernen/ „Bessermachen"	Interessenlagen entziffern und erklären; Welt „menschlicher" machen
oder: „Demokratie" (Heft 9)	Gemeinde als Grundlage des demokratischen Staatsaufbaus; politisches Prozeßfeld	Selber in der Geschichte leben	Schein und Sein/Theorie und Wirklichkeit/Oberflächen- u. Tiefenstrukturen durchschauen; Handlungsmöglichkeiten, -spielräume, -grenzen prüfen; sich in die Sache der Bürger „einmischen"

oder:
Amerikanisches (Heft 2)
Bethel (Heft 3)
Gewässergüte (Heft 4)
Wälder (Heft 5)
Bielefeld 1922 (Heft 6)
Friedenssicherung (Heft 8)
Städtepartnerschaften (Heft 10)
Hermannsdenkmal (Heft 11)
Luftqualität (Heft 13)

Rhode-Jüchtern, T.: „Betrifft Bielefeld" — ein Konzept zur Aneignung von Welt in der Stadt. In: Sozialwissenschaftliche Informationen 1987, H. 2. S. 132.

Wir greifen das Beispiel Stadtsanierung heraus, weil hier vor allem auch die politischen Aspekte zum Tragen kommen. An diesem Fall kann zudem die Verflechtung der Kommunalpolitik mit der Landes- und Bundesgesetzgebung deutlich gemacht werden. Bei den dazu notwendigen Erkundungen haben sich u.a. folgende Problemstellungen, methodische Fähigkeiten und Kenntnisse als didaktisch sinnvoll erwiesen:

„Wie werden die Bürger als Souverän in der Demokratie, als ‚Betroffene‘, als ‚Allgemeinheit‘ beteiligt an der Gestaltung ihres eigenen Lebensraums? Wie ernst ist die föderative Ordnung und die Planungshoheit der Gemeinden zu nehmen angesichts von Bundesgesetzgebung und Landesfinanzierung (‚Goldener Zügel‘)?

Jeder Schritt und jeder Blick in ein Sanierungsgebiet, jede Frage an einen alten und neuen Bewohner, jede soziologische Phantasie beim Betrachten von Plänen und Baustellen macht diese theoretischen Fragen praktisch und die Kenntnis von Verfahren und Ordnungen ist plötzlich keine Institutionenkunde mehr, sondern als demokratisches Herrschaftswissen und real wirksamer (und beeinflußbarer) Prozeß anzueignen. (Unsere besondere Freude war es, als wir einen Planungsvorschlag zur Sanierung einer desolaten Hauptverkehrsstraße machen konnten, diese Idee aufgegriffen und umgesetzt wurde. Aber solche Glücksfälle gehören nicht mehr zu unserem hier vorgestellten Konzept“ (15).

Schlußbemerkungen: Erkundungen im Nahbereich als Schritt zur gemeinwesenorientierten Schule

Die Erkundungen im Nahbereich könnten dazu beitragen, Schulen stärker für Nachbarschaft und Gemeinwesen zu öffnen. Die Kommunikation zwischen Schule, Öffentlichkeit und Kommunalpolitik wird verstärkt, was nicht zuletzt zu einer Aufwertung des Schulfaches Politik führen dürfte. Ohne im einzelnen auf die Konzeption einer „gemeinwesenorientierten Schule“ eingehen zu können, wäre die Einbeziehung außerschulischer Lernorte ein Schritt in diese Richtung: „Gemeinwesenorientiertes Lernen vernetzt Lernorte, Lernformen und Lernziele, überwindet die Trennung von schulischem und außerschulischem Lernen“ (16).

Anmerkungen

1) Muchow, M./Muchow, H.H.: Der Lebensraum des Großstadtkindes. Bensheim 1980.
2) Lotz, H.: „Disziplinschwierigkeiten“ und schulische Verhaltensauffälligkeiten. In: Rolff, H.-G. u.a.: Strategisches Lernen in der Gesamtschule. Reinbek 1974. S. 120.
3) Narr, R.: Lernen im städtischen Umfeld. Hannover 1985. S. 42 ff.
4) Narr, a.a.O., S. 151.
5) Narr, W.: Logik der Politikwissenschaft – eine propädeutische Skizze. In: Politikwissenschaft. Eine Einführung in ihre Probleme. Kress/Senghaas (Hrsg.), S. 94. Frankfurt/M. 1972.
6) Wehling, H.G.: Kommunalpolitik in der Bundesrepublik Deutschland. Berlin 1986. S. 10.
7) Wehling, a.a.O.

8) Vgl. Ackermann, P.: Einführung in den sozialwissenschaftlichen Sachunterricht. München 1976. Vgl. dazu auch: Burk, K./Claussen, C. (Hrsg.): Lernorte außerhalb des Klassenzimmers. Bd. I und II. Frankfurt/M. 1980 und 1981.
9) Haubrich, H.: Konkrete Didaktik der Geographie. Braunschweig 1977. S. 171.
10) Vgl. dazu auch: Informationen zur Politischen Bildung 197 (Politik in der Gemeinde) hrsg. v.d. Bundeszentrale für politische Bildung. Bonn 1983. S. 1.
11) Vgl. Ackermann, P./Beck, J.: Müllbeseitigung als Aufgabe des Landkreises. Politik und Unterricht, H. 1/1988, S. 45 ff.
12) Rhode-Jüchtern, T.: „Betrifft: Bielefeld" – Ein Konzept zur Aneignung von Welt in der Stadt. SOWI, Sozialwissenschaftliche Informationen, H. 2/1987, S. 131–139.
13) Rhode-Jüchtern, a.a.O., S. 132.
14) Rhode-Jüchtern, a.a.O., S. 131.
15) Rhode-Jüchtern, a.a.O., S. 137.
16) Klement, Ch.: Zehn Gründe für gemeinwesenorientiertes Lernen. betrifft: erziehung, H. 11/1985, S. 22.

Literaturhinweise

Wehling, H.G.: Kommunalpolitik in der Bundesrepublik Deutschland. Berlin 1986 (Mit kommentierter Literaturübersicht)

Voigt, R. (Hrsg.): Handwörterbuch der Kommunalpolitik. Opladen 1984. (Mit guten Übersichtsbeiträgen, Literaturhinweisen zu allen Problembereichen der Kommunalpolitik)

Politik in der Gemeinde. Informationen zur politischen Bildung 197, hrsg. v.d. Bundeszentrale für Politische Bildung. Bonn 1983 (Mit einem ausführlichen Verzeichnis fachwissenschaftlicher und fachdidaktischer Literatur)

Erkundungen im Nahbereich. Politik und Unterricht, H. 1/1988, hrsg. v. Landeszentrale für politische Bildung Baden-Württemberg, Stuttgart.

Kommunale Politik. Politik und Unterricht, H. 4/1985, hrsg. v.d. Landeszentrale für politische Bildung Baden-Württemberg, Stuttgart.

Kommunalpolitik zwischen Zentralisierung und Autonomie. Politische Bildung, H.3/1982.

Arbeit vor Ort. Geographie und Schule, H. 6/1980 (2. Jg.).

Stadterkundung. Praxis Geographie, H. 3/1985.

Stadtgeschichte und Stadterfahrungen. SOWI, Sozialwissenschaftliche Informationen, H. 2/1987.

Koch, G.: Entdeckungen im nahen Lebensbereich. In: Claußen, B./Koch, G. (Hrsg.): Lebensraum Schule und historisch-politische Erfahrungswelt. Frankfurt/M. 1984. S. 121–135.

Lokalgeschichte und politisches Handeln. SOWI, Sozialwissenschaftliche Informationen, H. 1/1980 (9. Jg.).

Bücken, H. (Hrsg.): Die Stadt erleben. Mit Kindern im Spiel die Umwelt erforschen. Gelnhausen/Freiburg 1983.

Karl M. Setzen

Zeitung als außerschulischer Lernort?

Die Rotation — der nachhaltige Eindruck

Am Ende der etwa 2stündigen Besichtigung der Zeitungsdruckerei war
die 7. Klasse der Hauptschule aus dem Ostalbkreis wieder hellwach, als
sie vor dem Monstrum einer Maschine stand, und staunte. Diese Maschine
hatte nicht nur ungeheure Ausmaße, sie machte zudem einen Höllen-
lärm und arbeitete mit einer Affengeschwindigkeit:

„Die zur Zeit schnellste Rotationsmaschine läuft maximal 40000 Umdre-
hungen in der Stunde, so daß rein rechnerisch 40000 und im praktischen
Dauerbetrieb etwa 30000 Exemplare stündlich gedruckt werden können.
Die 16seitigen Grundaggregate können in beliebiger Anzahl so aneinan-
dergebaut und miteinander gekoppelt werden, daß Zeitungsexemplare
mit 100 Seiten Umfang und mehr seitenrichtig ineinandergelegt fix und
fertig gefalzt den Ausleger verlassen" (1).

Am Ende einer faszinierenden Rollen-Bahn „spuckte" sie in Windeseile
die fix und fertig gedruckten und gefalzten Zeitungen aus. Vor diesem
sehr intensiven und zweifellos bestimmenden Eindruck des technischen
Meisterwerkes Rotationsmaschine traten die anderen Stationen der Zei-
tungs-Besichtigung in den Hintergrund; dazu zählte die Funktionsweise
der 1884 von Ottmar Mergenthaler konstruierten Setzmaschine, die
heute in vielen Zeitungsdruckereien noch verwendet wird:

„Das Funktionsprinzip beruhte darauf, daß im Magazin Messingmatrizen
von jedem Buchstaben des Alphabets einsortiert sind, die über eine Tasta-
tur, ähnlich einer Schreibmaschine, ausgelöst, auf den sogenannten
Sammler gereiht und zeilenweise ausgegossen werden. Setzwerk und
Gießwerk bilden eine maschinentechnische Einheit und sind durch ein
Hebelsystem miteinander synchronisiert. Die Matrizen werden, nachdem
eine Zeile ausgegossen ist, durch ein sinnreiches System mechanischer
Verzahnungen automatisch in die entsprechenden Magazinfächer zurück-
sortiert. Wenn der geübte Handsetzer in der Stunde 1500 Buchstaben in
Winkelhaken setzte, leistet die Setzmaschine in derselben Zeit etwa 6000
Buchstaben" (2).

Des weiteren wurden verschiedene Arbeitsgänge des moderneren, d. h.
effektiveren, Foto- und Lichtsatzverfahren gezeigt, das dabei ist, den
klassischen Bleisatz abzulösen:

„Von 30 Eingabestationen (Bildschirm-Terminals) aus haben Mitarbeiter der Texterfassung, der Redaktion und der Anzeigenabteilung die Möglichkeit, sich in ein EDV-System mit zentralem Rechner einzuschalten. Sie müssen eine sogenannte Maske ausfüllen und schaffen damit die Voraussetzung für die computergesteuerte Gestaltung von Text und Überschrift. Der Satz kommt somit umbruchreif aus dem Online-System. . . Inzwischen gehört es auch zum Alltag in unseren Redaktionen, daß die Redakteure ihre Texte direkt ins EDV-System schreiben, mittels standardisierten Befehlen den Text auszeichnen und somit direkten Einfluß auf die Gestaltung der Zeitung nehmen. Sind Korrekturen oder Änderungen notwendig, kann der Redakteur seinen im Rechner auf Magnetplatten gespeicherten Artikel auf seinen Bildschirm zurückholen" (3).

Selbstverständlich wurde auch die Arbeit am Umbruchtisch erläutert oder die Herstellung der Druckplatten, die schließlich auf die Rotationszylinder montiert werden.

Fazit der Besichtigung: Es wurde eine ganze Reihe von Einsichten zum technischen Herstellungsprozeß einer Zeitung vermittelt. Sicher wurden nicht alle kognitiven Lernziele dieser Erkundung bei allen Schülern erreicht; der Erfolg ist von vielen Faktoren abhängig: Von der Vorbereitung, von der Schulart, von der Altersstufe und nicht zuletzt vom Interesse und dem Leistungsvermögen des einzelnen Schülers. Eines aber scheint sicher, daß das Erlebnis einer laufenden Rotationsmaschine bei jedem Schüler Eindrücke hinterläßt, selbst wenn er andere Zusammenhänge nicht verstanden hat bzw. relativ schnell wieder vergißt. Unter diesem Gesichtspunkt ist der Besuch einer Zeitungsdruckerei nicht nur ein möglicher, sondern auch ein erfolgversprechender Einstieg in das Thema Zeitung. Dieser „emotionale Einstieg" in eine Themenstellung der schulischen Politischen Bildung ist zu nutzen, wenn man berücksichtigt, daß viele Lerninhalte des Schulfaches „Politische Bildung", „Sozialkunde", „Gemeinschaftskunde" oder wie das Fach sonst noch bezeichnet wird, fast ausschließlich über die kognitive Schiene vermittelt werden.

Zeitung — ein mehrfacher Lernort

Würde es bei der Besichtigung der technischen Zeitungsherstellung bleiben, wären die Unterrichtsziele nicht erfüllt; das gilt selbst für das Fach Sachunterricht der Grundschule (z. B. Klasse 4). Zeitung ist mehr: Selbst im Prozeß der Zeitungsherstellung ist die Zeitungsredaktion, bezogen auf die Zielsetzung des Faches, von größerer Bedeutung. Natürlich kann man auch eine Zeitungsredaktion besichtigen; ob allerdings von der erlebnisintensiven Anschauung her viel für die Schüler zu beobachten ist, bleibt zumindest fragwürdig. In den meisten Fällen sieht man nur die nicht zahlreichen hauptamtlichen Redakteure einer Lokalredaktion bei der Arbeit am Schreibtisch (evtl. mit Bildschirm-Terminal); zudem arbeiten viele Redaktionen in räumlich beengten Verhältnissen, so daß sich allein deswegen der Besuch einer Schulklasse verbietet. Um die Arbeit einer Redaktion kennenzulernen, ist es didaktisch sinnvoller, den einen oder anderen Redakteur (z. B. für Sport oder Feuilleton) in die Schulklasse einzuladen und ihn zu bitten, etwas über den Ablauf seines Arbeitstages zu berichten. Diese Einladung sollte allerdings erst erfolgen, nachdem im Unterricht die verschiedenen Zeitungsressorts am Beispiel der Lokalzeitung oder einer überregionalen Zeitung (aus Vergleichsgründen: je größer die Zeitung – je differenzierter die Ressorts) erarbeitet wurden.

Eine Zeitung wird aber auch geprägt durch den Eigentümer, den Verleger, die Mitarbeiter der Anzeigenabteilung; entsprechend der Altersstufe, der Schulart und ihren Lehrplaneinheiten sollte auf sie eingegangen werden. Als ein wichtiges Lernziel ist die privatwirtschaftliche bzw. gewinnorientierte Struktur des Zeitungswesens in der Bundesrepublik deutlich zu machen (im Vergleich zu den vorwiegend öffentlich-rechtlich strukturierten Funk- und Fernsehmedien). Für diesen Teil des „Lernortes Zeitung" gilt im Prinzip das gleiche wie für die Redaktion; organisatorisch ist es einfacher, den Verleger oder andere Mitglieder der Geschäftsleitung und Mitarbeiter der Anzeigenabteilung in das Klassenzimmer einzuladen; auch das sollte erst nach gründlicher Vorbereitung geschehen. Die Fragen der Finanzierung einer Zeitung, das Verhältnis zu den Anzeigenkunden, die Trennung bzw. die Abhängigkeiten von Anzeigenteil und redaktionellem Teil sind dann für die Politische Bildung sehr ergiebige Fragestellungen. Derartige Fragen im Anschluß an die technische Betriebsbesichtigung zu erörtern, ist nicht ratsam, weil erfahrungsgemäß technische Fragen im Vordergrund stehen und zudem die Schüler physisch erschöpft sind. Schließlich ist Zeitung nicht zuletzt das Einzelexemplar, das ganz besondere und einmalige didaktische Qualitäten hat. Zeitung als Einzelexemplar in vielfacher Auflage und besonders preisgünstig ist ein sehr mobiler Lernort, außerschulisch wie auch innerschulisch. Die Zeitung wird an vielen Orten gelesen: Zu Hause, in der Freizeit, in der Peer-Group und in der Schule. Sie ist akute Wissens- und Informationsquelle für viele Bereiche und Interessen; sie ist mobiles, d. h. mehrfach einsetzbares, Lerninstrument für fast alle Schulfächer.

Fazit: Jede schulische Beschäftigung mit dem Thema Zeitung sollte vom Umgang mit dem Einzelexemplar für jeden Schüler innerhalb des Klassenzimmers ausgehen. Die Zeitung ist ein sehr mobiler und flexibler „Lernort", orientiert an den Realitäten fast aller Lebensbereiche, zugestandenermaßen vielfach sehr schnellebig und häufig spektakulär. Allerdings ist sie gerade wegen dieser Eigenschaften in vielen Fällen der Vermittler, der Schlüssel oder das Vehikel zu vielen anderen außerschulischen Lernorten gerade des Faches Politische Bildung: Zum Gemeinderat, zum Landtag, zum Bundestag, zum Gericht, zur Arbeitswelt, zum Freizeitbereich (Sport und Kultur), zu anderen Regionen und zum Ausland.

Drei Stufen politischer Sozialisation durch den Lernort Zeitung

Aus der Struktur und der Funktion des mobilen Lernortes Zeitung ergeben sich für die Zielsetzung Politischer Bildung 3 Stufen der politischen Sozialisation von Schülern durch das Lernmedium Zeitung. Die 1. Stufe dieses Lernprozesses wird im wesentlichen bestimmt von der Besichtigung einer Zeitungsdruckerei, wie sie eingangs angedeutet wurde. Über die technischen Abläufe mit dem Höhepunkt laufende Rotation soll die Motivation bzw. das Interesse der Schüler geweckt werden; da die „technische Antenne" bei den Schülern dieser Altersstufe besonders ausgeprägt ist, dürfte dies bei genügender Vorbereitung gelingen, vor allem, da das Verlassen des Klassenzimmers den Unterrichtsalltag auf jeden Fall auflockert und auch von den Schülern begrüßt wird.

Als 2. Stufe sollte sich die Analyse der Redaktion und der wirtschaftlichen Struktur einer Zeitung anschließen; wie bereits oben erläutert, ist es hierbei nur bedingt sinnvoll und möglich, Redakteure, Verleger und Verantwortliche für den Anzeigenteil in der Zeitung (d. h. im Zeitungsgebäude) bei der Arbeit zu besuchen bzw. zu beobachten. Ideal instruktiv wäre allerdings die Beobachtung beispielsweise einer Redaktionskonferenz; nach unseren Erfahrungen wird diese Möglichkeit Außenstehenden von den Zeitungen nur selten angeboten. Der Normalfall ist also hier die Einladung der „Zeitungsmacher" in die Schule. Hierbei ist es von Bedeutung, Redakteure und Vertreter des Managements getrennt einzuladen, weil dadurch die Chance erhöht wird, Informationen über die strukturelle Spannung zwischen journalistischen Leitvorstellungen und wirtschaftlichen Zwängen zu erhalten (Stichwort: „innere Pressefreiheit").

Die 3. Stufe in diesem Lernprozeß politischer Sozialisation mit Hilfe des Lerninstruments Zeitung ist in der Eigentätigkeit der Schüler zu sehen, getreu dem didaktischen Prinzip des „learning by doing". Gemeint sind Produktionsversuche, die auch z. T. von den Zeitungsredaktionen angeregt werden. Dazu gehören das Gestalten einer sogenannten Kinder- oder Jugendseite, was z. T. ja schon von 4. Grundschulklassen geleistet wird; dazu gehört natürlich auch die Anregung, über eine bestimmte Veranstaltung, die vorwiegend von Schülern getragen wurde (z. B. ein Theaterstück, ein Schulfest oder ein Sportfest), einen Bericht für die Lokalpresse zu schreiben; dazu gehört aber auch der Hinweis auf die Möglichkeit der Interessenartikulation von Jugendlichen in der Öffentlichkeit per Leserbrief. Dabei können die jungen Leserbriefschreiber bei in der Öffentlichkeit kontrovers behandelten Themen im Einzelfall die Erfahrung der Ablehnung bzw. Nicht-Veröffentlichung eines Leserbriefes machen. In der Folge ist die Rücksprache mit den verantwortlichen Redakteuren angezeigt. In diesem Kontext kommen wiederum emotionale Elemente „Politischer Bildung" ins Spiel, was grundsätzlich in bezug auf Lernerfolge positiv zu bewerten ist. Das Austragen eines solchen Konfliktfalles macht den jungen Menschen viel eindringlicher den Unterschied zwischen privat-rechtlicher und öffentlich-rechtlicher Struktur in den Massenmedien klar als eine mehr theoretisch angelegte Analyse mit vielen Schaubildern, Statistiken und Gesetzestexten. Ziel dieser 3. Stufe ist nicht nur, das Medium Zeitung als Instrument der Meinungsbildung zu erkennen, sondern es auch in der späteren Rolle des verantwortlichen Staatsbürgers selber benutzen zu wollen und zu können.

In der presserechtlichen Perspektive der Möglichkeiten für den Bürger sei uns an dieser Stelle eine Anmerkung erlaubt, die auf die relative Ohnmacht kritischer Bürger hinweist. Nach dem geltenden Presserecht der einzelnen Bundesländer hat kein Bürger einen Rechtsanspruch auf Veröffentlichung seines Leserbriefes, allein die jeweilige Zeitungsredaktion entscheidet darüber. Wäre es nicht sinnvoller, auch im Sinne der Ziele der Politischen Bildung, im Presserecht einen Publikationsanspruch für den einzelnen Bürger zu verankern, etwa in der Veröffentlichung einer „offenen Spalte" für jede Tageszeitung? Die Ablehnung der Publikation dürfte dann nur durch strafrechtlich relevante Inhalte (z. B. Beleidigung) begründet werden. Mit Berufung auf eine solche gesetzliche Bestimmung würden die Redaktionen ihrerseits freier und unabhängiger; der Vorwurf der Hofberichterstattung würde entscheidend vermindert. Und in bezug auf die Leser, besonders die heranwachsende Generation – die nachweislich fallende Tendenz unter der jugendlichen Leserschaft ausweist –, wären Chancen der Kooperation und sogar der Identifikation zwischen Zeitung und Leserschaft gegeben (4).

Diese 3. Stufe hat auch unter medienpädagogischem Aspekt einen sehr hohen Stellenwert, will man medienpraktische Eigentätigkeit fördern. Besonders die Beteiligung am Zeitungsmachen oder auch die Herstellung einer Schul- oder Klassenzeitung ist im Vergleich mit der Arbeit am Ton- oder Videoband vom Zeit- und auch Kostenaufwand her sowohl für den Schüler als auch für den Lehrer, der ja permanent mit den Vorgaben bzw. Verpflichtungen des Lehrplanes kämpft, weniger aufwendig. In überschaubaren Zeiträumen sind Zeitungsbeiträge eher abzuschließen als

z. B. zeitaufwendige Video-Produktionen, wobei das Interesse am Inhalt längst erloschen ist. Konsequenz: Die Medienpädagogik sollte sich mehr um das schuladäquate Medium Presse kümmern.

Fazit: Die 3 Stufen der Arbeit mit der Zeitung als schulischer und außerschulischer Lernort stellen den Idealfall der politischen Sozialisation durch Zeitung dar; die Verwirklichung ist natürlich von den Schularten und den Fähigkeiten und Interessen der Schüler, aber auch vom Wollen und Können der Lehrer abhängig. Es kann durchaus sein, daß in einer 9. Gymnasialklasse nur Elemente der 1. und 2. Stufe recht und schlecht verwirklicht werden, daß aber andererseits Viertkläßler der Grundschule wesentliche Erfahrungen des Zeitungsmachens, also der 3. Stufe, machen, indem sie selbst eine Kinderseite des Lokalteils mit Text, Zeichnungen und Fotos gestalten. Wenn die örtliche Lokalzeitung Bereitschaft zur Zusammenarbeit signalisiert, sind das Engagement und die Qualifikation – beide bedingen sich wohl – die wichtigsten Faktoren zum Erreichen der 3stufigen Medienbildung durch die Arbeit mit der Zeitung.

Die Vorbereitung des Lerngangs Zeitungsdruckerei

Mehrfach wurde auf die Vorbereitung der Besichtigung einer Zeitungsdruckerei verwiesen; sie kann auf unterschiedliche Weise geleistet werden. Sie ist selbstverständlich altersstufen- bzw. schulstufenabhängig. Geht es um eine 4. Grundschulklasse, kann man – das laufende Monstrum Rotation vor Augen – in den Unterricht einführen mit der Demonstration eines Handkopierers, dessen Vervielfältigungsverfahren ja auch auf dem Prinzip der rotierenden Walze beruht. Darüber hinaus ist der Buchstabenkasten als Vorerklärung zur Setzmaschine heranzuziehen. Aber auch der Grundschüler ist über das Einzelexemplar Zeitung mit seinen einzelnen Ressorts einsichtig einzuführen. Jeder Schüler kennt mehr oder weniger die Tageszeitung von zu Hause und liest zumindest unregelmäßig darin; die inhaltlichen Präferenzen liegen bei den Schülern, wenn sie die Tageszeitung lesen, z. B. beim Sport und den Kleinanzeigen bzw. Veranstaltungsankündigungen (5).
Eine weitere Möglichkeit des Einstiegs in die Thematik Zeitung allgemein und den Besuch einer Zeitungsdruckerei speziell bietet die Dia-Serie „Die Lokalzeitung", gemeinsam herausgegeben von der Landesbildstelle Württemberg, der Landeszentrale für politische Bildung Baden-Württemberg und der Württembergischen Landesbibliothek (ausleihbar bei allen Stadt- und Kreisbildstellen in BW). Die Dia-Reihe ist dreigeteilt nach den inhaltlichen Schwerpunkten: Aufbau und Organisation, Wandel von

Funktion und Technik sowie Pressefreiheit und Journalistenpflichten (insgesamt 46 Dias). Es ist ratsam, der Altersstufe gemäß einzelne Dias auszuwählen, besonders aus den Teilen Organisation und Technik, während sich die Beispiele aus dem Teil Pressefreiheit mehr für die nachfolgende Nachbereitung bzw. mehr für ältere Schüler eignen, u.a. auch im Rahmen des Geschichtsunterrichts mit dem Themenkreis Entwicklung demokratischer Staats- und Gesellschaftsstrukturen im 19. Jh. (Kampf um die äußere Pressefreiheit). Zur Dia-Reihe gehört auch ein didaktisch gut konzipiertes Begleitbuch mit kurzen allgemeinen Einführungen in die Themenbereiche, mit Einzelbeschreibungen der einzelnen Dias, mit methodischen Hinweisen für den fächerübergreifenden Unterricht z. B. im Fach Deutsch (Einführung in die verschiedenen Stilformen, mit Adressen von Zeitungsverlagen, die Schulklassen zur Besichtigung einladen, sowie einigen Kopiervorlagen für die Unterrichtsgestaltung). Ein letzter Hinweis sei gegeben auf die Verteilung von Aufgaben an einzelne Schüler oder Schülergruppen in der Vorbereitungsphase; die Aufgaben können sein: Protokollieren der einzelnen Stationen einer Besichtigung, Fotos bzw. Dias machen entsprechend den einzelnen Besichtigungspunkten (im Ausnahmefall kann man sich sogar vorstellen, daß an der Video-Arbeit interessierte Schüler mitdrehen); inhaltlich sind Fragestellungen möglich wie: Welche Berufe habt ihr beobachtet? (Hinweis auf die Berufswahlorientierung von Jugendlichen) oder: Welche Produkte werden außer der Zeitung in der Druckerei hergestellt?

Nachbereitung und Überleitung zu anderen spezifischen Themen der „Politischen Bildung"

Eine Nachbereitung oder besser Auswertung der außerschulischen Exkursion in die Zeitungsdruckerei sollte folgen: Gespräche mit Redakteuren, möglichst auch mit ökonomisch orientierten Mitarbeitern der Zeitung sowie eigene journalistische Versuche der Schüler. Zur didaktischen Vertiefung des Gesehenen und Erfahrenen kann man anknüpfen an die Protokoll-Notizen von der Besichtigung; die Aufgabe könnte lauten: Schreibt einen Bericht über unsere Besichtigung, illustriert ihn mit einem selbstgemachten Foto (Diskussion über die Auswahl des aussagekräftigsten Fotos im Unterricht) und bittet die Redaktion der besuchten Zeitung, das journalistische Eigengewächs zu veröffentlichen (konkreter Kontakt mit den Redakteuren über Umfang, Überschrift, Ergänzung durch Foto, Schreibstil, Fremdwörter, Kenntlichmachung der Autorenschaft). Vielleicht ergibt sich bei dieser Gelegenheit die Möglichkeit, auch andere journalistische Produkte der Schüler aus dem Lokalgeschehen bei dieser Zeitung „unterzubringen".

Haben Schüler die Besichtigung mit dem Fotoapparat begleitet, kann die Aufgabe heißen: Stellt eine Dia-Serie her, etwa mit dem Titel „Was muß man von der Zeitungsherstellung wissen?" Video-Fans haben dabei noch zusätzliche Möglichkeiten, wenn man dabei an den Schnitt und die Kommentierung (Ton) des vorhandenen Filmmaterials denkt. Sowohl bei eigenen Presseberichten wie auch bei der Erstellung einer Dia-Reihe (evtl. mit Begleittext) und der Produktion eines Videobandes sei noch einmal auf die speziell medienpädagogischen Möglichkeiten hingewiesen, allerdings unter Berücksichtigung der notwendigen Unterrichtszeit (Erlahmung der Schülermotivation!). Letztlich kann sogar die erstellte Dia-Reihe oder das Video-Band in die Lehrmittelsammlung der Schule eingestellt werden, um nachfolgenden Schülergenerationen als Einführung in die Thematik zur Verfügung zu stehen. Nicht zuletzt sei verwiesen auf mögliche positive Konsequenzen sozialen Lernens bei der gemeinsamen und an der Schülerrealität orientierten Herstellung von Medienprodukten in der Form von Projektunterricht (aus Raumgründen können wir nicht weiter darauf eingehen). Grundeinsicht: Arbeiten mit der Zeitung eröffnet Möglichkeiten des Projektunterrichts. Die Auswertung schafft Verbindungen und neue Einstiege für wichtige speziellere Fragestellungen zum Thema Zeitung, aber auch zu anderen wichtigen Themen der Politischen Bildung wie auch anderer Schulfächer. Wenn die Zeit bzw. der Lehrplan es gestattet, kann der Lehrer die Pressefreiheit einmal unter dem historisch-politischen Aspekt der Entwicklung der demokratischen Bürgerrechte thematisieren; im Mittelpunkt stehen dabei die Versuche, die bürgerlichen Freiheiten des Individuums gegenüber dem absolutistischen Staat zu verankern: Bürgerrecht – öffentliche Transparenz – Presse – Demokratie gehören hier zusammen. Aktueller für die Situation demokratischer Industriegesellschaften ist das Problem der sog. inneren Pressefreiheit. Die Fragestellung lautet: Wie ist bei der privaten und gewinnorientierten Pressestruktur die Unabhängigkeit der Zeitungsredaktionen garantiert (Stichwort: Redaktionsstatuten)? Diese Thematik führt in die allgemeine Thematik Massenmedien – Neue Medien – Finanzierung und Konkurrenz der Medien ein.

Es sind aber auch andere thematische Verbindungen möglich: Der Besuch der Zeitungsdruckerei eröffnet sehr anschaulich für die entsprechenden Schulstufen die Einsicht in einen durch die Entwicklung der Technik bedingten Strukturwandel von Berufsgruppen. Die Umstellung von Bleisatz auf Fotosatz läßt klassische Berufsgruppen, z. B. die der Handsetzer, verschwinden und andere, z. B. an den Bildschirmgeräten, neu entstehen mit allen technischen, wirtschaftlichen, tarifpolitischen und nicht zuletzt menschlichen Folgen: Ein klassisches Beispiel für den schnellen Strukturwandel der Industriegesellschaft. Darüber hinaus leistet – wie schon angedeutet –, ein solcher Besuch bzw. die Behandlung des Themas Zeitung einen Beitrag zur Berufsfindung von Jugendlichen. Der Verlag einer kleinen Lokalzeitung führt allein 7 Ausbildungsberufe auf: Schriftsetzer,

Druckformhersteller, Drucker, Industriebuchbinder, Verlagskaufmann, Einzelhandelskaufmann/Verkäuferin, Redaktions-Volontär (6).

Die Zeitung — und die anderen Schulfächer

Nicht nur die Politische Bildung profitiert von der Zeitung als flexiblerem Lernort, auch wenn man dazu nicht unbedingt die Besichtigung einer Zeitungsdruckerei einplanen muß. In vielen Fällen genügt es, die Zeitungsexemplare in das Klassenzimmer zu holen. In der Folge seien nur einige stichwortartige Hinweise für die einzelnen Schulfächer bzw. Fächerkombinationen gegeben:

Sachunterricht (Grundschule): Einzelne Ressorts, Einkaufen — Werbeanzeigen, Gemeinderat

Deutsch: Stilformen (Nachricht, Bericht, Sportveranstaltungen, Gemeinderatssitzungen, Vereinsveranstaltungen, Schulveranstaltungen, Ausflüge), Reportage, Feature, Interviews, Überschriften — Schlagzeilen, Zwischenüberschriften, Leserbriefe, Rezensionen (Buch, TV-Sendungen, Filme, Konzerte, Theateraufführungen), Glosse, Kommentar, Fremdwörter, Fotounterschriften, Reden, Zitate, Grammatik/Sprachlehre/Substantive ordnen, Verben und Adjektive sammeln (z. B. im Sportbericht), Rechtschreibfehler, Trennung, Dehnung, Buchstaben-Analyse, Ausschneiden und Montieren von Scherzsätzen (Erstunterricht)

Geschichte: Gedenktage, Sehenswürdigkeiten (Fotos sammeln), Ausstellungen, Museen

Geographie: Länderberichte (Fotos, Karten, Graphiken), Tourismus, Wetterberichte (Wetterkarten)

Mathematik/Geometrie: ,,Steinbruch" für Zahlenmaterial jeglicher Art (Prozentrechnen), Devisenkurse und entsprechende Umrechnungen, Aktienkurse, Temperaturmessungen, Statistiken, Preise, Wahlergebnisse, Gewichtsangaben, TV-Programmzeiten, Fahrpläne, Sporttabellen, Graphiken, Diagramme

Physik/Chemie: Energieversorgung, Auto, Verkehr allg., Wasser, Umweltverschmutzung, frisierte Mopeds, Nahrungsmittelvergiftung, Müllbeseitigung, Fotografie

Biologie/Gesundheitserziehung: Ökologie-Probleme, Pflanzen- und Tierwelt, medizinische Berichte, Hygiene, Bevölkerungsentwicklung, Gentechnologie, Ethik

Kunst/Werken: Gestaltung von Zeitungsseiten, Layout, Umbruch, Werbeanzeigen-Gestaltung, Bildbeschreibung, Druckverfahren, Schrifttypen, Karikaturen, Skizzen-Zeichnungen, Fotos

Musik: Konzert-Berichte, Platten- oder Video-Rezensionen
Sport: Sport-Berichte, Reportagen (mündl.), Interviews, Regelbeschreibungen, Foto-Schnappschüsse
Religion: Berichte aus allen Religionsgemeinschaften (z. B. Christentum, Islam), Theologisch-ethische Fragestellungen.

Bei allen angedeuteten Möglichkeiten stellt die Aktualität des angebotenen Zeitungsinhalts natürlich für jeden Lehrer auch ein methodisches Problem dar: Wie kann ich diese Chance in den systematischen Lehrgang, vom Lehrplan bestimmt, einbauen? Bei Anerkennung dieser Schwierigkeiten wird dennoch der Lernort bzw. das Lerninstrument Zeitung in der Schule zu wenig genutzt; viele Zeitungsbeiträge sind nicht von heute auf morgen veraltet, so daß Zeitungsinhalte einplanbar sind.

Fazit des außerschulischen Lernortes Zeitung

Das vielfältige Medium Zeitung bietet dem Unterricht im Fach Politische Bildung wichtige und kaum ersetzbare didaktische Hilfen für das Erreichen der Unterrichtsziele. Die spezielle Besichtigung einer Zeitungsdruckerei mit dem Erlebnishöhepunkt einer arbeitenden Rotationsmaschine kann Schüler für das Gesamtthema zusätzlich motivieren; allerdings darf man die Auswirkungen für die Vermittlung des Themenkomplexes nicht überbewerten. Die intensive und differenzierte Hauptarbeit muß im Klassenzimmer, besonders auch in der Kombination mit der sprachlich-schriftlichen Eigenaktivität geleistet werden, dabei sollte dann im Sinne der 3. Stufe eine erneute Rückkoppelung an die Repräsentanten der außerschulischen Lerninstitution Zeitung erfolgen bzw. angestrebt werden; gemeint ist die Pflege des Kontaktes zu den Redaktionen, weil nur dadurch Schule aus einer bestimmten sozialen Ghetto-Situation gelöst werden kann. Schüler- oder Klassen-Zeitungen sind zwar Schritte auf dem Wege zu dieser sozialkundlichen höchsten Zielsetzung, können aber letztlich kein Ersatz für den gewünschten Realitätsbezug junger Menschen zum öffentlich-politischen Lebensbereich sein; die Schülermotivation profitiert sicher von journalistischer Eigentätigkeit der Schüler: ,,Non scholae, sed vitae discimus!" (Nicht für die Schule, sondern für das Leben lernen wir!) sagten die alten Lateiner.

Anmerkungen

1) Frankfurter Allgemeine Zeitung (FAZ). Alles über die Zeitung. 18. Aufl. Frankfurt/M 1985. S. 155.
2) FAZ, a.a.O. S. 146.
3) Süddeutscher Zeitungsdienst/Verlag „Gmünder Tagespost": Jeder Tag hat seine Seiten — Wir über uns. Aalen 1985. S. 50.
4) Karl M. Setzen: Bürgerinformation oder Hofberichterstattung? Zur Funktion der Lokalpresse. In: Schöne neue Welt — Medien verändern den Alltag (Hrsg.: G. Kolb), Gmünder Hochschulreihe. Bd. 1. Schwäb. Gmünd 1987.
5) Päd. Hochschule Schwäbisch Gmünd: Projekt „Zeitung in der Schule". Schwäb. Gmünd 1987.
6) Süddeutscher Zeitungsdienst, a.a.O. S. 8/S. 9.

Literaturhinweise
(speziell unter didaktisch-methodischen Gesichtspunkten)

Frankfurter Allgemeine Zeitung (FAZ). Alles über die Zeitung. 18. Aufl. Frankfurt/M. 1985.

Süddeutscher Zeitungsdienst/Verlag „Gmünder Tagespost": Jeder Tag hat seine Seiten — Wir über uns. Aalen 1985.

Landesbildstelle Württemberg, Landeszentrale f. politische Bildung Baden-Württemberg, Württembergische Landesbibliothek: Die Lokalzeitung. Begleitheft zur gleichnamigen Dia-Serie. Stuttgart 1986.

Hermann Hoppenkamps: Medium Zeitung — Modelle für den Deutschunterricht. Düsseldorf 1979.

Peter Hasubek/Wolfgang Günther: Sprache der Öffentlichkeit. Informierende Texte und informatorisches Lesen im Unterricht der Sekundarstufe. Düsseldorf 1973.

Peter Hasubek/Wolfgang Günther (Hrsg.): Texte zum informatorischen Lesen (Materialband). Düsseldorf 1973.

Landeszentrale für politische Bildung Baden-Württemberg: Karikaturen — Didaktische Anregungen zu neun politischen Themen —. In: Politik und Unterricht, H. 2/1978.

Projektteam Lokaljournalisten (Hrsg.): ABC des Journalismus. 4. Aufl. München 1986.

Bernd-Jürgen Martini (Hrsg.): Journalisten-Jahrbuch '87. München 1986.

Hans-Joachim Eick: Stundenblätter — Massenmedien (Sekundarstufe I). Stuttgart 1986.

Michael Glöckner

Schüler im Funk — der SDR 3-workshop

Stellenwert der elektronischen Medien bei Jugendlichen

Die von der ARD/ZDF-Medienkommission und der Bertelsmann Stiftung in Auftrag gegebene Studie „Jugend und Medien" hat die Vermutung vieler Pädagogen wissenschaftlich untermauert, daß das Radio das am weitesten verbreitete Medium der Jugendlichen und jungen Erwachsenen in der Bundesrepublik im Alter zwischen 12 und 29 Jahren ist (1). Radiohören in der Freizeit, während der Schularbeiten zu Hause und am Arbeitsplatz wird vor allem vom Musikgeschmack der Teens und Twens bestimmt. Je älter die Jugendlichen werden, desto wichtiger wird für sie neben dem Hörfunk dann das Fernsehen.

In bezug auf die Glaubwürdigkeit des Bildes wird das Fernsehen in Konkurrenz zu Hörfunk, Zeitung und Zeitschriften heute sogar als wichtigstes Medium geschätzt und am häufigsten als Hauptinformationsquelle genutzt. Diese Zahlen verdeutlichen nicht nur den Stellenwert, den die Medien in der Lebenswelt der Jugendlichen ausmachen, sondern fordern die Fragestellung heraus, welche Bedeutung den heranwachsenden Rezipienten — etwa einem Viertel der Bevölkerung in der Bundesrepublik — bei der Produktion und Gestaltung der Medienangebote zugemessen wird. Gerade weil sich die jungen Mediennutzer in einer prägenden Übergangsphase ihres Lebensablaufs befinden, verdient nicht nur das Verhältnis dieser Generation zu den elektronischen Medien besondere Beachtung, sondern auch die Einstellung und Verantwortung der Medien bzw. ihrer Macher gegenüber den Rezipienten (2).

Lange bevor die noch junge Hörer- und Zuschauerforschung (3) den jugendlichen Medienkonsumenten entdeckt hat, waren schon in den Anfängen des Rundfunks in der Weimarer Republik Kinderfunk- und Schulfunkredaktionen entstanden. Mit der Einführung der „jungen Wellen" (Ö 3, SWF 3, HR 3, SDR 3) in den 70er Jahren gab es dann nicht nur zu bestimmten Tageszeiten Jugendsendungen, sondern eigene Programmketten für eine Zuhörerschaft, die letztendlich das Publikum von morgen sein sollte.

Radiohören lernen

Während Lesen als Kulturtechnik den Kindern von alters her in Schule und Familie systematisch beigebracht worden ist, bleiben bisher Jugendliche (und Erwachsene) im Umgang mit Radio und Fernsehen sich selbst überlassen. So selbstverständlich die verschiedenartigen Informations- und Kommunikationstechniken die Lehrpläne zieren, so sehr überrascht, wie wenig Unterrichtseinheiten dem Radiohören bzw. Fernsehen lernen gewidmet sind. Dabei ist die Entwicklung zur Informationsgesellschaft im postindustriellen Zeitalter nicht ein abstraktes Phänomen kulturkritischer Seminarveranstaltungen, sondern die cockpitähnliche Ausstattung im Kinder- und Jugendzimmer bereits greifbare Realität. Die meisten jungen Deutschen besitzen tragbare Radiogeräte, Kassettenrecorder und verfügen vielfach auch schon über eigene Fernsehgeräte und Videorecorder (4).

Auch auf der Produktionsseite ist die Entfernung der Kommunikatoren zu den Rezipienten seit den Anfängen des Rundfunks schier unüberbrückbar groß. Nach wie vor verläuft der Kommunikationsweg einer Radio- bzw. Fernsehstation nur in eine Richtung; vom Sender zum Empfänger. Wenn man einmal absieht von der Sonderform der Publikumsbeteiligung, z. B. per Telefon, in Form von Abstimmungen oder Anrufen direkt in die Sendung, ist die Brechtsche Forderung aus den zwanziger Jahren nach einer zweiseitigen Kommunikationsstruktur (Radiotheorie) nicht nur nicht erfüllt worden (5), es wurden auch zu wenige Versuche unternommen, die Distanz zwischen Kommunikator und Rezipienten zu verkürzen.

Obwohl die von der „Kommission für den Ausbau des technischen Kommunikationssystems" (KtK) empfohlenen Pilotprojekte zur Erprobung „Neuer Medien" gerade den verschiedenartigen Formen der Zweiwegkommunikation besondere Entfaltungsmöglichkeiten einräumen sollten (6) – und von den Politikern immer wieder als „die" Chance der Neuen Medien gepriesen wurde –, ist nur sehr punktuell mit „Offenen Kanälen" bzw. „Rückkanälen" experimentiert worden.

Noch vor Abschluß der Pilotprojekte wurde in Mediengesetzen und in Urteilen des Bundesverfassungsgerichts grünes Licht für privatrechtlich organisierte und erwerbswirtschaftlich orientierte Programmanbieter in fast allen Ländern der Bundesrepublik gegeben. „Offene Kanäle" existieren nur in Ludwigshafen, Dortmund und Berlin, und auch dort nur mit einer Alibifunktion. Der zunächst im baden-württembergischen Landesmediengesetz vorgesehene „Offene Kanal" wurde bei der Novellierung des Gesetzes (1987) gestrichen, weil das Bundesverfassungsgericht in seinem fünften Rundfunkurteil erklärt hat, daß diese Kanäle als „Vielfaltsreserve" nicht tauglich sind. So führen die Öffnungen der Medienmärkte lediglich zu verstärktem Wettbewerb; „more of the same" wird angeboten, auch von den öffentlich-rechtlichen Anstalten, die sich herausgefordert fühlen und eine Abdrängung in die Marktnischen fürchten. „More of the same" wird aber auch konsumiert. Die Medienerziehung hat gegen diese Marktrealitäten wenig Chancen, vor allem dann nicht, wenn die alten und neuen Anbieter medienpädagogische Vorhaben nicht tatkräftig unterstützen (7). Dabei müßte ein kritischer Umgang mit Radio- und Fernsehprogrammen gerade den ARD-Rundfunkanstalten nur recht sein, wirkt er sich doch positiv auf die Angebotsvielfalt aus und sichert auch Minderheitensendungen eine Zukunft und vertretbare Einschaltergebnisse. Ganz abgesehen davon, können solche Veranstaltungen zu einer Verbesserung der Hörer- bzw. Zuschauerbindung an eine bestimmte Rundfunkanstalt beitragen. Längst sind sich alle Seiten einig, daß der vermehrte Umgang mit elektronischen Informationsquellen, insbesondere Radio und Fernsehen, eine Verbesserung des Wissens um Produktionsbedingungen und Manipulationsmöglichkeiten, um Sachzwänge und eventuelle Abhängigkeiten erfordert. Die gegenwärtigen Lehrpläne an den Haupt-, Real- und Gymnasialschulen sehen in der Tat solche Lernziele vor, wenn auch in relativ bescheidenem Maße und mitunter fakultativ (8).

Spätestens wenn die Schüler großes Interesse zeigen und ein Hörspiel aufnehmen oder einen Film produzieren wollen, fehlen den Lehrern fast alle Möglichkeiten, diese Vorhaben in der Praxis auch zu realisieren.

Gar nicht selten sehen sich die Lehrer gezwungen, kurzfristig Kontakte mit einer Rundfunkanstalt aufzunehmen oder bei einem Rundfunkmitarbeiter im Bekanntenkreis zu fragen, ob und inwieweit ein Besuch im Studio kurzfristig organisiert werden kann. Und da viele Rundfunkanstalten mittlerweile über einen Besucherdienst verfügen, kann diesem Wunsch inzwischen auch häufiger als früher entsprochen werden (9). Doch oft stehen solchen Bestrebungen noch schwer überwindbare Hindernisse entgegen. Dabei sind zuerst die oft monatelangen Wartezeiten zu nennen. Denn das Interesse von erwachsenen Personengruppen von Volkshochschulen, Vereinen, Parteien, Clubs, Firmen und Lehrerkollegien eine Rundfunkstation zu besichtigen und nach Möglichkeit an einer Live-Sendung teilzunehmen, ist nach wie vor so groß, daß Schulklassen und Jugendgruppen nur ausnahmsweise bevorzugt behandelt werden können. Beim Süddeutschen Rundfunk in Stuttgart zum Beispiel sind mittlerweile etwa 20 000 Besucher im Jahr zu Gast und verfolgen in einem dreistündigen Informationsbesuch das Entstehen einer Hörfunk- und Fernsehsendung. Vor fünf Jahren waren es noch etwa 9000 Besucher jährlich. Da solch ein Rundgang ständig an Arbeitsplätzen vorbeiführt und bei den Mitarbeitern Rücksichtnahme gegenüber den Gästen und umgekehrt verlangt, sind im oft hektischen Produktionsprozeß einer Rundfunkanstalt den Besuchergruppen enge „Besichtigungsgrenzen" gesetzt. Manch eine Redaktionstüre oder ein Studio muß ihnen verschlossen bleiben. Doch die Aura, die Faszination, die von der „Rundfunkanstalt als Illusionsfabrik" ausgeht, führt zu ungebrochener Neugierde und erlebnisbezogenem Interesse und damit zu einer immensen Nachfrage nach solchen Besucherterminen.

Daß bei diesen Besuchergruppen auch immer wieder Jugendliche oder Schüler dabei sind, ist naheliegend. Mit der Einführung der Projekttage an den Schulen nahm der Anteil von ganzen Schulklassen jedoch rapid zu. Da das Besuchsprogramm für erwachsene Besuchergruppen sich zwangsläufig in den medienpädagogischen Zielen von einem Programmablauf für jugendliche Besucher unterscheiden muß, wurden z. B. beim SDR Überlegungen angestellt, eine eigenständige Informationsveranstaltung für Schüler bzw. Jugendliche einzurichten. Im Vordergrund stand dabei die Idee, im Unterschied zum Informationsbesuch der Erwachsenen, über die Besichtigung — das Sehen vor Ort — und die verbale Vermittlung von Produktionsabläufen hinaus eine Form zu finden, die am Modell „learning by doing" ausgerichtet sein sollte. In Zusammenarbeit mit der Redaktion von SDR 3, einer Medienpädagogin und dem Referat Publikumskontakte in der SDR-Öffentlichkeitsarbeit wurde das Konzept für den SDR 3-workshop entwickelt. Dabei mußte zunächst auf eine Besichtigung des Fernsehens mit Rücksicht auf den Zeitrahmen für ein solches Lernprojekt verzichtet werden, was aber angesichts der hervorragenden Rolle des Hörfunks gerade bei Jugendlichen vertretbar erscheint. Schon die Bezeichnung SDR 3-workshop signalisiert, daß die jugendlichen Besucher nicht nur den Radiomachern von SDR 3 über die Schulter schauen können, sondern auch ihr Handwerkszeug, insbesondere Mikrofon und Aufnahmegerät ausprobieren können. Denn das Ziel des SDR 3-workshop ist es, daß die Jugendlichen selbst einen, wenn auch kleinen Beitrag zum Programm leisten.

Konzept des SDR 3-workshop

Der workshop beginnt in der Regel am Vormittag im Stuttgarter Funkhaus des SDR. Im Studiosaal werden die Besucher von der sie den ganzen Vormittag betreuenden Medienpädagogin erwartet. Eine Tonbildschau stellt in einem ersten Teil den SDR vor, informiert über die verschiedenen Programme, über den organisatorischen Aufbau der öffentlich-rechtlichen Rundfunkanstalt und die Arbeitsgemeinschaft der öffentlich-rechtlichen Rundfunkanstalten Deutschland (ARD). Erläutert werden die geschichtliche Entwicklung des Rundfunks im Nachkriegsdeutschland, die Finanzierung des Rundfunks und die Zusammensetzung und Arbeitsweise der Aufsichtsgremien, also Rundfunkrat und Verwaltungsrat. In einem zweiten, ebenfalls zehn Minuten langen Teil, wird die tägliche Redaktionsarbeit im Hörfunk dargestellt — von der Idee über die Informationsbeschaffung und -quellen bis zur Auswahl des Musikprogramms und der Einspielung von Korrespondentenberichten aus aller Welt. Abschließend wird die technische Entwicklung, der Weg des fertigen Beitrags vom Studio über Postleitungen zum Sender bzw. Umsetzer bis zum Radioempfänger beschrieben. Ausgestattet mit diesem Basiswissen gehen die Besucher in die Live-Sendeabwicklung von SDR 3, wo gerade die Sendung „Leute" läuft. Aus einem Nachbarstudio, der sogenannten „Discothek", können die Schüler durch eine große Glasscheibe in das Moderatorenstudio nebenan schauen, wo meist ein prominenter Gast interviewt wird. Dort, hinter Glas, befindet sich auch die Regie, in der die komplette Sendung „gefahren" wird. Fragen kommen auf: Wie wird man Moderator oder Toningenieurin? Woher bekommt man die Adressen von Interviewpartnern, also von bekannten Leuten, von Musikern, Schauspielern, Schriftstellern, Politikern? Wer schaltet das Rotlicht an, woher kommt die Musik und, und, und... In einem Sitzungsraum wartet bereits ein SDR 3-Mitarbeiter aus der Wort- oder Musikredaktion, um den Fragen der Schüler Rede und Antwort zu stehen. Auch die mitgebrachten Anregungen und die Programmkritik kommen dabei zur Sprache.

Kaum ist dieses Gespräch beendet, beginnt die eigentliche Arbeit der Nachwuchsredakteure; die Produktion ihres Beitrags zum SDR 3-Programm. An zwei Datenterminals — Bildschirmgeräten mit schreibmaschinenähnlicher Tastatur — rufen die jungen Leute das Musikrecherche-Programm des SDR-Schallarchivs auf. Über Suchwörter, wie z. B. Titel oder Interpret, liefert die EDV die notwendigen Daten für die Auswahl der im vorbereitenden Unterricht festgelegten Musikwünsche. Sind die Titel im Computer gefunden, werden die Archivnummern notiert, die den Standort des Tonträgers im Schallarchiv beschreiben. Deshalb ist dann auch die nächste Station der Besuchergruppe das Schallarchiv. Dort lagern im Magazinraum in meterlangen Schieberegalen über 80 000 Langspielplatten, über 80 000 Singles, 120 000 Musikbänder und bereits über 1000 Compact-Discs. Ein faszinierender Anblick für die jugendlichen Besucher, der die Qual der Wahl der Musikredakteure ahnen läßt, die täglich etwa 16 Stunden Musikprogramm allein für SDR 3 zu gestalten haben. Und wenn die Recherche am Bildschirm nicht erfolgreich gewesen ist, helfen die Mitarbeiter mit ihrer jahrelangen Erfahrung gerne, den Wunschtitel doch noch aufzustöbern. Dann wird es aber höchste Zeit, sich auf den Weg ins Studio 14 zu machen, denn Studiozeit ist äußerst knapp. Pünktlich ist der Wirtschaftsredakteur — der das Studio vorher benutzt — fertig mit seinen Aufnahmen. Der Tontechniker weist die jungen Gäste in die Bedienung der Einrichtungen ein, die ersten zwei Moderatoren nehmen Platz hinter dem Studiomikrofon, während sich die Klasse um den Moderatorentisch schart. Der Tontechniker schließt nun die doppelwandige Studiotüre und die Schüler sehen ihn durch die Glasscheibe hinter seinem großen Regiepult. Über eine Wechselsprechanlage bittet er um eine Sprechprobe. Dann ist es soweit: „Achtung Aufnahme" — Rotlicht — durchgeatmet und die erste Ansage ist auf dem Band. Gemeinsam hören Schüler und Techniker die Aufnahmen an, reden über Verbesserungen, bis nach dem zweiten oder dritten Versuch die Moderation schon richtig professionell klingt; der Frosch im Hals ist besiegt. Jetzt dürfen andere ihr Sprechtalent ausprobieren. Dabei kann nicht nur der Musiktitel mit einem „flotten Spruch" angesagt werden, sondern denkbar sind auch Veranstaltungshinweise oder kurze Interviews aus dem Schulalltag, ja sogar kleine Hörspiele.

Nach diesem Höhepunkt des SDR 3-workshop setzen sich die Besucherbetreuerin und die Schüler zu einer Manöverkritik-Runde zusammen, wo dann auch spekuliert wird, welche Aufnahme und welcher Musiktitel vom verantwortlichen Musikredakteur für die Sendung „SDR 3-Plattenpost", um 17 Uhr, ausgesucht wird. Anschließend verabschiedet sich die Betreuerin mit dem Winzbuch, das alles Wissenswerte über den SDR enthält, von ihren Besuchern.

Funkhaus als Lernort für Schüler und Lehrer

Mit diesem SDR 3-workshop wurde Neuland im Besucherservice der ARD-Anstalten betreten. Deshalb ist das Modell zunächst in einer Testphase erprobt worden, in der Schulklassen, die bereits angefragt hatten, Einladungen erhielten. Sofort stellte sich die Frage, welche Schularten, welche Klassenstufen wir berücksichtigen sollten, da wir nur ein Grundmodell für einen solchen workshop anbieten konnten. Eine Überprüfung der Lehrpläne ergab, daß sich die meisten Unterrichtseinheiten für Medienkunde auf die siebte Klasse Realschule bezogen. Aber auch die Lehrpläne für Hauptschule und Gymnasium sehen in dieser Stufe relativ häufig medienkundliche Themen vor. In der täglichen Praxis stellte sich dann heraus, daß auch tatsächlich die meisten Anfragen aus dieser Altersgruppe kamen. Der Ablauf und die Inhaltsschwerpunkte wurden auf diese Zielgruppe ausgerichtet. Trotzdem mußten im Laufe der ersten Wochen noch leichte Korrekturen vorgenommen werden. So hatten wir z. B. unterschätzt, wie selbstverständlich sich Jugendliche an einen Computer setzen und mit ihm umgehen. Überschätzt hatten wir die Möglichkeiten der Vor- und Nachbereitung des workshops in der Schule.

Nachdem erste Erfahrungen gesammelt waren und der Programmablauf entsprechend modifiziert war, wurde der SDR 3-workshop der Öffentlichkeit vorgestellt. Zeitungen, Hörfunk und Fernsehen lösten ein solches Echo aus, daß in wenigen Tagen die Termine für den dienstags, mittwochs und donnerstags stattfindenden workshop für das laufende Schuljahr ausgebucht waren. Mit Beendigung der Testphase wird der Werkstatt-Besuch mittlerweile durchgängig von Montag bis Freitag während des ganzen Schuljahres angeboten.

Vor- und Nachbereitung des SDR 3-workshop

Dem Modell lag die Annahme zugrunde, daß mit einer solchen Einrichtung von den Lehrkräften Material zur eigenen Vorbereitung für die Schüler angefordert werden würde. Da für erwachsene Besucher Informationsblätter, Broschüren und die Hauszeitschrift „SDR Magazin" zur Verfügung stehen, wurde speziell für Jugendliche eine Form der Informationsvermittlung gesucht. Es entstand das SDR-Winzbuch, das im Format eines Lilliput-Buches und in der Sprache der Heranwachsenden alles Wissenswerte zur Vor- und Nachbereitung enthält. Doch bisher wurde im Durchschnitt etwa nur von jeder zwölften Besuchergruppe oder deren Lehrer nach Material gefragt. Auch die vom Landesinstitut für Erziehung und Unterricht Stuttgart herausgegebenen Materialien zur Medienerziehung an allgemeinbildenden Schulen (10) verfügen nicht über den gebührenden Bekanntheitsgrad.

Obwohl die Zielsetzung des workshop durch Beschreibung und Ablauf konkretisiert ist und sich auf die Lehrpläne bezieht, würden wir uns eine intensive Vor- und Nachbereitung wünschen. Die Schüler lernen bei der Auswahl der Musiktitel und der Benennung der Moderatoren aus ihrem Kreis nicht nur demokratische Verfahrensweisen, sondern sie üben bei diesem „Produktionsbesuch" vor Ort auch eigene Gestaltungs- und Ausdrucksmöglichkeiten. Darüber hinaus scheint der gebotene Freiraum für die Wortbeiträge bei weitem noch nicht genutzt. Hier bietet sich doch geradezu an, den selbstverständlichen Umgang mit Walkman und Kassettenrecorder für Übungen im Unterricht zu nutzen und Mikrofonängste oder Lampenfieber abzubauen.

In der Diskussion werden bevorzugt Fragen zur Person des Redakteurs (Ausbildung, Qualifikation, Tagesablauf, Bezahlung) gestellt, die Musikauswahl (Titelbeschaffung, Manipulation, Vernachlässigung von bestimmten Stilrichtungen) und die auf laufende Musik gesprochene Moderation kritisiert. Schon seltener sind institutionelle Fragen (öffentlichrechtlicher Rundfunk, Zahl der Arbeitsplätze/Ausbildungsplätze) und redaktionelle Interessen (Verantwortlichkeiten, Einfluß, Zensur) oder technische Neugierde (Gerätehersteller, Sendertechnik). Die Fragestunde mit dem Moderator scheint auch der bisher einzige Ansatz zu sein, sozialwissenschaftlich orientierte Verfahren und Arbeitstechniken im Rahmen eines außerschulischen Lernortes zu erproben. Die Befragung, in Form des offenen Interviews, und eventuell noch die Protokollierung bzw. der Bericht über die Diskussionsrunde könnten geprobt werden. Inwieweit aber die Beobachtung, z. B. als Reportage über den gesamten workshop, oder alle diese Formen vor dem Mikrofon zum praxisnahen Methodenlernen in der Schule genutzt werden, bleibt vorläufig noch unklar. Gewisse Anzeichen sprechen auch dafür, daß die organisatorischen Vorbereitungen – Genehmigung der Schulleitung, Transportmittelbeschaffung und -finanzierung, Zuschußgewährung, Aufsichtsfragen etc. – ein nicht zu unterschätzendes Maß an Initiative und Zeit vom betreuenden Lehrer verlangen.

Funkhausbesuch im Gesamtzusammenhang der Medienerziehung

Wenn auch die einzelnen Stationen des Rundgangs, die vereinbarte Studiozeit, zu einer gewissen Ablaufstruktur des workshop zwingen, besteht doch über die Grundzüge einer „Überblicksexcursion" hinaus die Möglichkeit, individuelle Gestaltungswünsche zu berücksichtigen und damit eine quasi offene Erkundung auszuprobieren. Bis auf einige ausführliche Rückmeldungen in Form konkreter Wunschlisten vermissen wir – von freundlichen Dankesbriefen abgesehen – ein feed-back, das zu einer weiteren Qualifizierung des workshops dienlich sein könnte. Deshalb ist beabsichtigt, immer wieder begleitende Studien bei einem Teil der Besucher durchzuführen, auch um so Informationen darüber zu erhalten, inwieweit fächerübergreifende Lehrziele bzw. Lernziele in Verbindung mit dem SDR-Besuch stehen. Die Tatsache, daß viele Gruppen anläßlich der Projekttage in die Landeshauptstadt nach Stuttgart kommen und den Funkhausbesuch mit einem Besuch z. B. im Landtag (11), in der Staatsgalerie oder bei einem Automobilhersteller verbinden, weckt Zweifel an der Vorbereitung und wirft die Frage auf, ob diese Art der „Amortisation" der Fahrtkosten nicht die Aufnahmefähigkeit der Schüler überbeansprucht, weil mit einer Fahrt zu viele Absichten verfolgt werden.
Inwieweit der SDR 3-workshop zur Intensivierung des Schullebens beiträgt oder „nur" attraktives Ziel für einen Schulausflug ist, übersehen wir im Moment noch nicht. Nachdenklich macht uns jedoch die Tatsache, daß bei telefonischen Absagen – weil der Termin bereits vergeben ist – häufig nach anderen Besichtigungsorten gefragt wird. Diese können aber sicher genauso gut den Schulalltag bereichern. Besonders erwähnenswert ist, daß den SDR verstärkt Anfragen von Schülerzeitungsredakteuren erreichen, die über „ihr Programm SDR 3" schreiben wollen. Da werden dann manchmal namentlich Gesprächspartner aus bestimmten Redaktionen gewünscht, die nach Möglichkeit auch erfüllt werden. Die Überlegung, in der Schule einen eigenen Schüler-Hörfunk zu initiieren, wobei die Verbreitung des Programms über Tausch-Kassetten erfolgt, ist bisher offenbar nur in einer Hamburger Schule in die Tat umgesetzt worden (12). Obwohl Videogruppen an Schulen über technische

Ausrüstungsmängel und finanzielle Restriktionen klagen, ist die Idee des Schüler-Radios, das eine relativ unaufwendige Technik erfordert, bisher nicht ausgiebig erprobt worden.

Hörfunk in der Schule oder in einem Funkhaus zu „machen", führt abschließend zu der Fragestellung: was unterscheidet den außerschulischen Lernort vom Klassenzimmer. Sicherlich könnten gewisse Abläufe in einer Rundfunkanstalt in der Schule simuliert, Informationsmaterialien einschließlich der SDR-Tonbildschau den Schulen zur Verfügung gestellt werden. Offensichtlich ist jedoch die Originalität des Arbeitsplatzes in Verbindung mit der Handhabung des professionellen Werkzeugs der Journalisten nach der Methode „learning by doing" von einem Reiz, der den Lernort für viele Besucher zum Erlebnisort werden läßt und damit den Lernerfolg fördert. Die Aussicht, das Ergebnis der Lernarbeit in einem regulären Rundfunkprogramm einem größeren Adressatenkreis zu Gehör zu bringen, ist sicherlich ein weiteres motivationsstärkendes Element.

Die Erfahrung, die eigene Kreativität im Wettbewerb mit hauptberuflichen Journalisten in das „Schaufenster" des Rundfunks stellen zu können, ist in der Schule nicht nachvollziehbar. Die Sachzwänge eines Funkhauses, der Zeitdruck, das Erlebnis jetzt hören soundsoviel zu, aber auch Teamwork und die Manöverkritik im „Kollegenkreis" sind so intensiv nur an Ort und Stelle erfahrbar, ganz abgesehen von den technischen Voraussetzungen, von der Computer-Recherche bis hin zur perfekten Studioqualität, die in diesem Fall nutzbar sind.

Bleibt zu hoffen, daß eines Tages der SDR 3-workshop seine Entsprechung im Fernsehen, vielleicht in Verbindung mit einer regelmäßigen Jugendsendung, findet. Das Interesse von Schulen, Schülern und Lehrern dürfte ähnlich groß sein wie beim Radio.

Anmerkungen/Lernortverzeichnis

1) Bonfadelli, Heinz u.a.: Jugend und Medien. Eine Studie der ARD/ZDF-Medienkommission und der Bertelsmann-Stiftung. Schriftenreihe Media Perspektiven. Band 6. Frankfurt/Main 1985. Vgl. aber auch Maletzke, Gerhard: Full Bock auf Medien? In: ARD-Magazin, Nr. 1, 1. Jg. Stuttgart 1986. S. 10 f.

2) Hentig, Hartmut von: Das allmähliche Verschwinden der Wirklichkeit. Ein Pädagoge ermutigt zum Nachdenken über die Neuen Medien. München 1984. Postmann, Neil: The Disappearance of Childhood. New York 1982.

3) Bessler, Hansjörg: Hörer und Zuschauerforschung. Rundfunk in Deutschland. Bd. 5. München 1980.

4) Vgl. Bonfadelli, H. u.a., a.a.O., S. 61 ff.

5) Brecht, Berthold: Gesammelte Werke in 8 Bänden. Schriften zur Literatur und Kunst. Bd. 8. Frankfurt/M. 1967.

6) Kommission für den Ausbau des technischen Kommunikationssystems. Telekommunikationsbericht. Bonn 1976.

7) Zur Entwicklung medienpädagogischer Aktivitäten im Rahmen der politischen Bildung in Baden-Württemberg. Vgl. Landeszentrale für politische Bildung/Arbeitskreis Medienpädagogik Baden-Württemberg (Hrsg.): Medienpädagogik im Umbruch. Stuttgart 1987.

8) Ministerium für Kultus und Sport Baden-Württemberg (Hrsg.): Amtsblatt Kultus und Unterricht. Bildungsplan für die Hauptschule, Lehrplanheft 6/1984; Bildungsplan für die Realschule, Lehrplanheft 7/1984; Bildungsplan für das Gymnasium, Bd. 1, Lehrplanheft 8/1984.

9) Folgende Rundfunk- und Fernsehanstalten und Filmateliers bieten einen regelmäßigen Besucherdienst:

Bayerischer Rundfunk, Rundfunkplatz 1, 8000 München, Tel.: 089/5900-01

Hessischer Rundfunk, Postfach 10 10 01, 6000 Frankfurt/Main, Tel.: 069/155-3119

Norddeutscher Rundfunk, Rothenbaumchaussee 132–134, 2000 Hamburg 13, Tel.: 040/413-2037

Radio Bremen, Postfach 33 03 20, 2800 Bremen 33, Tel.: 0421/246-0

Saarländischer Rundfunk, Postfach 10 50, 6600 Saarbrücken, Tel.: 0681/602-0

Sender Freies Berlin, Masurenallee 8–14, 1000 Berlin 19, Tel.: 030/3031-1125

Süddeutscher Rundfunk, Postfach 10 60 40, 7000 Stuttgart 10, Tel.: 0711/288–2021

Südwestfunk, Postfach 820, 7570 Baden-Baden, Tel.: 07221/276-1

Westdeutscher Rundfunk, Postfach 10 19 50, 5000 Köln 1, Tel.: 0221/2201

Deutsche Welle, Postfach 10 04 44, 5000 Köln 1, Tel.: 0221/389-2023

Deutschlandfunk, Postfach 51 06 40, 5000 Köln 51, Tel.: 0221/345-1

Zweites Deutsches Fernsehen, Postfach 40 40, 6500 Mainz, Tel.: 06131/701

Bavaria Film GmbH, Bavariafilmplatz 7, 8022 Geiselgasteig, Tel.: 089/6499067

Darüber hinaus bieten einige Landesfunkhäuser und Regionalstudios der jeweiligen Rundfunkanstalten einen eigenen Besucherservice.

10) Landesinstitut für Erziehung und Unterricht Stuttgart (Hrsg.): Medienerziehung in der Grundschule; dass.: Medienerziehung in der Hauptschule; dass.: Medienerziehung in der Realschule; dass.:

Medienerziehung an Gymnasien; Handreichungen zur Unterrichtsgestaltung. Stuttgart o. Jg. Vertrieb: E. Kurz u. Co., Verlags-
GmbH, Kernerstraße 5, 7000 Stuttgart 1, Tel.: 0711/285081-83.
11) Vgl. unten: Nagel, Helmut/Gaßmann, Reinhard: Landtag-Landes-
hauptstadt.
12) Vgl. Stuttgarter Nachrichten vom 1.10.1987: Schülerzeitung auf
Kassette.

Anmeldung SDR 3-workshop

Der SDR 3-workshop beginnt täglich (montags bis freitags) um elf
Uhr im Stuttgarter Funkhaus des SDR und dauert etwa drei Stunden.
Im Laufe des Vormittags bietet sich die Gelegenheit, den Rundfunk-
alltag hinter den Kulissen von SDR 3 mitzuerleben. In einem Produk-
tionsstudio kann die tägliche Arbeit eines Moderators ausprobiert werden. Dazu sollen im vorbereitenden Unterricht ausgewählte Musiktitel
von verschiedenen Schülern „anmoderiert" werden. Denkbar sind dabei
nicht nur flotte Sprüche, sondern z. B. auch ein kurzes Interview oder
eine Reportage, ein Mini-Hörspiel oder ein Veranstaltungshinweis. Aus
diesen Aufnahmen wird dann ein sendefähiger Beitrag für das Nach-
mittagsprogramm ausgewählt. Den Fragen und der Kritik stellt sich in
einer Diskussionsrunde ein SDR 3-Redakteur.
Für eine Terminreservierung setzen Sie sich bitte Monate im voraus mit
der Abteilung SDR-Publikumskontakte telefonisch in Verbindung (Tel.:
0711/288-2021, werktags in der Zeit von 10–12 und 14–16 Uhr). Berücksichtigen Sie bitte, daß aus verschiedenen Gründen jeweils nur eine
Schulklasse/Projektgruppe eingeladen werden kann.
Da dieser Informationsbesuch eine sinnvolle Ergänzung der in den Schulen größtenteils vorgesehenen Lehreinheit „Medien" sein soll, ist eine
Vorbereitung zum Thema „Hörfunk" wünschenswert.
Das Konzept des SDR 3-workshop wird ständig weiterentwickelt. Bis
zur Veröffentlichung dieses Beitrags ist geplant, daß die Besucher an der
einstündigen Live-Sendung „Espresso" um 13 Uhr auf SDR 3 teilnehmen.

Fritz Sandmann

Unterrichtsvorhaben: Gerichtsbesuch

Einleitung

Sinn und Aufgabe der Rechtskunde bzw. der Rechtserziehung

Die Diskussion zur Rechtskunde bzw. Rechtserziehung wurde bereits in den 70er Jahren mit großem Engagement von Juristen und Sozialwissenschaftlern bzw. Didaktikern vorangetrieben (1). Wie weit sie damit dem Anliegen politischer Bildung weitergeholfen hat, mag dahingestellt bleiben. Bei allen Differenzen in Sachen Rechtserziehung wird man sich dennoch wohl darauf verständigen können, daß es in unserer Zeit mehr darauf ankommt, die praktische Arbeit an Rechtsproblemen des Alltags im Interesse der Schüler voranzutreiben. Kollegen oder Kolleginnen, die sich rechtskundliche oder rechtserzieherische Unterrichtsvorhaben nicht zutrauen, können ihre angenommenen oder tatsächlichen Kompetenzdefizite relativ rasch abbauen. Sie müssen sich dabei nicht einmal durch die vorgegebenen Theorien und Konzeptionen zur Rechtskunde (2) übermäßig beeindrucken lassen. In der Hauptsache ist es wohl eine Frage der Motivation des Lehrenden, ob er Rechtserziehung als notwendigen Bestandteil politischer Bildung akzeptiert und dementsprechend seinen Unterricht plant. Von den Lehrplänen her kann er kaum auf Anregungen bzw. auf didaktisch-methodische Hilfen hoffen. Der Lehrer ist zum Abbau persönlicher Kompetenzdefizite vor allem auf autodidaktische Eigenleistungen angewiesen. Dazu gehören auch gelegentliche Gespräche mit Fachleuten (Richtern/Anwälten), Teilnahme an speziellen Fortbildungsangeboten der Schulbehörden sowie die Bereitschaft, entsprechenden Angeboten der Massenmedien (z. B. „Das Fernsehgericht tagt" u.ä.m.) kontinuierlich Aufmerksamkeit zu widmen.

Gerichtsbesuch als Unterrichtsvorhaben

In unserem konkreten Fall, dem Gerichtsbesuch mit einer Schulklasse, sind nicht nur solche Vorleistungen sinnvoll, sondern die direkte Kontaktaufnahme mit dem Vorsitzenden Richter gehört nach formalen und inhaltlichen Aspekten unabdingbar zur Vorbereitung dazu. Gerichtsbesuche im Rahmen der Rechtserziehung zu fordern und zu fördern, zählt zu den tradierten Zielvorstellungen der Rechtserzieher und war längst auch Erörterungsgegenstand in der didaktischen Theorie zur Rechtskunde. Vor mehr als einem Jahrzehnt glaubte ich selbst, gerade zu dieser Art von Unterrichtsvorhaben warnende Worte mit auf den Weg geben zu müssen (3). Meine damaligen Einwände — falsche Motivation der Schüler (Sensationslust u. dgl. m.), die disziplinierende Wirkung gerichtlicher Rituale u.a.m. — erhalte ich zwar weiterhin aufrecht, aber im Vergleich zu derlei Bedenken wiegt heute der Mangel an geeigneten außerschulischen Lernorten politischer Bildung schwerer. Dieser Mangel trägt so entscheidend zur Demotivation gerade im Bereich der politischen Bildung bei, daß andere Einwände dahinter zurückstehen müssen. Darüber hinaus haben wir es in unseren Tagen mit Jugendlichen zu tun, deren Immunisierung gegenüber Ritualen inzwischen sehr fortgeschritten ist. Zudem haben Rituale und Zeremoniell in gerichtlichen Verfahrensabläufen heute eher an Gewichtigkeit verloren. Nach wie vor allerdings kann der Besuch einer Gerichtsverhandlung nur empfohlen werden, „wenn die Klasse politisch so gebildet und vorbereitet ist, daß sie die Vorgänge kritisch reflektiert und in gesellschaftliche Zusammenhänge einordnet. Nur unter diesen Voraussetzungen kann ein Gerichtsbesuch sinnvoll werden und zu Einsichten über die Rolle des Richters, des Staatsanwaltes, des Verteidigers und des Angeklagten führen" (4).

Lernziele

Um all diesen hier angedeuteten Schwierigkeiten aus dem Weg zu gehen (Vorbereitung des Lehrers, Vorbereitung der Schüler, Kontaktaufnahme und Planung mit Juristen, Einverständnis der Eltern etc.), wäre es am einfachsten, den Schülern mit Hilfe des Schulbuches und mit Tafel und Kreide im Frontalunterricht das Notwendige z. B. über den Gang eines Strafverfahrens „beizubringen". Etwas Mühe bereitet es dagegen bereits, wenn der Lehrer über mediale Hilfen (z. B. Mitschnitte aus der Sendung „Das Fernsehgericht tagt", entsprechende Schulfunksendungen u.a.m.) seine Lernziele erreichen will.

Das Stichwort „Lernziele" könnte dazu verleiten, mit diesem Beitrag dem Lehrer die üblichen „Lernziele" anzudienen, denen häufig etwas von Gängelei bzw. Bevormundung anhaftet. Ich werde mich damit begnügen, einige Anregungen in bezug auf mögliche Zielvorstellunge zu geben, ohne dem Lehrer in die konkrete Gestaltung hineinzureden. Dabei könnte man z. B. von möglichen Schülerfragen im Bereich des Strafrechts ausgehen. Sinngemäß werden wahrscheinlich folgende Probleme angesprochen:

1. Müssen Strafen sein? Warum?
2. Wer bestraft nach welchen Regeln?
3. Wer befindet über die geltenden Regeln?
4. Hat ein Angeklagter noch Rechte?

5. Wie wird bestraft (bei uns – in anderen Ländern)?
6. Wem nützt das Strafrecht?
7. Verliert man seinen Arbeitsplatz, wenn man ins Gefängnis kommt?
8. Welche Probleme stellen sich nach dem Strafvollzug?
9. Werden alle Rechtsbrecher „erwischt" (Dunkelziffer)?

Nach unserer Einschätzung kann gerade für den Bereich des Strafrechts ein besonderes Schülerinteresse unterstellt werden. Es geht dabei nicht nur um das kindliche Ausloten von individuellen Spielräumen und ihren Grenzen im gesellschaftlichen Zusammenleben, sondern teilweise spielt bereits subjektives Betroffensein eine Rolle. Die Schüler wollen einfach wissen, was sie riskieren, wenn sie Verbote mißachten bzw. Gesetze übertreten. Der Einstieg über das Strafrecht erleichtert zudem weitere Zugänge zum Aufbau unseres Rechtswesens.

Deshalb empfiehlt es sich für den Lehrer, beim nächsten Amtsgericht anzufragen, ob und wann eine Verhandlung über ein Verkehrsdelikt oder über einen Diebstahl ansteht. Obwohl die Schüler von der Betroffenheit her vor allem Verhandlungen gegen straffällige Jugendliche oder Heranwachsende vor dem Jugendrichter erleben sollten, zeigt sich häufig, daß die Vorgänge in der Erwachsenenwelt einen noch höheren Grad an Faszination für sie besitzen. Außerdem finden Verhandlungen vor dem Jugendrichter grundsätzlich unter Ausschluß der Öffentlichkeit statt, so daß der Lehrer sich in der Regel mit einer „normalen" Verhandlung vor dem Amtsgericht begnügen muß.

Legitimation für außerschulische Lernorte

Eigentlich bedarf es keiner ausdrücklichen Rechtfertigung, wenn man „außerschulische Lernorte" als unverzichtbare Kompensationsmöglichkeit gerade für den politischen Unterricht in den Schulalltag einzubeziehen versucht. Auch bei einem Gerichtsbesuch ergibt sich eine veränderte Lernsituation (5). Was aber ist anders? Dazu einige Hinweise:

– Ein anderer Lernort (Gerichtssaal)
– Andere Zeitabläufe – keine Schulpause, kein 45-Minutentakt
– Neue Beobachtungsobjekte – andere Rituale
– Neben dem Lehrer andere wichtige Rollenträger: Richter, Staatsanwalt, Verteidiger, Angeklagter, Zeuge
– Kein „veranstaltetes Lernen" (d. h.: kein vom Lehrenden vorgeplanter bzw. strukturierter Ablauf)
– Der andere Lernort und die damit verbundenen Erlebnisse führen zu motiviertem Lernverhalten.

Vorbereitungsphase

Lehrer und Schüler beraten über die notwendigen Schritte zur Vorbereitung eines Gerichtsbesuches. Dabei spielt sicher die Frage eine Rolle, inwieweit Vorinformationen unerläßlich sind. Sie sollten nicht durch breite Vorwegnahmen das Interesse an der Beobachtung vor Ort mindern. Es gehört bereits zur Vorbereitung, über die jeweiligen Rollen der Hauptbeteiligten bei einer Gerichtsverhandlung nachzudenken. Dies kann in einem freien Unterrichtsgespräch oder auch in Gruppen aufgearbeitet werden. Selbstverständlich müssen die Schüler auch auf gewisse Rituale und auf ihr eigenes Rollenverhalten während der Verhandlung vorbereitet werden.

Unzeitgemäßes Plädoyer für eine Institutionenkunde

In einer kurzen Lehrerdarbietung (Lehrgangsform) werden die verschiedenen Gerichtsinstanzen benannt und in ihrer Funktion beschrieben. Kritiker haben in der vergangenen Zeit so lange gegen die sogenannte Institutionenkunde Stellung bezogen, bis ganze Schülergenerationen Schwierigkeiten mit den gesellschaftlichen Realitäten bekamen, weil sie ohne Grundkenntnisse über ihr eigenes politisches System im Alltag bestehen mußten. Politische Bildung muß – wenn sie ihrem Auftrag gerecht werden will – auch Kenntnisse auf dem Gebiet der Institutionen vermitteln und verlangen. „Institutionen tritt man nicht bei; vielmehr hat sich der einzelne oder haben sich Gruppen mehr oder weniger verbindlich nach den Regelungen zu richten, mit deren Hilfe die Institutionen ihre Aufgabe wahrnehmen" (6). Dabei kann kein Zweifel darüber bestehen, daß „Institutionenkunde" innerhalb der politischen Bildung kein Selbstzweck werden darf und stets genauso kritisch reflektiert werden muß wie andere Inhalte (7).

Rollenspiele und „Methodisches Handeln"

Methodische Probleme im Rahmen der Vorbereitungsphase stellen sich z. B. im Zusammenhang mit den Rollenspielen, die ungebrochen die Methodik im Sekundarstufenbereich I modisch beherrschen. Wir warnen vor sogenannten Schülergerichten, weil in diesem Zusammenhang Schüler über Schüler urteilen sollen. Dies wird besonders schlimm, wenn dabei die „Musterschüler" zu Handlangern und am Ende gar Vollstreckern der Amtsautoritäten (Lehrer) werden.
„Methodisches Handeln" der Schüler erscheint bei diesem Unterrichtsvorhaben zunächst sehr problematisch, denn die Schüler müssen sich den

Vorgegebenheiten (z. B. Stillsitzen und Sprechverbot während der Verhandlung) anpassen. Dennoch gibt es, ganz abgesehen von der schon erwähnten veränderten Lernsituation, durchaus einige Aspekte dieses Unterrichtsvorhabens, die „methodisches Handeln" (8) ermöglichen, z. B.:

- Die Schüler können sich bei der Planung des Unterrichtsvorhabens bereits mitbestimmend einbringen (z. B. bei der Terminplanung, evtl. bei der Fallauswahl etc.).
- Einüben in neue Rollen (z. B.: Lehrer und Schüler als Zuhörer; Schüler als Gesprächspartner des Richters und/oder des Anwalts usw.).
- Die Chancen zu aktivem Handeln ergeben sich nicht zuletzt in der Evaluationsphase (Schüler wünschen z. B. Fortsetzung des Gesprächs mit dem Richter und/oder dem Verteidiger; sie entwickeln Pläne zur Aufarbeitung der offengebliebenen Fragen usw.).

Der „exemplarische" Fall

Das nachfolgende Fallbeispiel beruht auf tatsächlichen Vorkommnissen. Es dient der Möglichkeit, dem Lehrenden exemplarisch aufzuzeigen, wie an solchen und ähnlichen Inhalten Rechtserziehung betrieben werden kann. Der Lehrer verteilt nun die Unterlagen (Fotokopien) über eine Jugendstrafsache „wegen unerlaubtem Entfernen vom Unfallort". Zunächst erhalten die Schüler lediglich das Polizeiprotokoll:

M 1

Schilderung des Sachverhalts aus dem Polizeiprotokoll:

Am Montag, dem 10.08.1986 erschien Herr Ernst Berthold gegen 18.30 Uhr auf der Dienststelle des Polizeireviers Augsburg 17 und gab folgendes Unfallgeschehen zu Protokoll:
Herr Berthold befuhr die Schwabinger Straße in Richtung Innenstadt. Hierzu benutzte er den linken von zwei Fahrstreifen für seine Fahrtrichtung.
Der beschuldigte Thomas Bauer befuhr die Schwabinger Straße aus Richtung BAB-Ausfahrt Augsburg-Süd kommend ebenfalls in Richtung Innenstadt.
Nach Angaben des Herrn Berthold wechselte der Beschuldigte, Thomas Bauer, plötzlich vom rechten auf den linken Fahrstreifen, ohne auf das Fahrzeug des Herrn Berthold zu achten. Um einen Auffahrunfall zu vermeiden, mußte Herr Berthold stark bremsen und sein Fahrzeug nach links lenken. Dadurch kam er mit dem linken Hinterrad gegen den Bordstein, es entstand Sachschaden an dem Rad.
Der Beschuldigte setzte seine Fahrt fort, indem er die Schwabinger Straße nach links in Richtung Johann-Strauß-Ring verlassen wollte. An der LZA (Lichtzeichenanlage) der Kreuzung Schwabinger Straße/Johann-Strauß-Ring mußte der Beschuldigte, Thomas Bauer, sein Fahrzeug bei Rot anhalten.

Herr Berthold hielt ebenfalls an und stieg aus, um den Beschuldigten auf sein Fehlverhalten aufmerksam zu machen, gleichzeitig verlangte er von ihm Personalangaben.
Der Beschuldigte war jedoch nicht bereit, Angaben zur Person zu geben.

Nach einer stillen Lesephase läßt der Lehrer die im Protokoll geschilderte Verkehrssituation an der Tafel skizzieren. Im anschließenden Unterrichtsgespräch sollten zumindest zwei Fragen angesprochen werden:
– Hätte Thomas Bauer seine Personalien angeben müssen?
– Kann Thomas Bauer für sein Fahrverhalten verurteilt werden?

Faktensammlung

In der folgenden Stunde beschäftigen sich die Schüler in Gruppenarbeit mit den Materialien M 2 bis M 5:

M 2
Hier beginnen die Ermittlungen der Polizei:

Nachdem der Beschuldigte von der Polizei ermittelt werden konnte, erhält er zunächst von der Ermittlungsbehörde eine Vorladung, mit der ihm Gelegenheit gegeben wird, sich zu den gegen ihn erhobenen Vorwürfen zu äußern.
Mit der Vorladung wird er gleichzeitig darauf aufmerksam gemacht, daß es ihm freigestellt ist, sich zu den Beschuldigungen zu äußern. Er ist aber nach § III OWiG (Ordnungswidrigkeitsgesetz) verpflichtet, seine Personalien vollständig und richtig anzugeben.
Wenn Thomas Bauer die Möglichkeit offengelassen wird, wahlweise zu der erhobenen Anschuldigung aussagen zu wollen oder dies abzulehnen, bedeutet dies, daß ihm die Gelegenheit gegeben werden muß, sich vorher von einem Rechtsanwalt beraten lassen zu können und diesen ggf. mit seiner Verteidigung zu beauftragen, um sich, da er in rechtlichen Angelegenheiten unerfahren ist, nicht unnötig selbst zu belasten.
Thomas Bauer leistet der Vorladung der Polizei Folge. Er gibt zunächst seine Personalien an, und er möchte auch zu der gegen ihn erhobenen Anschuldigung aussagen:

M 3
Vernehmungsprotokoll/Aussage des Thomas Bauer:

Ich wurde mit dem Gegenstand der Vernehmung vertraut gemacht und über die gesetzlichen Bestimmungen belehrt.
An dem Unfalltag kam ich über die Autobahn aus Richtung Ingolstadt und habe die BAB an der Ausfahrtstelle Augsburg-Süd in Richtung Stadtmitte verlassen.
Hier kam ich in die Schwabinger Straße.
Ich habe mich vergewissert, ob es die Verkehrslage zuläßt, und bin dann zunächst in den rechten Fahrstreifen der Schwabinger Straße eingefahren. Gleich darauf habe ich dann nach links auf diesen Fahrstreifen über-

gewechselt, da ich anschließend in den Johann-Strauß-Ring in Richtung Richard-Wagner-Straße abbiegen wollte.

Plötzlich hörte ich hinter mir ein Quietschen und drehte mich um. Ich sah hinter mir ein Fahrzeug von grünlicher Farbe, dessen Fahrer mit den Armen gestikulierte.

Ich war mir aber keines Fehlers bewußt und dachte nicht, daß die Aufmerksamkeit des Fahrers mir gelten sollte.

Am Johann-Strauß-Ring zeigte die Ampel rot, ich mußte anhalten. Während ich auf Freigabe der Weiterfahrt wartete, klopfte ein Mann an meine Fensterscheiben. Nachdem ich die Scheibe heruntergedreht hatte, konnte ich zunächst nur verstehen, daß dieser Mann mich zum Aussteigen aufforderte. Da der mir unbekannte Mann jedoch sehr aufgeregt war, konnte ich den Grund der Aufforderung zum Aussteigen nicht erkennen.

Daß dies möglicherweise im Zusammenhang mit dem vorhergehenden Fahrbahnwechsel stehen könnte, fiel mir nicht ein. Da ich nicht wußte, wie ich mich verhalten sollte, habe ich meine Fahrt, nachdem die Ampelanlage grün zeigte, fortgesetzt.

Ich habe mir dann zwar überlegt, daß dieser Mann sich über mich so aufgeregt hat, dachte aber nicht daran, daß ihm ein Schaden entstanden sein könnte.

Soweit die Aussage des beschuldigten Thomas Bauer.

M 4

Der von dem Unfall betroffene Herr Ernst Berthold macht vor der Ermittlungsbehörde folgende Angaben zum Sachverhalt:

Am 10.08.1986 befuhr ich mit meinem Pkw die Schwabinger Straße in Richtung Innenstadt. Zu diesem Zeitpunkt war ich allein in meinem Fahrzeug. Ich befuhr die linke von zwei Fahrspuren für meine Fahrtrichtung.

Als ich in Höhe der Einmündung einer Abfahrt des Johann-Strauß-Ringes fuhr, kam von rechts plötzlich ein weißer VW-Golf aus dieser Abfahrt. Dieses Fahrzeug bog zunächst in die rechte Fahrspur der Schwabinger Straße ein. Plötzlich zog der VW-Golf unmittelbar vor mir in meine Fahrspur herüber.

Ob der Blinker gesetzt worden war, kann ich nicht sagen. Dadurch, daß dieses Fahrzeug mich so unvermittelt geschnitten hatte, mußte ich stark bremsen. Um ein Auffahren auf den Pkw zu vermeiden, zog ich mein Fahrzeug ganz nach links. Hierbei prallte ich mit dem linken Hinterrad gegen die Bordsteinkante, wodurch die Felge und der Reifen beschädigt wurden.

An der nächsten Lichtzeichenanlage (Johann-Strauß-Ring), die rotes Licht zeigte, stieg ich aus und ging zu dem jetzt vor mir haltenden VW-Golf. Ich versuchte, dem Fahrer sein Fehlverhalten deutlich zu machen und forderte ihn auf, auszusteigen und mir seine Personalien zu geben.

Der junge Mann reagierte jedoch nicht auf diese Aufforderung. Er setzte seine Fahrt, da die Ampel zwischenzeitlich grün zeigte, in Richtung Richard-Wagner-Straße fort. Es gelang mit nur noch, das Kennzeichen des Fahrzeuges zu notieren. Das Kennzeichen lautet A-VL 896.

M 5

Im Fahrzeug des beschuldigten Thomas Bauer befand sich zum Unfallzeitpunkt eine Mitfahrerin, Susanne Keller.

Susanne Keller erhält eine Aufforderung der Ermittlungsbehörde, sich zu dem Vorfall als Zeugin zu äußern.
Sie leistet der Vorladung Folge und bestätigt, nachdem sie Angaben zu ihrer Person gemacht hat, im Verlauf der Anhörung die Aussage des Beschuldigten mit der Anmerkung, daß sie der Aussage des Beschuldigten nichts mehr hinzuzufügen hat.
Außer Herrn Berthold und Fräulein Keller gibt es für den Vorfall keine weiteren Zeugen mehr.
Hier enden die Ermittlungen der Polizei.
Das Verfahren wird an die zuständige Staatsanwaltschaft zur Anklageerhebung weitergeleitet.
Die Staatsanwaltschaft erhebt nunmehr gegen Thomas Bauer Anklage bei dem zuständigen Amtsgericht vor dem Jugendrichter.
Mit der Anklageschrift wird gleichzeitig die Zulassung der Anklage und die Eröffnung des Hauptverfahrens gegen Thomas Bauer beantragt.

Die Anklageschrift

Nachdem die Schülergruppen über den jeweiligen Inhalt ihrer Materialien berichtet haben, kann sich das anschließende Gespräch evtl. mit den folgenden Problemkreisen begnügen:

– Muß sich Thomas Bauer von einem Rechtsanwalt vertreten lassen? Geht es nicht an, daß er sich selbst verteidigt?

– Was ergibt sich aus einem Vergleich der Protokolle von Bauer und Berthold?

– Grenze die Aufgaben der Polizei und der Staatsanwaltschaft in diesem Fallbeispiel voneinander ab.

Wie schon bei M 2–5 werden anschließend M 6 und M 7 bearbeitet. Damit wird die Vorbereitung auf den Gerichtsbesuch abgeschlossen.

M 6

Staatsanwaltschaft Augsburg   Augsburg, den 11.11.1986

An das
Amtsgericht
Jugendrichter
8900 Augsburg

ANKLAGESCHRIFT

Thomas Bauer, geboren am 28.02.1968 in Augsburg, wohnhaft Bayernstraße 15, 8900 Augsburg, Deutscher, wird angeklagt

in Augsburg am 10.08.1986

als Heranwachsender

durch 2 Handlungen
sich als Verkehrsteilnehmer nicht so verhalten zu haben, daß kein anderer geschädigt wurde,

sich als Unfallbeteiligter nach einem Unfall im Straßenverkehr vom Unfallort entfernt zu haben, bevor er zugunsten des anderen Unfallbeteiligten und Geschädigten die Feststellung seiner Person, seines Fahrzeuges und der Art seiner Beteiligung durch seine Anwesenheit und durch seine Angabe, daß er an dem Unfall beteiligt war, ermöglicht hatte.

Der Angeschuldigte befuhr gegen 14.45 Uhr mit dem Pkw VW-Golf, amtliches Kennzeichen A-VL 896, die Schwabinger Straße aus Richtung BAB Ausfahrt Augsburg-Süd in Richtung Innenstadt.
Kurz vor dem Johann-Strauß-Ring wechselte der Angeschuldigte, ohne seine Absicht vorher anzuzeigen, plötzlich von der rechten auf die linke Fahrspur und zwang den dort fahrenden Pkw AUDI-Quattro, amtliches Kennzeichen A-MK 643, mit dem Zeugen Berthold zum scharfen Abbremsen. Dabei geriet der Zeuge mit dem Hinterrad seines Fahrzeuges an die Bordsteinkante, wodurch Felge und Reifen beschädigt wurden.

Hierdurch entstand ein Fremdschaden von ca. DM 300,—.

Obwohl der Angeschuldigte den Unfall bemerkt hatte, verließ er die Unfallstelle, ohne seinen Pflichten zu genügen.

Ordnungswidrigkeit nach	§§ 1 Abs. 2, 49 Abs. 1 Nr. 1 der Straßenverkehrsordnung, § 24 des Straßenverkehrsgesetzes
Vergehen strafbar nach	§ 142 Abs. 1 Nr. 1 des Strafgesetzbuches §§ 69, 69 a des Strafgesetzbuches § 44 des Strafgesetzbuches § 53 des Strafgesetzbuches §§ 1, 105 des Jugendgerichtsgesetzes

BEWEISMITTEL:

I.	Angaben des Angeschuldigten
II.	Angaben der Zeugen Ernst Berthold und Susanne Keller

Es wird b e a n t r a g t ,
die Anklage zuzulassen und das Hauptverfahren zu eröffnen.

Staatsanwalt

M 7

Über die Zulassung der Anklage und die Eröffnung des Hauptverfahrens entscheidet im weiteren Verlauf der Jugendrichter.

Thomas Bauer erhält nun vom Amtsgericht Augsburg zunächst eine Abschrift der Anklageschrift mit der Aufforderung, sich innerhalb von 10 Tagen darüber zu erklären, ob die Vornahme einzelner Beweiserhebungen *vor* der Entscheidung über die Eröffnung des Hauptverfahrens beantragt wird, oder ob Einwendungen gegen die Eröffnung des Hauptverfahrens vorgebracht werden und ob außer den in der Anklageschrift benannten Zeugen noch weitere Zeugen benannt werden.

Nachdem Thomas Bauer die Anklageschrift erhalten hat, überträgt er seinen Fall einem Rechtsanwalt, der ihn beraten und ihm in der Hauptverhandlung als Verteidiger zur Seite stehen soll.

Der Gerichtsbesuch

Die Informationen zum eigentlichen Gerichtsbesuch beschränken sich auf wenige Angaben und auf das Urteil selbst. Die Beobachtungen der Schüler und ihre Gespräche mit Richter, Staatsanwalt und Verteidiger werden nicht fiktiv aufgeführt.

Die Hauptverhandlung und das Urteil

M 8

Die Hauptverhandlung findet am 10.02.1987 statt. Der Angeschuldigte und auch die Zeugen bleiben bei ihren bereits vor der Polizei zu Protokoll gegebenen Aussagen.

Nachdem die Staatsanwaltschaft und Verteidigung ihre Anträge gestellt haben, folgt nun die Entscheidung des Jugendrichters, und es ergeht folgendes Urteil:

IM NAMEN DES VOLKES

In der Strafsache gegen

Thomas Bauer, geboren am 28.02.1968 in Augsburg, wohnhaft Bayernstraße 15, 8900 Augsburg

wegen unerlaubtem Entfernen vom Unfallort, pp. hat das Amtsgericht Augsburg in der Sitzung vom 10.02.1987, an der teilgenommen haben:

1. Jugendrichter
2. Vertreter der Staatsanwaltschaft
3. Verteidiger
4. Urkundsbeamter der Geschäftsstelle

für Recht erkannt:

Der Angeklagte wird wegen fahrlässig begangener Ordnungswidrigkeit nach § 24 StVG in Verbindung mit § 1 StVO zu einer Geldbuße von DM 150,– verurteilt.

Der Angeklagte hat die Kosten des Verfahrens einschließlich seiner notwendigen Auslagen zu tragen.

GRÜNDE

Der Angeklagte befuhr am 10.08.1986 gegen 14.45 Uhr mit dem Pkw VW-Golf, amtliches Kennzeichen A-VL 896, die Schwabinger Straße in Augsburg in Richtung Innenstadt. Kurz vor dem Johann-Strauß-Ring wechselte der Angeklagte, ohne seine Absicht vorher anzuzeigen, plötzlich von der rechten auf die linke Fahrspur und zwang den dort fahrenden Pkw AUDI Quattro mit dem amtlichen Kennzeichen A-MK 643 mit dem Zeugen Berthold zum scharfen Abbremsen. Dabei geriet der Zeuge mit dem Hinterrad seines Fahrzeuges an die Bordsteinkante, wodurch Felge und Reifen beschädigt wurden und ein Fremdschaden von ca. DM 300,– entstand.

Dieser Sachverhalt steht fest aufgrund der Einlassung des Angeklagten sowie den Aussagen der Zeugen Berthold und Keller.

Der Angeklagte hat sich danach einer Ordnungswidrigkeit nach § 24 StVG i.V.m. §§ 1, 7 Abs. 4 StVO schuldig gemacht. Eine Geldbuße in Höhe von DM 150,– erschien tat- und schuldangemessen.

Soweit der Angeklagte des unerlaubten Entfernens vom Unfallort angeklagt war, wurde das Verfahren nach § 47 JGG nach Erteilung einer Arbeitsweisung eingestellt.

Die Kostenentscheidung folgt aus § 465 StPO.

(Jugendrichter)   (Urkundsbeamter
der Geschäftsstelle)

M 9

Durch sein rücksichtsloses Fahrverhalten hat Thomas Bauer sich einer fahrlässig begangenen Ordnungswidrigkeit nach § 24 StVG (Straßenverkehrsgesetz) in Verbindung mit § 1 StVO (Straßenverkehrsordnung) schuldig gemacht.

Hierfür wurde er zu einer Geldbuße von DM 150,– verurteilt. Außerdem muß er die Verfahrenskosten, das sind Gerichtskosten und die Kosten seines Verteidigers, zahlen.

Wegen des Vorwurfs des unerlaubten Entfernens vom Unfallort wurde das Verfahren nach Erteilung einer Arbeitsweisung gemäß § 47 JGG eingestellt.

Eine Arbeitsweisung nach § 47 JGG (Ableistung einer vom Gericht zu bestimmenden Anzahl von Arbeitsstunden in einer öffentlichen Einrichtung, z. B. Altersheim, Krankenhaus o.ä.) kann, wie im Fall von Thomas Bauer, dann verfügt werden, wenn nach § 153 StPO (Strafprozeßordnung) die Schuld des Täters als gering anzusehen ist und kein öffentliches Interesse an einer Strafverfolgung besteht.

Der Ablauf der Hauptverhandlung wird von den Schülern protokolliert. Das Ergebnis (hier in M 8 und M 9 vorweggenommen) soll später interpretiert und diskutiert werden, ohne die Frage nach Berufungs- oder Revisionsmöglichkeiten mit ins Spiel zu bringen. Im Hinblick auf den Ablauf des Verfahrens könnten die Schüler ggf. folgende Punkte aufgreifen:

– Beobachtung von Ritualen (Aufstehen vor dem Richter, Angaben zur Person, Urteilsverkündung).
– Beobachtung des Umgangs miteinander (Richter und Angeklagter, Staatsanwalt und Angeklagter usw.).
– Überraschende Momente im Verhandlungsablauf (evtl. gegenüber den Polizeiprotokollen veränderte Zeugenaussagen).
– Wirkung der Urteilsverkündung auf die Beteiligten.

Im Gespräch mit dem Richter (Staatsanwalt, Verteidiger) werden die Schüler vermutlich Fragen von Recht und Gerechtigkeit ansprechen. Im konkreten Fall kann es durchaus auch Schüler geben, denen die Bestrafung des Thomas Bauer zu hart erscheint. Sie werden vielleicht fragen, weshalb man dem Zeugen Ernst Berthold anscheinend mehr Glauben geschenkt habe usw. Einzelzeiten zur Rolle der Gesprächspartner im Verhandlungsablauf werden mit Sicherheit erörtert.

Auswertung und Sicherung von Ergebnissen

Nach der Hauptverhandlung

Die Stunde nach dem Gerichtsbesuch sollte den Schülern vor allem Gelegenheit dazu einräumen, ihre Eindrücke von der Verhandlung frei zu schildern. Dazu werden einzelne Protokolle verlesen und vor allem offene Fragen an der Tafel festgehalten.
Eine weitere Stunde sollte der Beantwortung der offenen Fragen zur Verfügung stehen. Außerdem könnte der Lehrer nun seinen Beitrag zur Strukturierung leisten, indem er Themenvorschläge für die Aufarbeitung an die Schüler weitergibt:

– Sinn und Zweck von Strafen
– Lehrerinformation über das geltende Strafrecht,
– Richterliche Unabhängigkeit
– Probleme des modernen Strafvollzugs
– Schutz der Gesellschaft durch das Strafrecht (Gewalttäter, Triebverbrecher etc.)
– Resozialisierungschancen für Straftäter.

Im Bereich des Institutionenwissens sollte eine Wiederholung der Instanzen im allgemeinen und im Jugendstrafverfahren der Festigung von Kenntnissen aus der Vorbereitungsphase dienen. Im Zusammenhang damit können die Begriffe „Berufung" und „Revision" kurz angesprochen werden. Darüber hinaus müßten die Schüler nun in der Lage sein, den „Gang eines Strafverfahrens" zu rekonstruieren (9). Es wird vorausgesetzt, daß bis zu diesem Zeitpunkt die Beteiligten an einem Strafverfahren und ihre Rollen bereits hinreichend bekannt sind.

Es erscheint selbstverständlich, daß der Lehrer für die Aufarbeitung auch das Medien- bzw. Filmangebot seiner Landesbildstelle wahrnehmen kann. Ob es im Kontext zum Besuch einer Gerichtsverhandlung viel weiterhilft, kann bezweifelt werden. Vor allem wird der Praktiker daran denken, daß sehr viel Zeitaufwand für den Umgang mit weiteren Materialien und Medien nötig wird. So viel Zeit für Rechtskunde steht aber im allgemeinen gar nicht zur Verfügung.

Ergebnissicherung

Bei der Ergebnissicherung muß darauf geachtet werden, daß der Gerichtsbesuch den Schülern nicht nur episodenhaft in Erinnerung bleibt. Die Schüler sollen sich selbst dazu äußern, welchen Lernerfolg sie mit dieser Art von Unterricht und den damit gemachten Erfahrungen in Verbindung bringen. Neben der Möglichkeit, die erworbenen Kenntnisse in einem schriftlichen Test zu überprüfen, bedürfen vor allem die Problemfragen einer mündlichen Erörterung. Neben den inhaltsbezogenen Problemen, die sich am Fallbeispiel ergeben haben, empfiehlt es sich für den Lehrer, noch einmal auf die eingangs gestellten Fragekomplexe (s. S. 59 ff.) einzugehen.

Anmerkungen

1) Vgl. F. Sandmann: Der rechtskundliche Aspekt in der politischen Bildung. In: Ammon/Roth (Hrsg.): Sozialkunde. München 1981. S. 138−152.
2) Einen großangelegten Überblick über die Entwicklung und Problematik der Rechtskunde vermittelt: Adamski, H. (Hrsg.): Politische Bildung − Recht und Erziehung. Quellentexte zur Rechtskunde und Rechtserziehung von der Weimarer Republik bis zur Gegenwart. 2 Bde. Weinheim und München 1986.
3) F. Sandmann: Didaktik der Rechtskunde. Paderborn 1975, S. 201.
4) ebda.

5)   Zum Begriff der Lernsituation: vgl. F. Sandmann: Zum Verhältnis
     von Methodik und Didaktik. In: Nitzschke/Sandmann (Hrsg.):
     Neue Ansätze zur Methodik des Politischen Unterrichts. Stuttgart
     1982. S. 50 ff.
6)   Drechsler/Hilligen/Neumann (Hrsg.): Gesellschaft und Staat. Lexi-
     kon der Politik. Baden-Baden 1980. S. 276.
7)   Vgl. F. Sandmann: Verfassungs- und Regierungssystem der Bundes-
     republik Deutschland – Didaktischer Teil. In: V. Nitzschke/F.
     Sandmann (Hrsg.): Metzler Handbuch für den politischen Unter-
     richt. Stuttgart 1987. S. 337.
8)   Vgl. F. Sandmann: Zum Verhältnis von Methodik und Didaktik.
     In: Nitzschke/Sandmann (Hrsg.), a.a.O., S. 49 ff.
9)   Siehe: Hassemer/Sandmann (Hrsg.): Ladendiebstahl. Schülerheft.
     Paderborn [2]1985. S. 20. (In diesem Schülerheft werden auf S. 34 ff.
     viele wichtige Begriffe aus dem Strafrecht schülergemäß erläutert.)

Literaturhinweise

Fetz, Helmut: Thema: Die Strafgerichtsbarkeit (Unterrichtsskizzen u.a.:
    Rollenspiel „Gerichtsverhandlung", Instanzenzug der Gerichtsbarkeit,
    Gerichtsbesuch, Besprechung der Gerichtsverhandlung). In: Loch/
    Hoffmann/Kurz: Unterrichtsvorbereitung in Einheiten 2 (Reihe: Stun-
    denvorbereitung in Einheiten. Bd. 26). Limburg 1976. S. 101–119.
Hassemer/Sandmann: Ladendiebstahl. Lehrerheft und Schülerheft. In:
    Hassemer/Sandmann (Hrsg.): Rechtskundliche Unterrichtseinheiten
    für die Sekundarstufe I. Paderborn 1979 (Schülerheft 2. Aufl. 1985).
Röser, Winfried: Recht und Rechtsprechung (Unterrichtsskizzen u.a.:
    Verlauf eines Strafprozesses, S. 204–215; Besuch einer Gerichtsver-
    handlung, S. 234). In: Aufderheide, H./Loch, W.: Sozialkunde für die
    Sekundarstufe I. Limburg 1982. S. 171–253.
Schönitz, Bernhard: Recht. Ein Thema politischer Bildung. Unterrichts-
    erfahrungen aus der Sekundarstufe I (Unterrichtssequenzen u.a.:
    5. Gerichtsbesuch, S. 112–115; 6. Richterbesuch in der Klasse, S.
    115–116). Didaktische Modelle 5. Im Auftrag der Landeszentrale für
    politische Bildungsarbeit Berlin, hrsg. von Wolfgang Northemann und
    Hanns-Fred Rathenow. Berlin 1977.
Staff, Ilse: Rechtskunde für junge Menschen. Frankfurt a.M. [4]1974.

Herbert Uhl

Betriebserkundungen — Arbeitswelt und Arbeitserfahrungen als Elemente politischen Lernens

Vorbemerkung

Die didaktische Literatur hat sich mit Betriebserkundungen überwiegend im Rahmen der Arbeitslehre und der Wirtschaftslehre beschäftigt. Welchen Beitrag dieses außerschulische, auf Realsituationen bezogene Lernen zur politischen Bildung leisten kann, ist bislang eher am Rande erörtert worden. Auf den folgenden Seiten soll diesem Thema nachgegangen werden.

Die Funktionen, die Betriebserkundungen als Bestandteil des Berufswahlunterrichts haben, stehen dabei nicht im Mittelpunkt der Überlegungen. Indem sie allerdings als besondere Form der Erkundung gesellschaftlicher Realität über die spezifischen Fragestellungen der Berufsorientierung hinausweisen und Einblicke in die „Verfassung der Arbeit" innerhalb des ökonomischen Systems der Bundesrepublik ermöglichen, werden auch sie für politische Bildung relevant. Der Schwerpunkt der folgenden Skizze soll jedoch in dem Versuch liegen, Erkundungen in der Arbeitswelt als eigenständiges Element der politischen Bildung (bzw. der Sozial- oder Gemeinschaftskunde als Unterrichtsfach) zu beschreiben. Diesem Versuch liegt die Überzeugung zugrunde, daß die Einbeziehung der beruflichen Arbeit und der Arbeitswelt in die Gegenstände schulischen Lernens nicht auf ein Fach und schon gar nicht auf eine Schulart, etwa die Hauptschule, beschränkt sein kann.

Die Arbeitswelt als Gegenstand schulischen Lernens

Die Orientierung schulischen Unterrichts an Themen aus der Arbeitswelt wurde in der didaktischen und bildungspolitischen Entwicklung der Bundesrepublik zunächst auf die *Hauptschule* begrenzt. Der Deutsche Ausschuß für das Erziehungs- und Bildungswesen bezeichnete 1964 in seinen „Empfehlungen zum Aufbau der Hauptschule" die Hinführung zur Berufs- und Arbeitswelt als Spezifikum und als wesentliche pädagogische Funktion der „reformierten Hauptschule".

Sein didaktisches Zentrum erhielt dieser Auftrag in der *Arbeitslehre*. Deren unterrichtsorganisatorische und curruculare Ausgestaltung vollzog sich in den Bundesländern in unterschiedlicher Form; etwa als Fach- bzw. Kernbereich Arbeit-Wirtschaft-Technik (z. B. in Niedersachsen), in dem die drei Fächer Arbeit/Wirtschaft, Technik und Hauswirtschaft in loser Form kooperieren; oder als eigenständiges, integriertes Unterrichtsfach, das in stufenförmig organisierten Projekten, die durch fachlich orientierte Lehrgänge ergänzt werden können, thematisch komplexe Sachfelder bearbeitet (wie in Berlin); aber auch als Mischkonzeption, die -- wie in Baden-Württemberg – den besonderen Auftrag der Fächer Technik, Hauswirtschaft und Wirtschaftslehre beibehält, zugleich aber für einen Teil des Unterrichts fächerübergreifende Lehrplaneinheiten (z. B. „Orientierung in Berufsfeldern") festlegt.

Unabhängig von der jeweiligen bildungspolitischen Ausgestaltung beinhaltet die Arbeitslehre eine Vielzahl von Methoden und Arbeitsweisen, in denen *Realsituationen* aus der Berufs- und Arbeitswelt im Mittelpunkt des Unterrichts stehen. Dazu zählen

- die Vorstellung und die Dokumentation realer Arbeitsplatz-Situationen und Berufsrollen mit Hilfe audio-visueller Medien;
- die Simulation von Arbeitssituationen und Arbeitsabläufen, etwa im Rollen-, im Planspiel oder im Konferenzspiel;
- die Simulation komplexer ökonomischer Planungs- und Entscheidungsprozesse im Lernbüro oder in Übungsfirmen;
- die Beobachtung und Erkundung einzelner Berufsrollen, indem die Schüler Berufstätige, z. B. selbständige Handwerker, begleiten („work shadowing");
- die Befragung (z. B. von Verbrauchern) und das Experten-Gespräch (z. B. mit Berufsberatern);
- die Arbeitsplatz- und die Betriebserkundung, in denen Arbeitserfahrungen Dritter beobachtet, erfragt und dokumentiert werden, die in der Regel also mehrere Methoden außerschulischen Lernens integrieren (z. B. die Befragung);
- das Betriebspraktikum, in dem Schüler innerhalb besonderer berufsorientierender Unterrichtseinheiten an einem oder mehreren Arbeitsplätzen eigene Arbeitserfahrungen machen können;
- die Schul-Werkstatt, in der reale Produkte erzeugt werden (z. B. im Rahmen der Berliner Arbeitslehre-Projekte).

Die Arbeitswelt – nur ein Thema für die Hauptschule?

Die Ausrichtung der Schule auf die Berufs- und Arbeitswelt wurde in der bildungspolitischen Diskussion der sechziger und siebziger Jahre zum Instrument, mit dem die CDU/CSU-regierten Bundesländer der Hauptschule in betonter Absetzung vom Konzept der integrierten Gesamtschule ein *eigenständiges Profil* innerhalb des dreigliedrigen Schulwesens geben wollten. Der Erfolg dieser Strategie bleibt in zweifacher Hinsicht fraglich: Zum einen konnte diese „neue Profilierung" den Funktions- und Attraktivitätsverlust der Hauptschule in der Konkurrenz mit Realschule und Gymnasium nicht aufhalten oder gar umkehren. Zum andern legen das veränderte Berufswahlverhalten der Realschüler und auch der Gymnasiasten (zunehmend direkter Übergang in eine Berufsausbildung als Alternative zum Studium oder als Vorstufe eines Studiums), aber auch strukturelle und technologische Veränderungen in der Arbeitswelt und deren Bedeutung für den Lebensvollzug jedes einzelnen (z. B. die sozialen Auswirkungen neuer Informations- und Kommunikationstechnologien) die Frage nahe, ob es weiterhin pädagogisch und gesellschaftspolitisch verantwortet werden kann, die Auseinandersetzung mit der Berufs- und Arbeitswelt zum Spezifikum lediglich eines Schultyps zu machen (1). Einige Bundesländer haben daraus die Konsequenz gezogen und die Realschulen und in geringerem Umfang auch die Gymnasien für diese Thematik geöffnet.

Ein weiterer Impuls kommt aus der Kritik, die Erziehungswissenschaftler gegen eine *Verkopfung* schulischen Lernens und Lebens vortragen. So beklagt Horst Rumpf die „Enttäuschung und Resignation", die „sich schon in zwölfjährigen Schulkindern festgefressen hat — Enttäuschung und Resignation über vielerlei zerstückelten und von Lebensstoffen gereinigten Lerninhalt, den wissenschaftsorientierte Lehrpläne zu verabreichen nötigen" (2). Diese Kritik bezieht auch die Arbeitslehre insgesamt und ihre fachlichen Teilbereiche mit ein. Für die Mitarbeiter des von der Robert Bosch Stiftung geförderten Arbeitskreises Praktisches Lernen haben sich letztlich die Erwartungen, die mit der Konstitution dieses Faches bzw. Lernbereichs mit dem Blick auf ganzheitliches, arbeits- und arbeitsweltorientiertes Lernen verbunden wurden, nicht erfüllt: „Es kam dann anders. Es wurde und wird — von wenigen Ausnahmen abgesehen — über die Arbeitswelt *gesprochen,* und als praktisches Lernen werden allenfalls Formen des schon vorhandenen Werkens fortgesetzt" (3).

Dieser Befund ist nur wenig ermutigend; er bedarf allerdings der Differenzierung. Die Reduktion von Unterricht auf „Sprechen über . . .", auf „Buch-Lernen" ist in Gymnasien in entschieden stärkerem Maße ausgeprägt als an Hauptschulen; lernpsychologisch und bildungspolitisch wird dies meist mit dem Verweis auf unterschiedliche Begabungstypen gerechtfertigt. In der Praxis der „höheren Bildung" geht dieser Unterricht aber mit einer Entsinnlichung des Lernens, auch mit einem Verlust an Wahrnehmungs- und Ausdrucksmöglichkeiten bei der Auseinandersetzung mit der eigenen Kultur und Umwelt einher. Auf die politische Bildung bezogen haben Michael Dorn und Herbert Knepper ein „allmähliches

Entgleiten der Schüler und der Wirklichkeit" konstatiert (4). Um diesem „Entgleiten" entgegenzuwirken, sind im gesamten Fächerspektrum des sozialwissenschaftlichen, berufsorientierenden und wirtschaftskundlichen Unterrichts nicht nur der Hauptschule verstärkt neue Formen des „aktiv-produktiven Lernens" (5) notwendig, die nicht nur sprachlich vermittelte Zugänge zu den Gegenständen des Lernens eröffnen, sondern Realbegegnungen mit ihnen ermöglichen. Damit bekommen Erkundungen an Arbeitsplätzen und in Betrieben im Rahmen politischer Bildung einen *eigenen Stellenwert,* der die berufsorientierenden und wirtschaftskundlichen Funktionen übersteigt. Sie können Stationen in einer schrittweisen, aktiven Erkundung der eigenen Umwelt, der eigenen Situation und ihrer Einbindung in die politisch-gesellschaftliche Struktur der Gegenwart sein.

Das Interesse der politischen Bildung an der Arbeitswelt

Die methodische Literatur zur Durchführung von Arbeitsplatz- und Betriebserkundungen unterscheidet in der Regel mehrere *Aspekte,* nach denen die Erkundung „vor Ort" strukturiert werden kann. Am gängigsten ist dabei die Einteilung in ökonomisch-technologische, in berufskundliche und in soziale Aspekte (6). Für die politische Bildung läßt sich, so könnte argumentiert werden, ein spezifischer Zugang vor allem über den „sozialen Aspekt" eröffnen, etwa konkretisiert an Fragen zur Arbeitsplatzgestaltung, zu den betrieblichen Einrichtungen für die soziale Sicherung der Arbeitnehmer, zum Betriebsklima etc. Daß es darüber hinaus auch spezifische politik-orientierte und politik-kundliche Zugänge gibt, soll im folgenden durch eine knappe Kommentierung dreier „thematischer Stichworte" entwickelt werden.

Arbeit ist politisch verfaßt

Wie sehr bei Erkundungen in der Arbeitswelt immer auch „Politisches" unmittelbar tangiert wird, geht schon aus dem Umstand hervor, daß die wirtschaftlichen Interessenverbände, die Unternehmensorganisationen und die Arbeitgeberverbände einerseits und die Gewerkschaften andererseits an dem Bild, das sich Schüler und Lehrer davon machen, sehr interessiert sind. In einer pluralistischen Gesellschaft ist dieses Interesse nicht zu beklagen, es ist vielmehr ein notwendiges Element, das zur Struktur dieser Gesellschaft und zu den spezifischen Formen gehört, in denen Interessen artikuliert und durchgesetzt werden. Darin wird letztlich deutlich, daß die Organisation der Arbeit, die Arbeitsbeziehungen und ihr Stellenwert innerhalb der Wirtschaftsordnung Produkt gesellschafts-politischer Auseinandersetzungen sind. Die Arbeitswelt ist mithin Teil der politisch gestalteten Wirklichkeit, sie ist nicht „naturwüchsig" vorge-geben, sondern Ausdruck gesellschaftlicher Interessen und deren politi-scher Durchsetzungsfähigkeit; sie ist *politisch verfaßt.* Darin liegt ein thematischer Zugang für politisches Lernen begründet.

Arbeit als gesellschaftlich organisierte Erwerbsarbeit

Die Notwendigkeit, Arbeitsbeziehungen politisch zu gestalten, führt zu-rück auf die (nach wie vor) dominierende Funktion der Arbeit als *gesell-schaftlich organisierte Erwerbsarbeit:* „Soziologisch . . . läßt Arbeit sich bestimmen als zweckmäßige, bewußte, stets gesellschaftlich vermittelte, also aufgeteilte und als ‚Kooperation' organisierte Tätigkeit von Men-schen zur Bewältigung ihrer Existenzprobleme. . . Prozesse der Arbeit sind immer auch soziale Prozesse, weil mit gesellschaftlicher Arbeit immer Arbeitsteilung verbunden ist" (7).
Die Aufteilung der Arbeit erscheint zum einen als Verteilung in unter-schiedliche Sektoren der Volkswirtschaft (z. B.: 5,2% der Erwerbstäti-gen sind gegenwärtig bei uns im primären Sektor, der Land- und Forst-wirtschaft, tätig), zum anderen als Zerlegung der Arbeitsprozesse selber. Diese Formen der Arbeitsteilung „bestimmen . . . die *Organisations-* und *Kooperationsformen* in der Arbeit, prägen damit auch die *sozialen Struk-turen* einer Gesellschaft im Hinblick auf Herrschaft und gegenseitige Abhängigkeit" (8).

Arbeit als Lebenswelt

Ein dritter Zugang läßt sich mit dem Stichwort „Arbeitswelt als Teil der individuellen Lebenswelt" skizzieren. Arbeitsplatz- und Betriebserkun-dungen ermöglichen zwar keine unmittelbare und eigene Arbeitserfah-rung der Schüler, sondern nur vermittelte, beobachtete und befragte, können aber — neben den ökonomisch-technologischen, betriebsorgani-satorischen und berufskundlichen Aspekten — Arbeit und ihre Organisa-tion als Zentrum der „betrieblichen Lebenswelt" zum Thema machen (9). Darin kommt ein Wechsel der Perspektive zum Ausdruck: Während die politische Verfaßtheit und die gesellschaftliche Organisation der Arbeit den Blick auf die Struktur der Arbeitsbeziehungen, ihre Vergegenständ-lichung in institutionalisierten Regelungen (z. B. im Betriebsrat, in der Mitbestimmung) verlangt, treten mit der Thematisierung der Arbeit als betrieblicher Lebenswelt die Wahrnehmung und die Interpretation der individuellen Rollen, als Betroffene und Handelnde, in den Vordergrund des didaktischen Interesses.

Dieser subjektbezogene Zugang zum Thema Arbeitswelt ist für politische Bildung nicht zuletzt deshalb von Gewicht, weil die Wahrnehmung und die Interpretation der eigenen Arbeitssituation immer auch bedeutsam sind für die Definition der eigenen *Position* innerhalb der Struktur des sozialen Systems insgesamt.

Das Ausmaß der in der Arbeit erfahrenen Unter- und Einordnung in hierarchische Strukturen bzw. der Grad an Dispositions- und Steuerungskompetenz liefern einen sozialen Erfahrungsraum, in dem sich umfassende soziale und politische Deutungsmuster als „Alltagstheorien" bilden. Arbeit wird in dieser Perspektive als Medium der *politischen Sozialisation* relevant: „Gesellschaftliche Grundhaltungen erscheinen . . . mehr und mehr als geprägt durch Berufsstrukturen und Arbeitsplatzsituation" (10).

Erkundungen als problemorientierte Erschließung der Arbeitswelt

Was heißt „Problemorientierung"?

Erkundungen sind keine isolierten Methoden oder Vorhaben, die ihren Zweck in sich selbst tragen. Sie bekommen ihre Begründung aus dem umfassenderen thematischen und methodischen Zusammenhang einer problemorientierten Einheit. Sie haben nur dann eine didaktische Funktion, wenn sie berufliche und betriebliche Arbeit nicht „an sich, so wie sie sind", betrachten wollen, sondern thematisch begründet befragen. Mit anderen Worten: Erkundungen der Berufs- und Arbeitswelt im Rahmen politischer Bildung zielen nicht vorrangig auf Institutionen und deren Erscheinungsbild, sondern auf gesellschaftliche und politische Beziehungen, auf soziale und politische Prozesse in diesen Institutionen.

Zu deren Erschließung ist eine Unterrichtsorganisation notwendig, die Methoden des *forschend-entdeckenden* Lernens inhaltlich unter einer problemorientierten Fragestellung integriert. Eine Erkundung der Berufs- und Arbeitswelt nach spezifischen Aspekten (ökonomisch-technologisch, berufskundlich, sozial) kann zwar zu einzelnen Ergebnissen (etwa zu Informationen über das betriebliche Sozialwesen) führen. Zur Integration dieser Aspekte bedarf es eines Erklärungszusammenhangs, der in Anlehnung an Jürgen Feldhoff u.a. als „thematische Zentrierung" bezeichnet werden kann: „Thematische Zentrierung . . . bedeutet zunächst nur, daß die Auswahl der Inhalte und Ziele — im Gegensatz zur ‚Aspekt-Didaktik‘ — einem Begründungszwang ausgesetzt wird" (11).

Dieser Begründungszwang ist auch für das spezifische Interesse, das die politische Bildung an der Erkundung der Arbeitswelt hat, gegeben. Eine Möglichkeit dazu bilden die *thematischen Sichworte* (Arbeit − politisch verfaßt, gesellschaftlich organisiert, als Lebenswelt; vgl. S. 75−77). Als problemorientierte Fragen eröffnen sie Zugänge zum Verständnis der Struktur der heutigen Arbeitsbeziehungen, ihrer Bedeutung für den einzelnen wie auch des gesellschaftlichen Systems insgesamt. Sie begründen eine besondere didaktische Perspektive, die über die Fragestellungen der Berufsorientierung hinausgeht (12).

Vorschläge zur Planung und Vorbereitung von Erkundungen

Dem umfassenderen thematischen Zusammenhang, in dem Erkundungen stehen, entspricht auch ihre Einbindung in eine umfassendere *methodische Struktur*. Lothar Beinke und Uwe Wascher haben am Thema „Informationen vor der Ausbildung" beschrieben, wie das Grundmuster der Durchführung von Erkundungen, die Gliederung in Planung, Vorbereitung, Durchführung und Auswertung, in differenzierte Lernschritte umgesetzt werden kann (13). Jürgen Feldhoff und die Mitarbeiter des Projekts Betriebspraktikum haben darüber hinaus aufgezeigt, unter welchen Zielsetzungen Arbeitsplatz- und Betriebserkundungen sinnvoll in den größeren Rahmen des Betriebspraktikums integriert werden können (14). In beiden Fällen wird deutlich, daß Erkundungen nicht nur eine organisatorische Vorbereitung verlangen − Kontakte und Absprachen mit dem Betrieb, Vorgespräche an Arbeitsplätzen, Klärung der Beobachtungs- und Erhebungsmethoden etc. Entscheidend für den Erfolg problemorientierter Erkundungen ist die *themenbezogene* Vorbereitung, die Qualifizierung der Schüler zu sachkundigem Beobachten und Fragen. Hierzu ist ein angemessenes Grund- und Orientierungswissen notwendig. Dieses kann sicher nicht in abgeschlossenen Ergebnissen, in einer fertigen Lehrmeinung bestehen. In diesem Fall diente die anschließende Erkundung dann lediglich noch der Anschauung, Illustration und Bestätigung. Es wird vielmehr darum gehen, solche Kenntnisse und Methoden zu erarbeiten und einzuüben, die problembewußtes Beobachten vor Ort und die anschließende Auswertung der so gewonnenen Einblicke und Informationen unter der besonderen thematischen Perspektive der Erkundung ermöglichen.

Gerade bei Erkundungen, die politische und gesellschaftliche Beziehungen zum Gegenstand haben, bekommen das Vorwissen, die Einstellungen und die Wertungen, die sich in immer schon vorhandenen Gesellschaftsbildern der Erkunder ausdrücken, ein besonderes Gewicht (z. B. die sozialen Einstufungen verschiedener Formen von Arbeit, die Statuszuweisungen aufgrund von Arbeitsqualifikationen bzw. Berufsrollen).

Ihre Artikulation im Unterricht gehört deshalb wesentlich zur Vorbereitung der Erkundung, ebenso wie die Reflexion des eigenen Verhaltens und des methodischen Vorgehens vor Ort.

Die folgende Übersicht zeigt Beispiele zur Umsetzung der thematischen Stichworte – als thematische Zentrierung – durch inhaltlich unterschiedlich akzentuierte Erkundungen.

Thematische Orientierung der Erkundungen

Zur thematischen Ausrichtung der Erkundungen im Rahmen der politischen Bildung bieten sich folgende problemorientierte Zugänge an:

1. Variante: Arbeitsplatzerkundung

Thematische Orientierung:
Erkundung der Arbeitswelt als Teil der Lebenswelt

Erkundungsgegenstand:
Unterschiedliche Arbeitssituationen in einem Betrieb und deren Beurteilung durch die Arbeitnehmer

Erkundungsmethode:
1. *Beobachtung in der Erkundung*
   Merkmale, mit denen die jeweilige Arbeitssituation beschrieben werden kann, zum Beispiel:
   – Was wird hergestellt/getan?
   – Welche Anlagen, Maschinen etc. sind dazu notwendig?
   – Wie ist die Arbeit organisiert: Ablauf, Einteilung, Tempo, Zahl der Mitarbeiter...?
   – Wer ordnet sie an?
   – Wer entscheidet über die Organisation?
   – Welche Anforderungen werden bei der Arbeit gestellt?
   – Welche Belastungen fallen an?
   – Welche Kontakte bestehen während der Arbeit mit den Mitarbeitern?
   – ...

2. *Gespräch mit oder Befragung von Arbeitnehmern in der Erkundung, zum Beispiel:*
   – Wie beschreiben die Arbeitnehmer ihren Arbeitsplatz?
   – Welche Anforderungen werden an sie gestellt?
   – Was können sie bei der Arbeit leisten?
   – Was machen sie gerne? Was gefällt am meisten dabei (Entfaltungsmöglichkeiten?)

- Was ist weniger interessant? Was sollte geändert werden (Belastungen)?
- Was müßte geschehen, um etwas zu ändern? Wer könnte/sollte dies tun?
- Wer hat das Sagen am Arbeitsplatz und im Betrieb?
- ...

2. Vatiante: Betriebserkundung

Thematische Orientierung:
Erkundung der politischen Verfassung der Arbeitsbeziehungen

Erkundungsgegenstand:
Die Beteiligung der Arbeitnehmer an Entscheidungen im Betrieb im Rahmen des Betriebsverfassungsgesetzes — die Praxis der Interessenvertretung der Arbeitnehmer im Betrieb

Erkundungsmethode:
1. *Erkundung durch Medien*
   Einsatz eines Films zur Formulierung der problemorientierten Fragestellung der Erkundung und zur Erarbeitung eines Interviewkatalogs, z. B. „Ich bin ein Jugendvertreter" (FWU 323060, vgl. auch Medienverzeichnis S. 82).

2. *Erkundungen im Betrieb*
   Gesprächspartner: Betriebsleitung und Betriebsrat
   - Begrüßung und erste Informationen über den Betrieb
   - Erkundung ausgewählter Arbeitssituationen (in Gruppen), die für die betriebliche Interessenvertretung relevant sind, etwa zu den Aspekten:
     - betrieblicher Arbeitsschutz (Lärmbelästigungen, Raumtemperaturen, Unfallschutz. . .)
     - Einrichtungen der betrieblichen Sozialleistungen (Kantine, Erholungsräume. . .)
     - Erholungszeiten bei Akkordarbeit
     - Einführung und Anwendung neuer Techniken und Arbeitsmethoden
     - Leistungsmessung und Leistungskontrolle
   - Besprechung zur Auswertung der Erkundungsergebnisse mit Vertretern des Betriebsrates und der Betriebsleitung

3. Variante: Strukturerkundung

Thematische Orientierung:
Erkundung der Struktur der Arbeitsplätze in der eigenen Gemeinde bzw. Region — Arbeit als Erwerbsarbeit zur Existenzsicherung

Erkundungsgegenstand:
Das Angebot an Arbeitsplätzen, die qualitative und quantitative Struktur des lokalen oder regionalen Arbeitsmarkts

Erkundungsmethode:
1. *Ermittlung der lokalen bzw. regionalen Struktur der Wirtschaft*
   Sektorale Verteilung der Arbeitsplätze
   Quelle: regionales Arbeitsamt, Arbeitsmarktstatistik

2. *Expertengespräche und schriftliche Befragungen*
   Erhebung des Ist-Zustandes und möglicher Entwicklungen:
   — Arbeitsamt: Abteilung für Arbeitsmarktstatistik,
   — Kreisbehörde, z. B. Amt für regionale Entwicklungsplanung,
   — Rathaus: Bürgermeister bzw. Referent/Dezernent für Wirtschafts- und Gewerbeförderung, Vertreter der Fraktionen im Gemeinderat,
   — Organisation der Wirtschaft „vor Ort", z. B. Vorsitzende von Gewerbevereinen, Handelsverbänden, Arbeitgeber- und Unternehmerorganisationen, Gewerkschaftsvertreter,
   — Industrie- und Handelskammer, Handwerkskammern.

3. *Umfragen*
   unter Arbeitnehmern bzw. in der Bevölkerung zum Arbeitsmarkt und zur Wirtschafts- und Gewerbepolitik der Gemeinde bzw. Region: Was soll, was kann die Gemeinde bzw. die Region tun?

4. *Gespräch*
   mit Umweltpolitikern über mögliche Auswirkungen der Gewerbeentwicklung auf die Umwelt in der Gemeinde bzw. Region.

Vorschläge für eine Handbibliothek

Bücher

Wilhelm Adamy/Johannes Steffen: Handbuch der Arbeitsbeziehungen. In: Schriftenreihe der Bundeszentrale für politische Bildung (Nr. 215). Bonn 1985.

Lothar Beinke (Hrsg.): Betriebserkundungen. Bad Heilbrunn: Julius Klinkhardt Verlag 1980.

Jürgen Feldhoff u.a.: Projekt Betriebspraktikum. Düsseldorf: Schwann Verlag 1985 (mit 5 Schülerheften zu verschiedenen Beschäftigungsbereichen).

Bodo Steinmann: Erkundungen ökonomischer Realität. Essen: Girardet Verlag 1982.

Fritz Vilmar/Leo Kißler: Arbeitswelt: Grundriß einer kritischen Soziologie der Arbeit. Opladen: Leske Verlag 1982.
Birgit Volmerg u.a.: Betriebliche Lebenswelt. Opladen: Westdeutscher Verlag 1986.

Zeitschriften

arbeiten und lernen 10 (1988) H. 57: Regionaler Wirtschaftsraum (Friedrich Velber Verlag).
Zeitschrift für Sozialisationsforschung und Erziehungssoziologie 7 (1987) H. 4: Lernen am Arbeitsplatz.

Medien

Neben den Katalogen der Landes- und Kreisbildstellen sind besonders folgende Verzeichnisse hilfreich:
Wirtschafts- und Sozialwissenschaftliches Institut des DGB: Mediendokumentation Arbeit – Gesundheit – Humanisierung. Düsseldorf 1986.
Dass.: Dokumentation Bildungsmaterialien Arbeit – Technik – Humanisierung. Düsseldorf 1987.

Anmerkungen

1) Auf diesen Sachverhalt weist auch die neuerliche Auseinandersetzung über den Bildungsbegriff und die Rolle der sozio-ökonomischen und technischen Bildung hin. Vgl. dazu Hans-Jürgen Albers: Allgemeine sozio-ökonomische Bildung. Zur Begründung ökonomischer und technischer Elemente in den Curricula allgemeinbildenden Unterrichts. Köln: Bühlau Verlag 1987. – Vgl. auch die Stellungnahme der Bundesvereinigung der Deutschen Arbeitgeberverbände: Schule der Zukunft. Köln 1987. – Einen hervorragenden internationalen Überblick über unterschiedliche Konzepte einer arbeitswelt- und arbeitsorientierten Bildung ermöglicht der von der UNESCO organisierte Band von Zaghloul Mossy (ed.): Learning and Working. Paris: UNESCO 1986.

2) Horst Rumpf: Werkstatteindrücke – Das habe ich erlebt. In: Peter Fauser u.a. (Hrsg.): Lernen mit Kopf und Hand. Berichte und Anstöße zum praktischen Lernen in der Schule, Weinheim: Beltz Verlag 1983, S. 21. – Eine interessante Möglichkeit der „spielerischen Realitätserkundung" gelang in den Sommerferien 1988 in München. Das Stadtjugendamt und die Münchener Pädagogische Aktion organisierten im Olympiapark die „Stadt der Kinder", mit Kindern als Akteuren in der Selbstverwaltung, in kleinen Produktions- und Dienstleistungsbetrieben, mit realen Produkten und Leistungen, als Redakteure bei der Stadtzeitung oder im TV-Studio. . . Vgl. hierzu den Bericht von Horst Rumpf: Ernstes Spiel. In: Süddeutsche Zeitung Nr. 186, 13.–15.8.1988.

3) Peter Fauser u.a. (Hrsg.), a.a.O., S. 129 f.

4) Michael Dorn/Herbert Knepper: Wider das allmähliche Entgleiten der Schüler und der Wirklichkeit. Gegenwartskunde H. 2/1987. S. 149–158. – Den geringen Stellenwert, den Erkundungen in der politischen Bildung einnehmen, betont auch Franz Josef E. Becker: „Weder werden gesellschaftliche Institutionen erkundet noch, was schwieriger ist, gesellschaftlich-politische Beziehungen." Ders.: Erkundung und Befragung als Methode der politischen Bildung. In: Erfahrungsorientierte Methoden der politischen Bildung. Schriftenreihe der Bundeszentrale für politische Bildung (Bd. 258). Bonn 1977, S. 102 f.

5) Heinz Klippert: Wirtschaft und Politik erleben. Planspiele für Schule und Lehrerbildung. Weinheim: Beltz Verlag 1984.

6) Diese Einteilung findet sich in dieser oder in modifizierter Form etwa bei Gerhard Kolb: Kompendium Didaktik Arbeit-Wirtschaft-Technik. München: Ehrenwirth-Verlag 1983. S. 103 ff.; Lothar Beinke (Hrsg.): Betriebserkundungen. Bad Heilbrunn: J. Klinkhardt Verlag 1980. S. 159 ff.; Gerd Poeschke/Willi Voelmy: Die Betriebserkundung. Bad Harzburg: wwt-Verlag 1974; Bodo Steinmann: Erkundungen ökonomischer Realität. Essen: Girardet Verlag 1982.

7) Fritz Vilmar/Leo Kißler: Arbeitswelt: Grundriß einer kritischen Soziologie der Arbeit. Opladen: Leske Verlag 1982. S. 18.

8) Fritz Vilmar/Leo Kißler, a.a.O., S. 19.

9) Eine hervorragende, auch empirisch fundierte Arbeit zu diesem Thema leisten Birgit Volmerg/Eva Senghaas-Knobloch/Thomas Leithäuser: Betriebliche Lebenswelt. Eine Sozialpsychologie industrieller Arbeitsverhältnisse. Opladen: Westdeutscher Verlag 1986.

10) Fritz Vilmar/Leo Kißler, a.a.O., S. 21. – Vgl. dazu auch das Schwerpunktthema „Sozialisation durch Arbeit". Zeitschrift für Sozialisationsforschung und Erziehungssoziologie Jg. 3, H. 1/1983.

11) Jürgen Feldhoff u.a.: Projekt Betriebspraktikum. Düsseldorf: Schwann Verlag 1985. S. 53.

12) Diese Perspektive drücken auch die „Richtlinien für den Politikunterricht" des Landes Nordrhein-Westfalen (3. Aufl. 1987) aus: „Die politische Bedeutung der Arbeit läßt sich vornehmlich in einem dreifachen Spannungsverhältnis erfassen. Das erste besteht in der materiellen Sicherung individueller und gesamtgesellschaftlicher Existenz; ein zweites in dem Anspruch auf Selbstverwirklichung und deren Gefährdung durch Entfremdung in der Arbeit. Das dritte umfaßt das Verhältnis zwischen den durch Effizienzdenken bestimmten hierarchischen Organisationsstrukturen und der Möglichkeit der Beteiligung an Entscheidungsprozessen im politischen, sozialen und wirtschaftlichen Bereich" (S. 33).

13) Lothar Beinke/Uwe Wascher: Erkundungen im sozialen Bereich. In: Lothar Beinke (Hrsg.), a.a.O., S. 118 ff.; vgl. auch Franz Josef E. Becker, a.a.O., S. 119 ff.

14) Jürgen Feldhoff u.a., a.a.O., S. 109 ff.

Jürgen Beck

Erkundungen vor Ort: Bundeswehrkaserne und Zivildienstschule/Zivildienstarbeitsplätze

In den Lehrplänen aller Bundesländer und aller Schularten ist in den Abschlußklassen bzw. Oberstufenklassen die Behandlung des Themenbereiches „Friedenssicherung und Bundeswehr" vorgesehen. Je nach Schulart unterschiedlich häufig wird dabei auch von den Möglichkeiten Gebrauch gemacht, einen Jugendoffizier als „Experten im Unterricht" einzubeziehen, oder/und mit der Klasse einen Bundeswehrstandort aufzusuchen. Wesentlich weniger häufig werden im Rahmen der schulischen Beschäftigung mit der Thematik Einrichtungen aufgesucht, die Zivildienstleistende beschäftigen oder gar in den Zivildienst einführen, wie dies an den insgesamt 15 Zivildienstschulen in der Bundesrepublik der Fall ist.

Sofern von den gegebenen Möglichkeiten Gebrauch gemacht wird, steht die *Besichtigung* an außerschulischen Lernorten im Vordergrund.

Bei diesem methodischen Verfahren wird die *Selbstdarstellung der* zu besichtigenden *Institution* in der Regel zur Hauptsache.

Das Modell der *Erkundung,* das hier vorgestellt werden soll, ist *schülerorientiert* und stellt deshalb in Planung, Durchführung und Auswertung spezielle Anforderungen an Lehrer und Schüler.

Friedenssicherung als Gegenstand politischer Bildung

Inhaltliche Überfrachtung einerseits und knappe Stundenzahl andererseits begünstigen die Gefahr der „Lebensferne" im Bereich der politischen Bildung. Gleichzeitig besteht zu der Art und Weise der Behandlung bestimmter Themen — besonders in den Fragen „Friedenserziehung und Verteidigungspolitik" — ein Dissens nicht nur unter den Mitgliedern der Kultusministerkonferenz, dessen Auswirkungen sich in Formen der Verunsicherung, der zögerlichen Behandlung oder Ausklammerung bis in die Klassenzimmer zurückverfolgen lassen. Darauf angesprochen, vertreten nicht wenige Politiklehrer die Meinung, hier seien die Schüler „für" beziehungsweise „gegen" etwas einzustimmen und/oder persönliche Stellungnahmen gefordert.

Die Themen „Bundeswehr" und „Zivildienst" und die damit möglichen Erkundungen „vor Ort" stellen einen geradezu *klassischen Einstieg* in die Politik dar: Über die Wehrpflicht/Kriegsdienstverweigerung aus Gewissensgründen sehen sich die Schüler erstmals mit „dem Staat" konfrontiert – „in die Pflicht genommen" –, wobei die Gruppe der Mädchen ebenfalls mittelbar (Freund, Bruder) mitbetroffen ist.

Die stärkere Einbeziehung außerschulischer Lernorte in die Bildungsbemühungen der Schule soll dazu führen, daß unterrichtlich aufbereitete Felder der Politik an den Originalschauplätzen bewußt erkundet, erlebt und erfühlt, mit den vorhandenen Kenntnissen verglichen und überprüft und somit auch korrigiert und relativiert werden können.

Gleichzeitig motivieren außerschulische Lernorte für den vorbereitenden Unterricht und geben Impulse für weitere Lernangebote. Bereits vorhandenes Wissen wird durch persönliche Anschauung konkretisiert. Sie ist häufig sogar Anstoß für eine vertiefte Sichtweise in Zusammenhänge, wo es bislang nur ein unverbundenes Teilwissen gab.

Die Bundeswehr als „Lernort" für Schüler

Es seien beispielhaft drei Aspekte aufgezeigt, unter denen die Bundeswehr unterrichtlich angegangen und als „Lernort" erkundet werden kann.

1. Aspekt: Die Bundeswehr ist eine *staatliche Einrichtung,* grundgesetzlich verankert und durch weitere Gesetze an ihren Auftrag gebunden, Frieden zu sichern und Freiheit zu bewahren. Die Bundeswehr unterliegt staatlicher (politischer) Kontrolle. Im parlamentarisch-demokratischen System ist sie eine Einrichtung der ausführenden Gewalt (Exekutivorgan) von herausragender Bedeutung.

2. Aspekt: Die Bundesrepublik Deutschland ist *Mitglied des Atlantischen Bündnisses,* das Ausfluß sowohl nationalen wie internationalen Sicherheitsinteresses ist und auf die unterschiedlichen politischen, wirtschaftlichen und weltanschaulichen Konzepte der Machtblöcke hinweist.

3. Aspekt: Der *Auftrag der Bundeswehr* leitet sich von beiden Aspekten ab und wird am konkreten Standort einer Einheit („vor Ort") umgesetzt. Er läßt sich am Beispiel der Einplanung und Verwendung des Wehrpflichtigen/Berufssoldaten verdeutlichen. Das schließt die Ausstattung mit speziellem Gerät ein (1).

Die Zivildienstschule/die Beschäftigungsstelle als „Lernort" für Schüler

Die nicht mit der Bundeswehr vergleichbaren Aufgaben und Strukturen des Zivildienstes lassen hier andere Aspekte in den Vordergrund treten.

1. Aspekt: Der anerkannte Kriegsdienstverweigerer unterliegt — wie der Wehrpflichtige dem Wehrpflichtgesetz — dem Zivildienstgesetz, in welches er neben anderem im Rahmen eines *Einführungsdienstes* an einer Zivildienstschule eingeführt wird (2). Diese Einführungslehrgänge („Grundausbildung" Anm. d. Verf.) können auch von Verbänden und Beschäftigungsstellen durchgeführt werden.

2. Aspekt: Die praktische Arbeit anerkannter Kriegsdienstverweigerer „vor Ort" vollzieht sich in Einrichtungen, die dem Allgemeinwohl dienen, vorrangig im sozialen Bereich (3).

Das Interesse von „außen" läßt die verschiedenen Einrichtungen zu einem Lernort für Schüler werden. Daß diese Einrichtungen für die dort Tätigen selbst wieder Lernorte sind, kann eine weitere Erkenntnis für die erkundenden Schüler bedeuten.

Zur gegenwärtigen Praxis der Truppenbesuche/ Zivildienststellenbesuche von Schülergruppen

Nach unserer Kenntnis und Einschätzung kann davon ausgegangen werden, daß das Angebot der Bundeswehr bezüglich Truppenbesuch *nicht* mehrheitlich von den Schulen angenommen wird. Insbesondere zwischen den einzelnen Schularten dürften dabei erhebliche Schwankungen auftreten. Dies gilt in noch erheblicherem Umfang für den Bereich des Zivildienstes!

Die Praxis gegenwärtiger Klassenbesuche bei der Bundeswehr und — sofern überhaupt vorkommend — im Bereich des Zivildienstes läßt sich noch am ehesten mit dem Begriff der „Übersichtsexkursion" oder „Betriebsbesichtigung" beschreiben, eine Methode, die sicherlich für informierte Erwachsene oder Oberstufenschüler des Gymnasiums mit entsprechender Aufnahmefähigkeit geeignet sein kann. Die Besucher werden über verschiedene Stationen durch den „Betrieb" geführt. Sie erhalten eine Fülle von Informationen, die beim „Abschlußgespräch" ggf. vertieft werden.

Häufig zu beobachtendes Resultat: Die Besucher werden förmlich mit Informationen „erschlagen" und können ihre Eindrücke während des Abschlußgesprächs nur schwer artikulieren oder in Fragen kleiden. Ihre eigenen Anliegen bleiben so häufig unerledigt und führen zu Unmut und einer Minderbewertung des ganzen Besuchs. Letzteres gilt besonders für Schüler der Sekundarstufe I.

Eine zweite — inzwischen schon häufiger genutzte — Möglichkeit ist die einer Art mehrtägigen „Betriebspraktikums" bei der Bundeswehr, das dem Schüler über einen längeren Zeitraum hinweg Einblicke in den Alltag und die Aufgaben des Soldaten vermitteln soll (4). Für den Bereich des Zivildienstes besteht keine vergleichbare Regelung!

Bei dieser Möglichkeit scheinen jedoch vier wesentliche Gesichtspunkte unberücksichtigt zu sein:

1. Die Gruppe der Mädchen ist de facto ausgeschlossen (4). Es findet eine massive Benachteiligung hinsichtlich Gleichbehandlung, Information und Meinungsbildung statt.

2. Der Beruf des Soldaten ist mit *keinem* Zivilberuf vergleichbar, da ein spezifischer (soldatischer) Auftrag hinzukommt, der auch im Rahmen eines Praktikums nicht vermittelbar ist. Die Gefahr vordergründiger Eindrücke scheint erheblich, besonders wenn man das Alter der Schüler in Rechnung stellt.

3. Es besteht die große Gefahr, die Bundeswehr nur unter dem berufskundlichen Aspekt zu betrachten. Grundlegende sicherheitspolitische Überlegungen werden dabei nur ungenügend oder überhaupt nicht beachtet. Gerade dies sind aber zentrale Überlegungen in Unterricht und Truppenbesuch.

4. Da die Möglichkeit eines Praktikums an einer Zivildienstschule nicht gegeben ist, führt dies zu einer Verengung. Außerdem muß die Praktikabilität im Schulalltag berücksichtigt werden: Während das Betriebspraktikum die Schüler mit ganz unterschiedlichen Berufen zusammenbringt, stellt sich die Beschäftigung mit der Thematik für *alle* Schüler als verbindlich dar.

Für Schüler der Sekundarstufe I, aber auch der Sekundarstufe II scheint die „Arbeitsexkursion" oder „Erkundung" die besten Aussichten auf Erfolg zu besitzen.

Das Modell einer „Erkundung"

Eigenaktivitäten der Schüler stehen bei dieser Vorgehensweise im Vordergrund, wobei die Schülerfragen im besten Wortsinne „echte" sind. Die Möglichkeiten, schon in der Phase der Vorbereitung eigene Aktivitäten zu entwickeln und diese dann auch anzuwenden, erhöhen zweifelsfrei die Attraktivität von Erkundungen gegenüber dem eher lehrerzentrierten Unterricht sonstiger Schulstunden. Die Aufwertung der Schülermitarbeit und der Gestaltungsbeteiligung am Unterricht vermag sowohl das Selbstwertgefühl zu stärken als auch das Interesse an Sachinformation zu erhöhen. Zudem ermöglicht die „Erkundung" die Anwendung von im Rahmen des übrigen Unterrichts erworbenen Arbeitstechniken wie beispielsweise Frageformulierung und -stellung, Interview, Protokoll und Dokumentation. Dazu wird auch Sachwissen anderer Fächer eingebracht. Insofern strahlt der Ertrag einer Erkundung immer auf mehrere Fächer zurück.

Die bewußte Verwendung des Begriffs „Erkundung" weist also auf die *aktive Rolle* des Schülers hin: er hat die Fragen, er will sehen und hören, er will Antwort.

Der Schüler sucht deswegen die „Originalschauplätze" und die „Betroffenen" auf, um sich selbst „betroffen" zu machen.

Während die Planung *des Unterrichts* sich an den gültigen Lehrplänen orientiert, muß die unterrichtliche Vorbereitung und Durchführung der Erkundungen wegen der nicht zu vergleichenden Strukturen getrennt erfolgen. Sie wird auch hier getrennt dargestellt, wobei die Reihenfolge — je nach Terminen — austauschbar ist.

Unterrichtliche Vorbereitung des Truppenbesuchs

Phase A:
Vorbesprechung und Zeitplanung der Unterrichtseinheit, Unterricht gemäß Lehrplan ggf. unter Einbeziehung des Jugendoffiziers/Vertreters einer Zivildienststelle — kirchlichen Beistands (falls beide: zeitlich getrennt, keine Podiumsveranstaltung!)

Phase B:
- Information über Erkundungsmöglichkeiten bei der Bundeswehr, Bekanntgabe von Standort und ggf. Einheit
- Erkundungswünsche der Schüler, Fragen
- Zusammenstellen der Erkundungswünsche nach den vorliegenden Fragen
- Bildung von Erkundungsgruppen nach übereinstimmenden Fragen; ggf. Überarbeitung der Fragen in den jeweiligen Erkundungsgruppen

– *Rechtzeitige* Information der einladenden Einheit über Anzahl der Erkundungsgruppen und Vorlage der Fragen (zum Zwecke der Vorbereitung für die Gastgeber!)

Exkurs: Die Erkundungswünsche der Schüler

Während eines Beobachtungszeitraumes von nahezu zwei Jahren konnten für Schüler der Abschlußklassen von Haupt- und Realschulen die folgenden übereinstimmenden Erkundungswünsche/Fragen festgehalten werden:

1. Grundausbildung
2. Vollausbildung
3. Zusammenleben in der Kaserne
4. Freizeitgestaltung
5. Versorgung, Verpflegung, Besoldung
6. Sonstiges (Waffentechnik, Laufbahnen...)

Es zeigte sich außerdem, daß bestimmte Bereiche das Interesse fast aller Schüler fanden, besonders die Bereiche „Zusammenleben in der Kaserne", „Unterkünfte" und „Freizeitgestaltung".

Erkundung einer Bundeswehrkaserne

Phase C:
Nach kurzer Begrüßung, Einführung und Programmbekanntgabe werden die Erkundungsgruppen zusammen mit ihren Begleitern (Soldaten der gastgebenden Einheit) zur ersten Station entlassen.
Die Erkundung I (Dauer ca. 60 Minuten) umfaßt den *Bereich der überschneidenden Interessen* der Schüler.
Alle Schüler sehen die gleichen Stationen zeitverschoben. Dies können sein: Mannschaftsunterkunft (Stube), Aufenthaltsraum, Sanitäre Anlagen, Schutzraum, Kp-Geschäftszimmer. Anschließend sollte eine kurze Aussprache – Plenum I – erfolgen.
Die Erkundung II erfolgt nach den *speziellen Interessen* der Schüler.
Für den Bereich *„Grundausbildung"* können beispielsweise folgende Stationen angelaufen werden: Formalausbildung, Ausbildung an der Handfeuerwaffe, Sportausbildung, Unterricht.
Bereich *„Zusammenleben/Freizeit":* Freizeitbüro, Soldatenheim, Stube, Kasernenkommandant, Sportstätten.
Bereich *„Vollausbildung":* Fernmeldeübung, Simulator, Fahrschule, Arbeitsplätze (Stab/Inst./Vers.).
Bereich *„Versorgung, Verpflegung, Besoldung":* Abteilung Personalführung (S1), Kantine/Küche/Lagerräume, Krankenrevier, Kleiderkammer, Rechnungsführer.

19. 4. 89

Für diese Erkundungen (Beispiele) werden etwa 120 Minuten veranschlagt. Dabei werden manche Gruppen (je 4–5 Schüler) doppelt geführt, sofern eine größere Schülerzahl gleiche Erkundungswünsche hat.

Anschließend berichten alle Gruppen im Plenum (II) und informieren sich so gegenseitig.

Die beiden Erkundungsstunden sollten etwa 15–20 Minuten Zeit für die Ausarbeitung des Gruppenberichts einschließen. Je nach Gruppenzahl kann ein weiteres Plenum (III) für die Gruppenberichte und Anschlußfragen 30–45 Minuten in Anspruch nehmen.

Eine Pause, z. B. für ein gemeinsames Mittagessen, wird individuell eingeplant. Der Zeitbedarf ohne Anfahrt und Rückfahrt beträgt etwa 4–5 Stunden. Kosten entstehen nicht.

Auswertung im Unterricht

Phase D:
— Nachbereitung der Erkundung: Abfassen von Gruppenberichten, Anregungen, Wünsche, Kritik
— Zusenden der Berichte an die gastgebende Einheit (feed-back)
— Ggf. Vorbereitung von Berichten in Tageszeitung oder Schulzeitung, Anschlagbrett der Schule, Elternabend.

Unterrichtliche Vorbereitung

Phase E:
— Fortsetzung der Unterrichtseinheit laut Lehrplan
— Information über Erkundungsmöglichkeit bei einer Zivildienstschule und/oder Beschäftigungsstelle (Termin, Ort)
— Sammeln von Schülerfragen zu den möglichen Erkundungsorten: Sachfragen an den Schulleiter/Dienststellenleiter (rechtliche Grundlagen, Art und Dauer des Einführungslehrgangs, Statistik, rechtliche Grundlagen der Kriegsdienstverweigerung, Anerkennungsverfahren)
— Fragen an Zivildienstleistende (Motive der Verweigerung, Zeitpunkt und Umstände der Verweigerung, Einsatzstelle, Reaktionen der Umgebung, Veränderung der Einstellung, Arbeitsfelder, Qualifizierung, berufliche Verwertbarkeit, . . .)
— Bildung von Frageteams, Überarbeitung von Fragekomplexen
— Rechtzeitige Information der Gastgeber über Schülerzahl und Vorlage der Fragen oder Fragenschwerpunkte (zur Vorbereitung und ggf. Aufteilung an Mitarbeiter).

Erkundung einer Zivildienstschule

Phase F:
- Kurze Einführung durch den Schulleiter über die Schule und den laufenden Einführungskurs
- Aufteilung der Schüler in Gruppen und Führung durch die Schule und Unterkünfte durch Zivildienstleistende (erste Gesprächskontakte, Abbau von Schwellenängsten)
- Plenum: Entweder Videofilm über den Verlauf eines Einführungskurses und anschließender Gesprächskreis mit Mitarbeitern der Schule und Zivildienstleistenden (Fragen und Antworten) oder Beantwortung der anstehenden Fragen im Plenum oder Kleingruppen (je nach Möglichkeiten und Struktur des lfd. Lehrgangs und der Schule). Dauer etwa 1¹/₂ Stunden (in der Regel ausreichend, bei Einsatz von Medien entsprechend länger).

Eine Teilnahme der Schüler an laufenden Lehrgangsveranstaltungen ist in der Regel nicht möglich und wäre für die Schüler auch wenig nützlich, da bei der unterschiedlichen Zusammensetzung der Einführungskurse sehr speziell auf die Bedürfnisse der Teilnehmer eingegangen wird, deren Problematik den Schülern nicht unmittelbar zu verdeutlichen sein dürfte.
Die Erkundung zu einer Zivildienstschule bietet sich immer dann an, wenn sie in *räumlicher Nähe der Schule* angesiedelt ist. Entstehende Fahrtkosten müssen selbst getragen werden!

Erkundung von Arbeitsplätzen von Zivildienstleistenden

Phase G:
- Kurze Einführung wie oben beschrieben
- Aufteilung der Schüler in Kleingruppen und Führung durch die Einrichtung zum Tätigkeitsbereich des begleitenden Zivildienstleistenden (sofern dies möglich)
- Vorstellung des Tätigkeitsbereichs und kurzes Verweilen zum Zwecke der Beobachtung
- Rückkehr zum Ausgangspunkt und Plenum mit vorbereiteten Fragen
- Aussprache.

Je nach Art der Dienststelle (Behinderteneinrichtung, Beschützende Werkstätte, Sonderschulkindergarten, Schulen) muß ein individuelles Erkundungsprogramm entwickelt werden.

Unterrichtliche Auswertung

Phase H:
Vergleiche Phase D.
Hier drängt sich ein Vergleich zwischen Bundeswehr und Zivildienst auf (Auftrag, Arbeitsbedingungen, Motive u.a.).

Versuch einer Bilanz

Die „Erkundung" aus der Sicht des Schülers

Die Möglichkeit der Information aus „erster Hand" wird sehr hoch bewertet und deutlich artikuliert. Neben Informationen spielen auch persönliches Sehen- und Anfassenkönnen eine wesentliche Rolle. „Totes" Faktenwissen wird durch die persönliche Anschauung anders gewichtet und ermöglicht ein Denken in größeren Zusammenhängen.
Dem Lehrer wird teilweise die Kompetenz abgesprochen, ganz aktuell und realistisch informieren zu können. Das gilt sowohl für den Bereich „Bundeswehr" als auch besonders für den Bereich „Zivildienst" und den jeweils damit zusammenhängenden Fragen und Entwicklungen. Häufig liegen bei den Lehrern zeitlich zu große Abstände zum eigenen Wehr-Zivildienst vor, oder die persönlichen Erfahrungen fehlen völlig. Die Schüler messen der Erkundung ein wesentliches Gewicht zur *persönlichen Entscheidungsfindung* bei. (Ob hier eine Langzeitwirkung eintritt, bliebe abzuwarten. Anm. d. Verf.) Die Schüler plädieren für Erkundungen auch in anderen Bereichen.
Ganz wichtig ist den Schülern dabei der Kontakt und das Gespräch mit „Betroffenen", die ihre Sprache sprechen und ihre Fragen positiv aufnehmen und sich um ehrliche Antworten bemühen.

Die „Erkundung" aus der Sicht des Lehrers

Der *Lernerfolg* muß als groß bezeichnet werden. Fehlende oder zeitlich überholte Vorstellungen können korrigiert werden. Viele Informationen sind neu. Dies gilt besonders für den Bereich „Bundeswehr", da hier – sofern überhaupt persönliche Erfahrungen aus eigener Dienstzeit vorliegen – große Veränderungen im Bereich der Waffentechnik, aber auch besonders im Bereich der Menschenführung feststellbar sind. Vergleichbare Erfahrungen zum Zivildienst liegen kaum vor, hier war das Informationsdefizit gravierend!

Die Gespräche wurden insgesamt offen, ehrlich und selbstbewußt geführt, Berührungsängste konnten nicht festgestellt werden. Der Eindruck ist insgesamt sehr positiv. Der zeitliche Aufwand läßt sich vom Ergebnis her jederzeit vertreten, zumal das Thema den übergeordneten Lernbereichen (Zum Katalog der Themen der politischen Bildung lt. einer KMK-Vereinbarung zählend. Anm. d. Verf.) zuzuordnen ist.

Die „Erkundung" aus der Sicht des Jugendoffiziers

Bei erstmaliger Durchführung ist eine bestimmte Planungsarbeit zu leisten (Information der entsprechenden Anlaufstellen, Bereitstellen der Gruppenbetreuer, Einplanung in Dienst- und Zeitplan). Der zeitliche Aufwand reduziert sich jedoch nach weiteren Durchgängen wesentlich, er minimalisiert sich während der Phase der Durchführung.

Der verantwortliche Einheitsführer/Jugendoffizier muß nur noch zur Begrüßung und Einführung und zu den beiden Plenumssitzungen anwesend sein und kann während der Erkundungsphase seine Dienstgeschäfte fortführen. Dies stellt einen großen Entlastungseffekt des neuen Modells gegenüber den hergebrachten „Betriebsbesichtigungen" dar.

Ein weiterer Vorteil besteht in der Orientierung auf die *Belange und Interessen der Schüler* hin; die Gefahr der „Informationsüberschwemmung" ist kaum bewegt. Je nach Vorbereitung durch den Lehrer muß dadurch die „Waffenschau" nicht im Mittelpunkt des Schülerinteresses stehen, sondern der soldatische Alltag, der Umgang mit Waffe und Gerät und die sich daraus ergebenden Probleme (5).

Nach Abschluß der Erkundung wirken die Schüler überwiegend gelockert und offen, sie machen einen zufriedenen Eindruck, ein Indiz dafür, daß die Schüler überwiegend *ihre Erwartungen* an den Besuch als erfüllt ansehen und die Erkundung *ihre Erkundung* war.

Die „Erkundung" aus der Sicht verschiedener Zivildienststellen

Die Erkundungsmöglichkeiten für Schüler sind je nach Art der Dienststelle unterschiedlich, so daß dem Gespräch zwischen Leitung, Zivildienstleistenden und Schülern große Bedeutung zukommt. Die Kenntnis der Schülerinteressen und -fragen ist zur Vorbereitung notwendig. Die Schülerfragen sollen nicht „abgeklappert" werden, sondern durch vorbereitete Frageteams vorgetragen und entsprechend dokumentiert werden (Kassettenrecorder, Videoaufnahmen). Da bislang recht wenig Erfahrungen mit Schülergruppen vorliegen, ist eine rechtzeitige Kontaktaufnahme durch den durchführenden Lehrer unabdingbar (Was auch für alle anderen Erkundungen gilt! Anm. d. Verf.). Hier sollte der Ort sein, wo der thematische Zusammenhang von Unterricht und Vorwissen und die Intentionen von Lehrer und Schülern erörtert werden.

Bei der Erkundung einer Zivildienstschule besteht bei rechtzeitiger Anmeldung und einem entsprechenden Kurs auch die Möglichkeit, daß sich eine Gruppe von Lehrgangsteilnehmern speziell auf die Klasse vorbereitet und sie — wie geschehen — in der Form der „Provokation" auf Vorurteile gegenüber Zivildienstleistenden aufmerksam macht und in eine Diskussion verwickelt.

Insgesamt gesehen freut man sich am Interesse und dem Vorwissen von „außen", da viele geleisteten Tätigkeiten in der Öffentlichkeit unbekannt sind.

Anmerkungen

1) Die drei Aspekte beziehen sich sowohl auf den unterrichtlichen Verlauf als auch auf die (zu untersuchende) Möglichkeit, Merkmale davon bei der Erkundung aufzuspüren. Zum ersten Aspekt wären beispielsweise zu nennen: Befehle und Weisungen für die Truppe auf Veranlassung des Bundesverteidigungsministers, Reaktionen des Wehrbeauftragten, Vertrauensleute u.ä. Zum zweiten Aspekt: Supranationale Stäbe in der besuchten Einheit, internationale Kooperation im Standort, Austauschoffiziere.

2) s. § 25a des Zivildienstgesetzes, s. Literaturhinweise.

3) s. § 1 des Zivildienstgesetzes.

4) Erlaß des Bundesministeriums der Verteidigung — Inspekteur des Heeres — vom 7.3.1986 (Fü H I3-Az01-55-09) „Betriebspraktika für Schüler". Dieser Erlaß schließt die Gruppe der Mädchen nicht aus. Die Praxis wird erst zeigen müssen, ob es de facto nicht doch weitestgehend ein Privileg für männliche Schüler sein wird, da Frauen in der Bundeswehr keinen Waffen-Dienst tun.

5) Die mit zahlreichen Schülergruppen aller Schularten über einen Zeitraum von 2 Jahren erzielten Erfahrungen mit dem „Erkundungsmodell" zeigen, daß das Interesse der Schüler an Waffentechnik signifikant zugunsten sozialer Fragestellungen rückläufig ist.

Literaturhinweise/Anschriften

Ackermann, P./Glashagen, W. (Hrsg.): Friedenserziehung als pädagogisches Problem in den beiden deutschen Staaten. Stuttgart 1982.

Beck, J.: Sicherheitspolitik in der Diskussion. In: Information für die Truppe. Bonn 1987. Heft 5, S. 19.

Bundesamt für den Zivildienst BAZ (Hrsg.): Daten und Fakten zur Entwicklung von Kriegsdienstverweigerung und Zivildienst. Köln 1986.

ders.-Referat Öffentlichkeitsarbeit −: Anschriften der Regionalbetreuer, Zivildienstgruppen, Zivildienstschulen. Stand: 1.02.1986. Köln 1986.
ders. (Hrsg.): Der Zivildienst Magazin für den Zivildienstleistenden; Sibille-Hartmann-Straße 2−6, 5000 Köln 51.
Bundesminister für Jugend, Familie, Frauen und Gesundheit (Hrsg.): Bekanntmachung der Neufassung des Zivildienstgesetzes vom 31. Juli 1986. (Über BAZ zu beziehen).
Flitner, A.: Friedenserziehung im Streit der Meinungen. Zeitschrift für Pädagogik. Heft 6/1986 (32. Jg.), S. 763.
Schreiner, G./Schweitzer, J. (Hrsg.): Friedensfähigkeit statt Friedlichkeit. Positionen zur Friedenserziehung. In: Die Deutsche Schule. Auswahlband. Frankfurt 1986.

Namen und Anschriften von Jugendoffizieren können bei jeder Bundeswehreinheit, den Kreiswehrersatzämtern oder dem zuständigen Bezirksverteidigungskommando erfragt werden.

Reinhard Gaßmann, Helmut Nagel

Landtag — Landeshauptstadt

Hinweise zur Vorbereitung einer Exkursion in die
Landeshauptstadt

Die Landeshauptstadt Stuttgart ist Sitz des Landtags, der Landesregierung und anderer zentraler Einrichtungen des Landes, die oft schon an
ihren Namen als solche erkenntlich sind. Beispielsweise Landeskredit-
bank, Staatsgalerie, Staatstheater, Hauptstaatsarchiv. Sie ist aber auch
eine Großstadt mit weiteren Angeboten, die die Erkundungsmöglichkeiten noch wesentlich erweitern und deswegen in diese Überlegungen einbezogen werden sollen. Da Stuttgart bereits in früheren Jahrhunderten
Hauptstadt war, lassen sich die meisten Ziele auch unter historischen
Fragestellungen betrachten und gegebenenfalls mit ihrer aktuellen Ausgestaltung vergleichen. Vergleiche bieten sich aber auch an zwischen dem
Heimatort, der möglicherweise als Nahbereich schon erkundet wurde,
und der Haupt- beziehungsweise Großstadt. Dadurch ist es vielleicht auch
möglich, Beziehungen über den Wohnort hinaus zur Landes- und Bundeshauptstadt oder gar zu Brüssel zu entwickeln, was angesichts der überregionalen, ja weltweiten Verflechtung sicherlich wünschenswert ist und
zugleich eine notwendige Erweiterung des Heimatbewußtseins als „Nah-
raumbewußtsein" bedeutet.
Angesichts der enormen Zahl von Schulklassen, die alljährlich den Landtag besuchen, erscheint es zunächst nicht erforderlich, sich dazu weiter
auszulassen. Betrachtet man diese Besuche aber etwas genauer, gelangt
man zu der Feststellung, daß nicht selten die Einordnung in ein didaktisches Konzept fehlt und dadurch die möglichen Lernziele verfehlt werden. Abhilfe könnte nicht nur die Intensivierung des Landtagsbesuchs
selbst bringen, sondern unter erweiterter, möglichst fächerübergreifender
Fragestellung die Exkursion in die Landeshauptstadt.
Letzteres brächte einige Vorteile für Schüler und Lehrer mit sich. Den
Klassen könnte die Möglichkeit der Mitbestimmung bei der Auswahl der
Ziele und der anzuwendenden Verfahren vorgeschlagen werden, was möglicherweise zur Steigerung des Interesses beitrüge. Die Lehrer könnten untereinander kooperieren und die schulischen Fächerschranken überwinden, ja vielleicht sogar kleinere oder größere Projekte anvisieren. In diesem Fall sollte der Vergleich mit dem Heimatort oder der nächstgelege-
nen größeren Stadt einbezogen werden, wo zumindest manche der großstädtischen Einrichtungen ebenfalls zu finden sind.

Wenn die Schülerinnen und Schüler in der Lage sein sollen, aus der Fülle der Möglichkeiten ihr „Erkundungsprogramm" zusammenzustellen, muß ihnen zuerst unter der Fragestellung „Was macht eine Hauptstadt aus?" ein Überblick über die zur Wahl stehenden Ziele und Arbeitsmöglichkeiten verschafft werden. Die Doppelseite 100/101 zeigt Vorschläge tabellarisch auf. Daraus ergeben sich Einsatzmöglichkeiten für nahezu alle Schulfächer. Zuvor sollten der oder die Lehrer ihre eigenen Überlegungen angestellt haben über den Umfang und Stellenwert der (fächerübergreifenden) Exkursion und die zur Verfügung zu stellende Unterrichtszeit und beruhend darauf eine erste Eingrenzung vornehmen. Verschiedene kleinere Unternehmungen können so wertvoll sein wie eine umfangreiche.

Ein brain-storming zu der oben angeschnittenen Frage kann den Erfahrungshorizont der Schüler herausfinden. Informationsmaterialien und Medien, die vorab bei der Stadt Stuttgart zu besorgen wären, weisen auf weitere Gelegenheiten hin, verschaffen erste Eindrücke und ermöglichen bereits gezielte Fragestellungen. Die Entscheidungsfindung kann entweder durch Abstimmung, Konsensbildung oder in einem „Entscheidungsspiel" erfolgen und sollte ihrerseits Gegenstand der Reflexion sein. Beim Spiel werden in Anlehnung an das parlamentarische Verfahren „Fraktionen" gebildet, die die zur Wahl stehenden Ziele vorzuberaten und dann im „Plenum" (Klasse) zu vertreten haben. In diesem Fall müßte, um in der Analogie zu bleiben, abgestimmt werden. Aber die Möglichkeit „interfraktioneller" Absprachen könnte durchaus auch zur Konsensbildung führen. Entsprechend könnte bei den in der Tabelle vorgeschlagenen Debatten verfahren werden. Vor allem, wenn ein Landtagsbesuch mit der Exkursion verbunden ist, ist dieses Verfahren zu empfehlen.

Als wichtigste Möglichkeit des Besuchs in der Landeshauptstadt darf sicherlich die persönliche Begegnung und das Gespräch mit den Handelnden der Politik aufgeführt werden. Trotz mancher Nachteile ist sie an einem Plenartag im Landtag am interessantesten.

Aber nicht nur dazu gehört eine gezielte Vorbereitung, für die eine Fülle von Informationsmaterialien zur Verfügung steht. Mit diesen Vorkenntnissen können weitere Arbeitsweisen ins Auge gefaßt werden. Zuallererst muß die Fähigkeit erworben werden, sich mit Hilfe von Plänen, sei es ein Stadtplan oder ein Fahrplan, zu orientieren beziehungsweise Pläne überhaupt lesen zu können. Umfragen, Befragungen, Erhebungen sind an gut besuchten Stellen leicht durchzuführen und bringen den Schülerinnen und Schülern sozialwissenschaftliche Methoden nahe. Vor solchen Unternehmungen steht natürlich die Mühe, sich selbst Klarheit zu verschaffen, damit man überhaupt in der Lage ist, die geeigneten Fragen zu stellen. Die Arbeitsergebnisse sollten festgehalten und nach Möglichkeit bekanntgemacht werden — als Schülerzeitung, als Ton- oder Videoreportage, je nach den Voraussetzungen.

Kommentare, Karikaturen verschaffen Gelegenheit zur stilgerechten Bewertung und gestalten die Publikation attraktiver (1). (Die Broschüre „Tips für die Teilnahme" der Landeszentrale für politische Bildung Baden-Württemberg gibt einige Anregungen dazu.)

Exkursionsziele in der Landeshauptstadt

Die Auflistung von Exkursionszielen (s. S. 100/101) und leicht zugänglichem Informationsmaterial kann nicht mehr als eine Anregung darstellen. Nicht nur aus Platzgründen, sondern auch wegen der politischen Bedeutung wurde lediglich dem „Landtagsbesuch" eine umfangreichere Darstellung gewidmet.

Der Bezug zu den Schulfächern ist leicht herstellbar, Kooperation zwischen verschiedenen Fächern liegt nahe. Es gibt nicht nur die Auswahlmöglichkeit unter den Zielen, sondern auch in bezug auf die Durchführung, vom spezifischen Einzelbesuch zum Zweck der Veranschaulichung bis zu fächerübergreifenden umfangreichen Projekten. Auch wenn die Beispiele auf Baden-Württemberg begrenzt sind, die Übertragbarkeit auf andere Bundesländer darf unterstellt werden, wenn man sich der Mühe unterzieht, die entsprechenden Adressen ausfindig zu machen.

Exkursionsziel „Landtag"

Vorbemerkungen

Etwa 30 000 Schüler und Jugendliche nutzen jährlich das Angebot, den baden-württembergischen Landtag zu besuchen.

Da jedoch eher die sogenannten „Output-Probleme", also die Effekte der Politik, bei Jugendlichen vor den „Input-Problemen", der Teilnahme am Meinungsbildungs- und Entscheidungsprozeß, rangieren und zudem bei Jugendlichen auch ein gewisses Mißtrauen gegenüber politischen Institutionen sowie deren Trägern besteht, muß die didaktische Herausforderung bei einer Exkursion zum Landesparlament sehr ernst genommen werden, will man nicht Enttäuschungen erleben. Erfahrungen mit Schülern bei Landtagsbesuchen zeigen, daß die Motivation zur politischen Anteilnahme erhöht werden kann, wenn man die persönliche Betroffenheit bei politischen Entscheidungen beispielhaft vor Augen führt und versucht, Politik an bekannten Personen „festzumachen". Konkrete

Anregungen zu politischem Handeln sind mögliche und wünschenswerte Folgen. Ein informatives Bild des Abgeordneten und seiner Tätigkeit im Parlament in seiner Ganzheit muß gezeichnet werden, um irrationalen Betrachtungsweisen, vorurteilsgeladenen Bildern sowie den daraus gezogenen falschen Schlüssen entgegenzutreten.

Intentionen

Ausgehend von einem der Hauptziele beim Besuch des Landtags: durch die direkte Vermittlung vor Ort ein möglichst realistisches Bild über die Institution und ihre Träger zu erhalten und dabei ein durch die Medien und damit aus zweiter Hand entstandenes Bild zurechtgerückt zu bekommen, muß das Prozeßhafte, die Dynamik des institutionellen Tuns, in den Vordergrund der Erkundung gerückt werden.

Es muß bei einem Besuch des Landtags vor allem darum gehen, eine Schwellenangst vor dem „Hohen Haus" abzubauen sowie darum, eine abstrakte Institution wie das Landesparlament konkret „erfahrbar" zu machen. Der Besucher soll zur Auseinandersetzung, zur Hinterfragung und zur Kritik mit dem Lerngegenstand „Landtag" herausgefordert werden.

Beim Besuch des Landtags gilt es, die in der unverzichtbaren Vorbereitung gewonnenen Informationen und Einsichten vor Ort zu überprüfen. Die direkte Vermittlung am „Ort des Geschehens" selbst soll eine ausgewogene Information über das parlamentarische System ermöglichen und die Motivation zu politischer Anteilnahme insgesamt erhöhen. Entscheidend ist, daß zunächst keine falschen Erwartungen geweckt werden, denn: der Erwartungshorizont der Besucher ist — wie auch die jeweilige Vorbereitung auf einen Besuch — höchst unterschiedlich. D. h., ein Blick auf das Parlament in seiner Ganzheit ist notwendig, da ein Besuch — im Rahmen welchen Programms auch immer — stets nur einen kleinen Ausschnitt vermitteln kann. Diesen Ausschnitt gilt es — schon in der Vorbereitungsphase — in die Struktur der Arbeit des Parlaments insgesamt richtig zu integrieren.

Die Schüler sollen — durchaus eingedenk einer aus ihrer Sicht willkommenen Abwechslung vom Schulalltag — den Versammlungsort aller Abgeordneten kennenlernen und persönlich den Kontakt mit den Abgeordneten aufnehmen. Angesichts eines gerade bei jungen Menschen in einem Massenstaat häufig vorhandenen dichotomatischen Bewußtseins ist das persönliche Gespräch mit den Parlamentariern von hohem Wert: daß „wir da unten" von „denen da oben" ernstgenommen werden. Dies ist eine sehr wertvolle Erfahrung für Schüler, was durch die Beobachtung vieler Tausender von Begegnungen im Landtag bestätigt wird.

Exkursionsziele in der Landeshauptstadt

Landeshauptstadt Stuttgart	Haupt- und Großstadtmerkmale sammeln und gegeneinander abgrenzen, Überblick über die Exkursionsziele und Erarbeiten fachspezifischer und fächerübergreifender Fragestellungen, Planung von Projekten
Landtag	sh. S. 98 ff.
Landesregierung	sh. S. 98 ff.
Gerichtsbarkeit	sh. S. 58 ff.
Börse	Erleben des „wohlgeordneten Chaos" Die Börse als wirtschaftliche Drehscheibe und Seismograph Die Rolle moderner Kommunikationsmittel Messe Stuttgart
Kultur	Vergleich zwischen Veranstaltungsanzeigern der Hauptstadt und des Heimatortes, Diskussion über das kulturelle Angebot, Auflisten der wichtigsten kulturellen Einrichtungen und ihrer Träger (Staatstheater, Staatsgalerie, Hauptstaatsarchiv, Liederhalle, Landesbibliothek, Landespavillon, Planetarium, Lindenmuseum, Rosensteinmuseum), Befragung von Besuchern, Erhebung über ihre Zusammensetzung Diskussion: „Kultur — staatliche oder private Aufgabe?" Das Unterhaltungsangebot am Beispiel der Hanns-Martin-Schleyer-Halle
Medien	sh. S. 36 ff./47 ff.
Städtebau	Verdichtungsraum Stuttgart, Erhebung über Grundstückspreise, Mieten und Vergleich zum Heimatort Pro und Contra-Debatte: „Wohnen in der Stadt — Wohnen auf dem Land" Beschreiben der Erschließung für den Personenverkehr und Beobachten zu verschiedenen Zeiten, zum Beispiel Hauptbahnhof/Arnulf-Klett-Platz. Vergleich zum Heimatort Der Streit um die Erweiterung des Flughafens Bedeutung der Schiffahrt Debatte im Gemeinderat: Welches Verkehrsmittel ist das richtige?
City	Rundgang mit Arbeitsauftrag: Was findet man alles in der Innenstadt? Steht alles in angemessenem Verhältnis zueinander? Zum Beispiel: Calwer Passage, Schwabenzentrum, Bohnenviertel, Schloßgarten. Erhebung: „Wen trifft man in der City?"
Ver- und Entsorgung	Besichtigung von Einrichtungen der Technischen Werke der Stadt Stuttgart; Vergleich mit dem Heimatort
Aus Stuttgarts Geschichte	Altes und Neues Schloß, Wilhelms- und Prinzenpalais, Altes Waisenhaus, Alte Kanzlei, Fruchtkasten, Königsbau Vergleiche: Weißenhofsiedlung und Bohnenviertel; Museum der Bildenden Künste und Neue Staatsgalerie Juden und Judentum in Stuttgart Auf den Spuren des Dritten Reiches

Kommunale Politik. Beispiele aus der Landeshauptstadt Stuttgart, Politik und Unterricht, 4/85.
Presseamt der Stadt Stuttgart, Rathaus: Alles drin. Stuttgarts Jugendinfo.
Cityrundweg Stuttgart.
Landeshauptstadt Stuttgart — Informationen in Stichworten, — Kommunalpolitik von A—Z, — Jahresdokumentarfilme (besondere Ereignisse im Laufe eines Jahres). Kostenlose Ausleihe b. Presseamt
Informationsmaterial bei den Pressestellen der Ministerien.

Baden-Württembergische Wertpapierbörse zu Stuttgart, Hospitalstraße 12

Das internationale Messe- und Kongreßzentrum Stuttgart, Presseamt

Stuttgart live, Presseamt

Schleyer-Halle, Presseamt

Flächennutzungsplan, Landschaftsplan, Presseamt. Städtebau — Rundfahrten des Stadtplanungsamtes. Richtwertkarte für die Bodenpreise, gegen Gebühr beim Stadtmessungsamt, Lautenschlagerstraße 24.
Mietspiegel, Amt für Wohnungswesen, Holzstraße 13.
Immobilienangebote.
Stadtplan, Verkehrslinienpläne in: Alles drin. Stadtbahn Stuttgart, Pressestelle.
Fliegen ab Stuttgart auch in Zukunft, Flughafen Stuttgart, Pressestelle,
7000 Stuttgart 23, Führungen werden telefonisch angemeldet: T: 0711-7901753.
In der Urlaubszeit Terminschwierigkeiten. Gegenargumente bei: Kommunaler Arbeitskreis Flughafen, PF 1120, 7302 Ostfildern (T: 0711-3404225).
Hafen Stuttgart, Presseamt. Gegebenenfalls Erfragen der Standpunkte der Fraktionen und der Verwaltung.

TWS-Portrait, Referat Öffentlichkeitsarbeit, Lautenschlagerstraße 21
Anmeldung zu Führungen T: 0711-2891

Ursprüngliche und heutige Nutzung herausfinden aus: Cityrundweg
Historische Stadtrundfahrt

Tonbildreihe und Begleittext, Landesbildstelle Württemberg. Eine entsprechende Stadtrundfahrt bietet das Verkehrsamt an.
Eine alternative Stadtrundfahrt, Stadtjugendring, Paulinenstraße 47. Dort auch ein Videofilm gegen kleine Gebühr.

Leider ist aus organisatorischen Gründen diese Begegnung oft nur kurz, was eine entsprechende Vorbereitung und Präzisierung der Fragen an die Politiker dringend notwendig macht.

Besuchsprogramme im Landtag (vgl. Übersicht S. 104)

Natürlich ist die Teilnahme an einer Landtagssitzung ein besonderes Erlebnis für die Jugendlichen, aber nicht allen Interessierten kann dieses Erlebnis ermöglicht werden – zumal die Nachfrage nach Besuchen im Landtag weitaus größer ist als die Kapazität der Besuchertribüne. Lange Wartezeiten sind die Folge; dies versucht der Landtag insofern auszugleichen, als er ein alternatives Programm für Schüler außerhalb von Plenarsitzungstagen anbietet, das von vielen Lehrern und Schülern als attraktives Angebot bewertet und entsprechend nachgefragt wird. Bei diesem Programm nehmen die Schüler selbst im Plenarsaal die Plätze (und zum Teil die Rollen) der Abgeordneten ein. Auch die für die Gespräche mit den Abgeordneten zur Verfügung stehende Zeit ist doppelt so lang wie an Plenarsitzungstagen.

Es empfiehlt sich, insbesondere für Besuche an Plenarsitzungen, den Schülern konkrete Beobachtungsaufgaben mit auf den Weg zu geben, so z. B.:

Was geschieht im Landtag
– auf den Fluren
– in der Lobby
– im Plenarsaal

im Hinblick auf die evtl. in der Vorbereitung erarbeiteten Schwerpunktthemen wie Wahlen, Gesetzgebung, Haushalt oder Regierungskontrolle?

Hinweise:
a) Materialien, die beim Landtag kostenlos erhältlich sind:
   – Landtagsdrucksachen (Anträge, Anfragen, Stellungnahmen, Protokolle)
   – Sitzungspläne
   – Landesverfassung
   – Landeswappen (Bild mit Erläuterungen)
   – Politik von Menschen für Menschen (Arbeits- und Lesebuch mit Lehrerheft)
   – Volkshandbuch (Biographien der Abgeordneten, Auszüge aus der Geschäftsordnung, Zusammensetzung der Ausschüsse und Kommissionen)
b) Besuche des Landtags durch Schüler, Studierende, Auszubildende, Anwärter und sonstige Jugendgruppen werden vom Landtag gefördert

und *finanziell unterstützt*. Ein Zuschuß wird für Teilnehmer vorgenannter Gruppen gewährt, soweit deren Einkommen regelmäßig den Betrag von DM 1000,–/brutto monatlich nicht überschreitet.

Der Fahrtkostenzuschuß umfaßt in der Regel die Fahrtkosten mit der Eisenbahn 2. Klasse nach Stuttgart und zurück. Der Eigenbeitrag der Teilnehmer beträgt z. Zt. DM 6,–. Näheres ist einem Merkblatt zu entnehmen, das die Landtagsverwaltung (Besucherdienst) herausgibt.

Vorbereitung eines Landtagsbesuchs

Der Besuch des Landtags ist nur sinnvoll, wenn er vom Lehrer gründlich vorbereitet wird. Insbesondere sollte hierbei die Bedeutung der Arbeit der Volksvertretung im Vordergrund stehen.

Der Landtag stellt auf Anfrage kostenlos – auch in Klassenstärke – Hilfen zur Vor- und Nachbereitung zur Verfügung, die in den vorausgegangenen Hinweisen aufgelistet sind.

Eine nähere Beschreibung des vom Landtag herausgegebenen Lese- und Arbeitsbuches soll an dieser Stelle erfolgen:

„Politik von Menschen für Menschen" bietet Schülern Arbeits- und Lesematerial, das im Unterricht, aber auch zu Hause gelesen und bearbeitet werden kann. Es stellt ein Angebot dar, mit dessen Hilfe Aufgaben und Arbeitsweise des Landtags anhand von Einzelfällen durchsichtig und verständlich gemacht werden können. Es wird gezeigt, daß Politik nicht schicksalhaft abläuft, sondern von Menschen gemacht wird und daß jeder einzelne daran beteiligt ist. Darüber hinaus wird auch das Verhältnis von Exekutive und Legislative an Beispielen aufgezeigt.

Das Lese- und Arbeitsbuch, das kein idealisierendes Modell sein will, wendet sich an alle Schüler und Jugendlichen. Ideen und Planungsskizzen – häufig mit offenen Fragen und Alternativen – bieten Schülern und Lehrern Auswahlmöglichkeiten und ermöglichen somit die Identifikation mit dem Unterricht.

Ein obligatorischer Grundbaustein sowie fakultative Ergänzungsbausteine ermöglichen Schülern und Lehrern die Erstellung eines individuellen Programms unter Berücksichtigung jeweiliger Interessen der Schüler sowie vorhersehbarer Ereignisse (z. B. Landtagswahlen). Ergänzt werden die Bausteine durch eine Reihe von Anlagen, wie z. B. Sitzungspläne, Verfassungstext, Auszüge aus der Geschäftsordnung und das Schulgesetz. Ein Sachwortverzeichnis, das die wichtigsten parlamentsbezogenen Begriffe enthält, dient den Schülern als Hilfe.

Stand: August 1987

Besuchsprogramme des Landtags von Baden-Württemberg

Programm	Zeitpunkt	Zeitansatz	Zielgruppe	Inhalt	Hinweise
Plenar-programm	an Plenarsitzungs-tagen	120 Minuten	alle interessierten Besuchergruppen	A: Kommentierte Einführung in die Tagesordnung mit Einsatz von AV-Medien zum Thema (30 Minuten) B: Teilnahme an der Plenarsitzung (60 Minuten) C: Gespräch mit Abgeordneten (30 Minuten)	Zeitlicher Ablauf und inhalt-liche Gestaltung sind aus organisatorischen Gründen starr festgelegt. Aufgrund starker Nachfrage wird eine Warteliste geführt.
Informations-programm	an anderen Sitzungstagen sowie an sitzungs-freien Tagen	120 Minuten	überwiegend Schulklassen	A: Kurzinformation mit Führung durch das Landtagsgebäude (10 Minuten) B: Einführung in Aufgaben und Arbeitsweise des Landtags mit Einsatz von AV-Medien (50 Minuten) C: Gespräch mit Abgeordneten, Vertretern der Fraktionen oder Mitarbeitern des Besucher-dienstes (60 Minuten)	Zeitlicher Ablauf und inhalt-liche Gestaltung sind aus organisatorischen Gründen starr festgelegt. Aufgrund starker Nachfrage wird eine Warteliste geführt.
Besichtigungs-programm	an sitzungsfreien Tagen	60–120 Minuten	vorwiegend spezielle Erwach-senengruppen, z. B. Spätaus-siedler oder aus-ländische Gruppen	A: Kurzinformation mit Führung durch das Landtagsgebäude (10 Minuten) B: Einführung in Aufgaben und Arbeitsweise des Landtags mit Einsatz von AV-Medien C: Gespräch mit Mitarbeitern des Besucherdienstes, in Aus-nahmefällen mit Abgeordneten	Zeitansatz und inhaltlicher Schwerpunkt richtet sich nach Wünschen und Voraus-setzungen der Besucher. Dieses Programm wird auch in englischer oder französi-scher Sprache angeboten.

Die Nachbereitung eines Landtagsbesuches muß als integraler Bestandteil des Gesamtkomplexes gesehen werden. Problematisch scheint allenfalls hier die Frage nach der Motivation der Schüler, wenn nach dem Besuch „die Luft raus" ist.
Unter der Leitfrage: „Wie war das nochmal?" geht es jetzt darum, das bisher Erlernte zu festigen, zu vertiefen, zusammenzufassen und zu bewerten. Eine Wandzeichnung, die durch entsprechende Ausschnitte aus möglichst verschiedenen Tageszeitungen über einen Zeitraum von drei Wochen vor bis einer Woche nach dem Besuch durch die Schüler gestaltet wird, könnte als „Aufhänger" für eine „Pressekonferenz" dienen, die durch die Schüler gespielt wird.
In dieser Pressekonferenz mit dem Thema: „Landtagsabgeordnete im Kreuzverhör" stellen sich insgesamt 8 Abgeordnete (2 von jeder Fraktion) den Fragen der anwesenden Journalisten (Rest der Klasse). Die Themen werden je nach Schwerpunktbildung in der Vorbereitungsphase bzw. der Tagesordnung der besuchten Plenarsitzung oder der in der Begegnung mit den Abgeordneten angesprochenen Punkte ausgewählt. Die Fragen der „Journalisten" sollen kritisch sein, ja sie dürfen auch überspitzt werden, um die „Abgeordneten" aus der Reserve zu locken. Als Einstieg könnte der Lehrer als Leiter der „Pressekonferenz" z. B. folgende Fragen aufwerfen:
– Hat der Landtag genug zu tun?
– Ist die Arbeit im Landtag effizient?
– Wie steht es mit der Fraktionsdisziplin?

Die ausgewählten „Abgeordneten" sollten sich einige Tage vorher Gedanken zu den Antworten auf diese Ausgangsfragen machen. Die anderen Schüler dagegen – also die „Journalisten" – könnten die Ergebnisse der „Pressekonferenz" in entsprechenden Zeitungsartikeln festhalten. Die Zeitungsartikel (Überschriften nicht vergessen!) sollten aus verschiedenen thematischen Blickwinkeln verfaßt werden. Die Ausgangsfragen könnten hierbei als Orientierungshilfe dienen.
Eine weitere Möglichkeit der Nachbereitung würde darin bestehen, aktive oder ehemalige Abgeordnete zu einem Gespräch in die Schule einzuladen. Die Landtagsverwaltung (Sitz der Geschäftsstelle der Vereinigung ehemaliger Mitglieder des Landtags) ist gerne bereit, auch Adressen ehemaliger Abgeordneter mitzuteilen.
In einem derartigen Gespräch könnte u.a. auch die Frage, weshalb sich der Landtag gegenüber der Landesregierung benachteiligt fühlt (Bedeutungsverlust) problematisiert werden.

Zur Nachbereitung der Exkursion in die Landeshauptstadt

Die Nachbereitung sollte von vornherein in die Planung einbezogen werden. Denn sie ist um so leichter möglich, je besser die Ergebnisse der Exkursion gesichert werden, und das bedarf wiederum der Vorbereitung. Ein Bericht an die Schulöffentlichkeit in der Schülerzeitung oder als Wandzeitung fordert dazu heraus, sich auch mit journalistischen Formen zu befassen und diese gezielt einzusetzen. Vielleicht ist es ein weiterer Anreiz, das Projekt als „Recherche" in Angriff zu nehmen und so „zwei Fliegen mit einer Klappe zu schlagen".

In der Nachschau sollen Zusammenhänge zwischen dem Gesehenen und Erlebten hergestellt werden. Anknüpfend daran könnte die Frage „Wie ist das bei uns?" den Vergleich mit dem Heimatort einleiten. Unterschiede und Gemeinsamkeiten und die Suche nach entsprechenden Erklärungen sind ein möglicher Gegenstand des Schlußgesprächs.

Ein weiteres Abschlußverfahren stellt eine Pro und Contra-Debatte zu einer zentralen Fragestellung dar. Eine solche könnte sein „Vor- und Nachteile der großstädtischen Ballung". Bei dieser Form des Streitgesprächs sitzen sich zwei Mannschaften mit etwa je sechs Mitgliedern gegenüber. Die eine redet für, die andere gegen den vereinbarten Streitgegenstand. Jede Mannschaft bekommt eine kurze Vorbereitungszeit, in der sie für jedes ihrer Mitglieder ein Argument finden muß.

Solange die Mannschaften sich vorbereiten, kann der verbleibende Rest die Beobachtung der Debatte organisieren. Sowohl der Verlauf als auch der Inhalt ist von Interesse. Es ist möglich, jedem Mannschaftsmitglied einen Beobachter zuzuordnen; die dann noch Verbleibenden konzentrieren sich auf den Gesamtverlauf. Die Beobachter könnten in der nächsten Debatte Mannschaftsmitglieder werden.

— Sind im zweiten Durchgang die Mannschaftsmitglieder auf ihre Vorredner eingegangen?
— Vergleiche den ersten mit dem zweiten Durchgang!
— Sind alle wichtigen Argumente gefallen?
— Hat die Debatte zur Klärung des Streitgegenstandes beigetragen?

Bei der Debatte redet dann im Wechsel und in festgelegter Reihenfolge jedes Mannschaftsmitglied. Im ersten Durchgang trägt jeder sein vorbereitetes Argument vor. Es werden also lediglich alle Argumente einander gegenübergestellt, ohne daß sie zueinander passen müssen.

Im zweiten Durchgang, der ebenfalls nach dem beschriebenen „Reißverschlußverfahren" erfolgt, muß der zweite Redner auf das Argument seines Vorredners eingehen und es mit einem passenden Gegenargument, das nicht sein vorbereitetes sein muß, zu entkräften versuchen. Der dritte hat in bezug auf den zweiten dieselbe Aufgabe wie dieser auf den ersten und so weiter, einmal die Reihe durch.

Danach können auch die Zuhörer in das Streitgespräch einbezogen werden. Schließlich könnten alle angeben, welcher Meinung sie sich anschließen.

Wenn die Schlußbetrachtung unter anderem zu der Feststellung führt, daß weitere Erkenntnisse nur aus weiteren Exkursionen gewonnen werden können, kann mit gezielten Fragen und auf der Grundlage der bereits gesammelten Erfahrung erneut ans Werk gegangen werden. Spätestens dann hätte sich der Vorzug dieser außerunterrichtlichen Veranstaltung als lohnend erwiesen, und die Schüler wären mehr als zuvor in der Lage, das Projekt mitzugestalten.

Literaturhinweise

Bausinger, Hermann/Eschenburg, Theodor u.a. (Hrsg.): Baden-Württemberg. Eine politische Landeskunde (Schriften zur politischen Landeskunde Baden-Württembergs. Bd. 1). Stuttgart u.a. [2]1981.

Borchert, Christoph (Hrsg.): Geographische Landeskunde von Baden-Württemberg. (Schriften zur politischen Landeskunde Baden-Württembergs. Bd. 8). Stuttgart 1983.

Nagel, Helmut/Gaßmann, Reinhard: Politik von Menschen für Menschen, herausgegeben vom Landtag von Baden-Württemberg, 4. überarbeitete Auflage 1986.

Sauer, Paul (Landtag von Baden-Württemberg in Verbindung mit dem Staatsarchiv Stuttgart [Hrsg.]): Die Entstehung des Bundeslandes Baden-Württemberg. Eine Dokumentation. Ulm 1977.

Schneider, Herbert: Länderparlamentarismus in der Bundesrepublik. Opladen 1979.

AV-Medien

Kennst Du den Landtag von Baden-Württemberg?
1977, Diareihe, 23 Dias, Farbe
Produktion: Landesbildstellen Baden und Württemberg im Auftrag des Landtags von Baden-Württemberg
Adressaten: Sekundarbereich I und II, Jugend- und Erwachsenenbildung
Verleih-Nr. LBB und LBW 10 5491

Die Jungfernrede
1978, 16 mm-Film, 22 min, Lichtton, Farbe
Produktion: Südwestfunk, Baden-Baden, im Auftrag des Landtags von Baden-Württemberg
Adressaten: Sekundarbereich I und II, Jugend- und Erwachsenenbildung.
Ist im Verleih der Landesbildstelle Württemberg aufgenommen.

Petitionsausschuß
1979, Tonbildreihe, 22 min, 51 Dias, Farbe
Produktion: Landesbildstellen Baden und Württemberg im Auftrag des Landtags von Baden-Württemberg
Adressaten: Sekundarbereich I und II, Jugend- und Erwachsenenbildung.
Verleih-Nr.: LBB und LBW 14 4194 oder 15 4194.

Heinz Lauber

Lernort Bundeshaus Bonn*

Fragestellungen

Konzepte und Programme über die Lernorte Bundestag und Bundesrat im Rahmen der parlamentarischen Regierungsweise in der Bundesrepublik Deutschland sind in ihrer Substanz von zwei Prämissen bestimmt. Erstens ist die Frage zu beantworten, welche Möglichkeiten diese Parlamente eröffnen, um sie als Lernorte in der politischen Bildung erschließen zu können. Zweitens ist zu klären: Welche Aspekte und Maßstäbe politischer Didaktik sind zu erfüllen, damit Lehrveranstaltungen bei Bundestag und Bundesrat bildungsrelevant im Sinne politischer Bildung sind (1)? Bei beiden Fragen wird unterstellt, und das sollte man sich zuerst bewußt machen: Die parlamentarische Politik kann große Teile ihrer Arbeit zugänglich veranschaulichen. Die Sinnenhaftigkeit wird in den Dienst politischer Bildung gestellt, wo sich dies verwirklichen läßt. Politiker kann man fassen und „anfassen"; politische Problem- und Konfliktfelder dagegen entziehen sich — ob ihrer Abstraktheit — immer wieder konkret-anschaulicher Zugriffe.
Die folgenden Hinweise zur Erkundung des Bundestages und des Bundesrates sind u.a. das Ergebnis von mehreren „Bonner Lehrerseminaren", die finanziell und organisatorisch von 11 Landeszentralen und von der Bundeszentrale für politische Bildung getragen werden. Diese besondere Form der Lehrerfortbildung unterstreicht die Notwendigkeit, daß Lehrer außerschulische Lernorte, die sie mit Schülern aufsuchen wollen, vorher selbst erkundet haben sollten. Der folgende Beitrag kann zwar diese intensive Form der Vorbereitung einer Klassenfahrt nach Bonn nicht ersetzen, möchte aber die dabei und bei Parlamentserkundungen von Schulklassen gewonnenen Problemstellungen und Erfahrungen weitergeben.

---

* Stark überarbeitete Fassung eines gleichlautenden Beitrages in: Politische Bildung in Bundestag und Bundesrat, hrsg. v.d. Arbeitsgemeinschaft Bonner Lehrerseminare, Koblenz 1982.
Diese zur Vorbereitung von Bonn-Fahrten geeignete Schrift kann bei den Landeszentralen für politische Bildung bezogen werden.

Lehr- und Lernzielprobleme sowie Fragen zu den Lehr- und Lerninhalten

Der Streit ist in Bonn „vor Ort" müßig; trotzdem wird er ausgetragen: „Ein Politikunterricht, der Institutionenkunde zum Gegenstand hat, ist längst überholt – auf die politischen Inhalte allein kommt es an!" Dies ist weit verbreitete Lehrmeinung über politische Organe, auch zu den Verfassungsorganen des Grundgesetzes. Nachdem parlamentarische Politik in der Bundesrepublik nach dem Demokratieverständnis des Grundgesetzes und dessen eigenem Selbstverständnis vorrangig in der Volksvertretung angesiedelt ist, gehört beides integriert zusammen. Die Politik als Inhalt und die Verfassungsorgane als Institutionen, um die politischen Inhalte überhaupt zu ermöglichen. Der Grundkonflikt von Regierungsmehrheit und Opposition verdeutlicht dies „vor Ort" im Bundestag (andeutungsweise auch im Bundesrat) beispielhaft. Die unmittelbar verstandene Anschauung wird dann zur didaktischen Erkenntnis. Die Vermittlung von Bundespolitik im Parlament originär und aktuell – „aus erster Hand" –, durch direkte persönliche Anschauung und Reflexion zählt zu den entscheidenden Zielsetzungen eines Bonnbesuchs. Reflektierte Anschauung – das ist Methode und Teilziel der Parlamentarismusvermittlung! Für einen farbig-lebendigen, wirklichkeitsbezogenen Politikunterricht, der sich nicht an idealistischen und idealtypischen Denkmodellen ausrichtet, reichen die täglichen Informationen durch die Medien, so wichtig und unentbehrlich sie ganz gewiß sind, alleine nicht aus. Medienaussagen sind häufig gefiltert, und sie bewerten. Nicht selten sind sie medienbedingt extrem verkürzt. Ein Fernsehbericht, in Sekunden aus einer Plenarsitzung des Bundestags auf den Fernsehschirm überspielt, ist eben nur eine Momentaufnahme, die niemals einen ganzheitlichen Gesamteindruck von der stunden- und tagelangen Arbeit eines Parlamentes wiederzugeben vermag. Im Fernsehen zerschneiden Ausschnitte Zusammenhänge, Hintergrundinformationen kommen vielfach zu kurz. Ob die kurzfristige Information, die zu den großen Vorzügen des Hörfunks gehört, die Nachteile immer aufwiegt? Sicher ist jedenfalls: Die knallhart-kontrovers geführte Debatte von Spitzenpolitikern im Bundestag, zu Zeiten mit hohen Einschaltquoten im Fernsehen geführt, dann wenige Sekunden auf dem Bildschirm übertragen, verzerrt eher das Bild eines Parlaments, als daß es die Sach- und Fachleistung darstellt und darüber aufklärt. Zudem: Die Medien, voran das Fernsehen, personalisieren Politik. Ein Phänomen, das für politisches Lernen Vorzüge und Nachteile mit sich bringt, vorausgesetzt, der fachdidaktische Umgang mit dem Bildermedium ist gelernt. Ein weiteres konkretes Detail: Fernsehbilder, die unbesetzte Plätze zeigen, einen nur teilweise besetzten Plenarsaal, bewirken beim Bürger immer wieder massive Kritik, negative Bewertung. Zu schiefen Bewertungseinstellungen führen die ausschnittweisen Eindrücke vom Parlament bei seiner Alltagsarbeit, wobei natürlich der zu behandelnde Beratungsstoff in der Plenarsitzung und – damit im Zusammenhang – die Präsenz im Plenum und auf der Regierungsbank ineinandergreifen. Aus der Sicht des Besuchers im Bundestag gesehen, ist, langen Redner-Monologen zu folgen, so strapaziös wie es monotone Arbeit am Fließband sein kann. Die Konzentrationsfähigkeit und Aufnahmekapazität beim stillen Zuhören ist nur allzu rasch erschöpft. Wird während des Besuchs einer Plenarsitzung beim Betrachter mehr Verständnis für ein ebenfalls mehr zu passiver als zu aktiver Sitzungsteilnahme gefordertes Parlamentsmitglied erreicht, lohnt sich der Besuch des Hohen Hauses allemal. Denn konkrete Einsichten in politisch-parlamentarisches Handeln zu gewinnen, ist ein Teilaspekt. Für die Bewertung der Abgeordneten- und Parlamenttätigkeit können scheinbare Kleinigkeiten Maßstäbe setzen, Ihnen gebührt deshalb in der pädagogischen Betreuung besondere Zuwendung.

Vom Bundesorgan Bundesrat hingegen erfährt der Bürger zuwenig aus dem Fernsehmedium. Das mag mit an der Arbeitsform liegen. Bei einem Abstimmungsverfahren ohne inhaltliche Verhandlungen – sie laufen in den Ausschüssen – läßt sich nun mal keine Politik zum Fernsehkonsumenten transportieren. Besonders problemgeladen gilt dieses für den wichtig gewordenen Vermittlungsausschuß. Da er hinter verschlossenen Türen arbeitet, kennt kaum jemand seine Mitglieder, geschweige denn, daß sich seine Entscheidungsprozesse und Ergebnisse in laufende Bilder umsetzen lassen. Hier hilft, für Lehrer und Schüler gleichermaßen, das Seminar vor Ort weiter.

Die Frage nach den Zielsetzungen bliebe unbefriedigend und im Kern unvollständig diskutiert, würde man – bei aller Differenziertheit des meinungsoffenen Selbstverständnisses von politischer Bildung und ihrer Artikulation – nicht den Grundkonsens der Demokraten betonen. Hierbei steht die Orientierung am Grundgesetz sowie der Grundkonsens als Basisauftrag politischen Lernens im Vordergrund. Es geht zum einen um die Vermittlung der freiheitlich-demokratischen Grundordnung im Sinne des Grundgesetzes und zum andern um den parteipolitischen Wertekonflikt über die konkrete Ausgestaltung der zweiten Republik als republikanischen, demokratischen und sozialen Rechtsstaat. Die Beschäftigung mit den Parteien im Parlament, insonderheit wie Politiker miteinander umgehen, führt immer wieder zu dieser Konsensdebatte.

Pädagogische Erschließung und methodisch-didaktische Vermittlung

Grundgesetz als Basis

Das Grundgesetz beauftragt das Volk (Art. 20, 2 GG) über und durch die politischen Parteien (Art. 21 GG), den Wählerwillen im Parlament (Art. 38 GG) auf Zeit (Art. 39 GG) in Politik umzusetzen, die Regierung zu legitimieren (Art. 63, 64 GG) sowie Staatsherrschaft im Interesse und Auftrag des Volkes auszuüben.

Politische Bildung, die sich an den Inhalten, Gegenständen und Strategien der durch Grundgesetz und Wählerwillen legitimierten Parlamente sowie ihrer Problem- und Kritikfelder orientiert, erfüllt die methodischen und didaktischen Qualifikationen. Daß dies nicht mit Ausschließlichkeitscharakter beansprucht wird, versteht sich von selbst. Es meint auch keinesfalls, um weiteren Mißverständnissen vorzubeugen, den didaktischen Grundsatz einer Primärorientierung an der Direktbetroffenheit des politischen Endverbrauchers (Bürgers) in der Politik zu mißachten. Im demokratischen Parlament geht es letzten Endes eben immer um Bürgerinteressen, auch wenn die Sozialstrukturen der Parlamente und manche parlamentarische Kontroverse dies nicht sofort auf den ersten Blick erkennen lassen. Selbst dann, wenn das Parlament nicht Spiegelbild der Bevölkerungsinteressen, nicht mehr „wachsamer Wächter der Regierung" (Uwe Thaysen) sein sollte, muß dies den Bürger brennend interessieren, ja geradezu alarmieren. „Mündigkeit des Bürgers", ein Ziel, das in Schulartikeln der Landesverfassungen als Bildungsauftrag staatsbürgerlicher Erziehung vorgegeben ist, meint immer auch interessiert sein für die Arbeit von Parlamentariern und sensibilisiert sein für die Arbeit des Parlaments. Spätestens am Wahltag sind bekanntlich alle Bürger gefordert, politisch handelnd über parlamentarische Politik aktiv mitzubestimmen. Wer einer Partei zugehört, hat überdies die Chance, besonders intensiv auf die Parlamentszusammensetzung Einfluß auszuüben. Nicht zuletzt aus dieser Perspektive tangieren Parlament und Parlamentarier die politische Bildung in der Schule sowie in der außerschulischen Erwachsenenbildung.

Im Zentrum: Parlament und Parlamentarier

Das Kernstück des Lernortes Parlament bildet als Minimalprogramm:

— Die beobachtende Teilnahme an einer Plenarsitzung.
— Die Begegnung mit Abgeordneten des Wahlkreises.
— Sachkundige Informationen durch Gespräche mit Experten über Ziele, Inhalte und Arbeitsweisen des Parlamentsplenums.

112

Aspekte zur Begegnung Lehrer/Schüler – Abgeordnete:
Plurale Abgeordneten-Besetzung gehört zu den Grundsätzen politischer Didaktik, damit Gemeinsamkeiten und unterscheidende Besonderheiten eine eigene Meinungsbildung ermöglichen. Dadurch verringert sich auch die Gefahr einseitiger „parteipolitischer Propaganda". Gleichwohl erscheint ein permanentes Schielen nach Über-Ausgewogenheit weder hilfreich noch sachdienlich. Wer eine dezidierte parteipolitische Meinung vertritt, sollte sie in die Diskussion selbstredend einbringen. Es bereichert ja nur die politische Information und belebt die Kontroverse. Ihre Offenlegung gehört durchaus zu den wünschenswerten Aspekten politischen Lernens. Die Rückkoppelung des Mandats zur Partei ermöglicht es erst, Zusammenhänge und politische Standorte zu vertiefen. Warum sollten ausgerechnet bei den Verfassungsorganen Bundestag und Bundesrat als Lehrgegenstand die Parteien und ihre Träger versteckt bleiben? Sie tragen und prägen diese zweite Republik. Das Grundgesetz legitimiert als erste deutsche Verfassung die Parteien ganz besonders dazu, indem es ihnen Verfassungsrang verleiht mit dem verantwortlichen Auftrag, bei der politischen Willensbildung des Volkes mitzuwirken. Parteien ins Bewußtsein zu bringen, gehört als eine der Voraussetzungen dazu.
In Lehrveranstaltungen der politischen Bildung, und hier wiederum herausgehoben bei Begegnungen mit den Parlamenten und mit den Mandatsträgern, sollte das Grundrechtssystem der Republik gewürdigt und anerkannt, gleichsam als gelebte Verfassungsverwirklichung erfahren werden können. Wo denn sonst, wenn nicht auf Veranstaltungen zur politischen Bildung, sollen junge Menschen sich ihrer Grundrechte bewußt werden? Wo denn sonst sollen sie Grundrechte altersgemäß üben und anwenden lernen? D. h. in unserem Beispiel: Die Meinungsäußerungsfreiheit nach Art. 5 Abs. 1 GG, die vom Bundesverfassungsgericht als für eine freiheitlich-demokratische Grundordnung schlechthin konstituierend beurteilt wird, gilt als präjudizierende Norm für die Diskussion der Abgeordneten mit den Besuchern. Das Grundgesetz bewußt anwenden schafft die Glaubwürdigkeit, auf die sich freiheitlich-demokratische Grundordnung gründet. Im Detail sei dies an unserem Beispiel erläutert. Grundsätze, die politische Bildung an politische Diskussionen von Mandatsträgern mit Besuchern stellt, sind: Plurale Besetzung, Diskussionsbereitschaft, Informationsoffenheit, Wahrhaftigkeit und Toleranz. Die politische Meinung eines politischen Gegners in Ruhe und sachorientiert anzuhören, sich mit ihr respektvoll argumentativ auseinanderzusetzen, will erst gelernt sein. Wie schwer dies mitunter parteipolitisch fest orientierten Diskutanten fällt, zeigt, wie tief Politik den Menschen zu erfassen und zu besetzen vermag. Einen Beitrag zur Versachlichung politischer Kontroversen zu versuchen; in der Sache bedingte kontroverse Positionen in ihrer Spannung zu ertragen; das Entstehen gefährlicher Feindbilder zu verhindern und bereit sein, sie gegebenenfalls abzubauen – das alles sind Inhalte und

Situationen, die zum Lernort Bundestag und Bundesrat zählen, und „vor Ort" bei einer didaktischen Aufbereitung auf den Prüfstand kommen. Demokratiebezogene Tugenden, demokratische Verhaltensweisen kommen so zur Anwendung. Wenn es lautlos, ohne den erhobenen Zeigefinger klappt, dann um so besser. Jugendliche Besucher wehren sich ohnehin rasch gegen obrigkeitliche Bevormundungen. Zur rechten Zeit zu sagen und – weit wichtiger – zu zeigen, wie demokratische Arbeitsformen aussehen, kann für eine demokratische Erziehung viel bedeutsamer sein, als bloß die billige Münze der Popularität zu erhaschen. Falls also Aspekte der politischen Erziehung im Abgeordneten-Gespräch beeindrucken, kann der Lernort Bonn zum Einüben demokratischer Verhaltensweisen ungezwungen beitragen. Die Wertschätzung von Politik und Politikern kommt nicht von allein! Alles wirkliche politische Leben ist politische Begegnung.

Die Zusammenkunft mit den Abgeordneten geht möglichst unmittelbar dem Plenarsitzungsbesuch voraus und/oder schließt sich daran, wiederum möglichst unmittelbar, an. Da die Abgeordneten zu einer Diskussion mit Besuchern nicht immer zu den vorgeschlagenen Zeiten frei sein können (Sitzungswochen heißt präsent sein für Sitzungen in Parlamentsgremien!), sind bei der Vorbereitung Ausweichtermine vorzusehen und mit den Beteiligten abzustimmen. Sind die Wahlkreis-Abgeordneten verhindert, so können sie Abgeordnete aus dem Bundesland vertreten, aus dem die Besuchergruppe kommt. Nur wenn kein Abgeordneter für das politische Gespräch frei sein kann, sollten sie von Assistenten oder Fraktionsmitarbeitern vertreten werden. Je jünger interessierte Besucher sind, desto erfolgversprechender ist der Zugang zu politischen Sachthemen über den personalen Bezug. Hier wird zum Vorzug, was ansonsten durch die Medienkultur mit ihrer Personalisierung der politischen Inhalte zum Nachteil gereicht. Denn mit dem Parlament als abstraktem Verfassungsorgan wird sich kaum je ein Außenstehender identifizieren können, wohl aber mit Parlamentariern. Identifikation mit Politikern ist deshalb der primäre Weg zur Erschließung politischer Inhalte und politischer Organe. Dies gilt oftmals nicht nur für Schüler und Jugendliche. Politisches Lernen durch Begegnung mit Politikern ist ein politischer und didaktischer Wert an sich.

Aspekte zur Begegnung Lehrer/Schüler – Parlament:
Die Sicherheit bezüglich der Inhalte ist die Voraussetzung für eine sichere methodisch-didaktische Aufbereitung. Da Bundestag und Bundesrat ihrem Verfassungsauftrag und ihrem Selbstverständnis nach primär ganz gewiß keine Orte für Unterrichtung und Erziehung sind, gilt es, sie als Orte politischen Lernens zu erschließen. Ohne Kenntnis ihrer Funktionen und ihrer Rollen ist die Parlamentsarbeit nicht zu verstehen. Ohne jedwede Vorkenntnisse, ohne vermittelnde Einsichten, Kriterien und Perspektiven ist das Parlament nicht zu beurteilen und zu bewerten, es sei

denn, man gibt sich mit einem naiv-diffusen Eindruck zufrieden. Dies kann zwar, als begründete Ausnahme, auch einmal sinnvoll sein, zum Beispiel, wenn ein Detail des Parlamentsbetriebes durch Anschauung verdeutlicht werden kann, wie die Abgabe einer Regierungserklärung, die Wahrnehmung der Kontrollfunktion gegenüber der Regierung in einer Fragestunde etc. Als didaktischer Grundsatz gilt jedoch: Der Besuch eines Parlaments ist Teil einer ganzheitlichen Unterrichtseinheit, keinesfalls ein isoliertes Unterrichtsvorhaben.

Parlaments-Erkundung als Projekt

Der Einstieg in die Unterrichtssequenz Parlament (Bundestag/Bundesrat) kann über ein aktuelles politisches Thema erfolgen. Ist das Problem besonders konfliktreich, hat es ohnehin die Beachtung der Medien. Vielfältige Informationen darüber sind leicht zugänglich. Die Besuchergruppe hat dabei möglichst viele Vorbereitungsaktivitäten selbsttätig zu leisten und in das Vorhaben einzubringen. Hier bildet sich ein weites Mitwirkungsfeld für die Schülermitverantwortung. Es gilt, die Schüler für den politischen Sachstoff zu interessieren. Als eine gut erschließbare Informationsquelle dazu sei das Presse- und Informationszentrum des Deutschen Bundestages genannt. Schülerredakteure von Schülerzeitungen finden in Bonn ein weites Betätigungsfeld. Öffentlichkeitsreferate und Besucherdienste sind für Hilfestellungen da. Der Zuhörer einer Bundestagssitzung braucht (ebenso wie der einer Bundesratssitzung) Vorkenntnisse, Kriterien und Perspektiven, um das Geschehen im Plenarsaal zu verstehen. Sie sind in der Vorbereitungsphase zu erarbeiten. Können sie durch den Besucherdienst des Parlaments, „vor Ort" aktuell aufgefrischt, eine sachkundige Ergänzung erfahren, so ist dies von großem Wert, da ohnehin Terminbenennung und lehrplanorientierter Unterricht zeitlich leider nur selten übereinstimmen.

Elementar nötig ist die Vorausorientierung über den Raum, hier den Plenarsaal. Dem Besucher ist in der Vorbereitungsphase mit Hilfe von Bildmaterial der Plenarsaal von Bundestag und Bundesrat mit den vielfältigen Funktionen, die in ihm ablaufen, antizipierend zu erläutern. Mit Hilfe einer beim Deutschen Bundestag speziell für Besucher geschaffenen bilderreichen Informationsbroschüre „Im Plenarsaal" ist dann die Orientierung von der Besucher-Tribüne aus vollziehbar. Informationen und Grundkenntnisse über den Aufbau von Bundestag und Bundesrat sowie die Ablauforganisation sind unerläßlich, wenn die Zuwendung des Betrachters zu den Inhalten der Politik gelingen soll, wie sie in den Debatten und Entscheidungen durch Erklärungen und Abstimmungen zum Ausdruck kommen. Neben Kürschners Volkshandbuch „Deutscher Bundestag" (2) ist eine speziell für den Verständnishorizont der Besucher kommentierte Tagesordnung zur Vorbereitung unerläßlich. Beim Deutschen Bundestag dient die Information „hib" (heute im Bundestag), herausgegeben vom Presse- und Informationszentrum des Bundestages, diesem Zweck. Die Bundesratsverwaltung stellt Besuchern spezielle „Erläuterungen zur Tagesordnung" zur Verfügung. Die Presse-Vorschau „zur Plenarsitzung..." gehört dazu.

Im Rahmen eines einführenden bzw. nachbereitenden Abgeordnetendialogs zählt die geplante bzw. stattgefundene Plenarsitzung zum Gesprächsstoff. Für den Moderator bieten sich zwei Gesprächsformen besonders an:

- Die „Querbeetdiskussion", abgeleitet aus Fragen, die unmittelbar „vor Ort" entstehen und interessieren
- Die gezielte „Befragung". Abgeordnete werden um Darlegung von „Fraktionspositionen" zu interessierenden politischen Themenfeldern gebeten. Dazu ist nach diesbezüglichen Schriften/Papieren für die auswertende Nachbereitung zu fragen.

Die Alltäglichkeit der Parlamentsarbeit, die sichtbare und die unsichtbare, ist zu vermitteln. Da diese Arbeit tiefer gehen muß als lediglich die Präsentation von Informationen, sollte — außer dem Abgeordneten — ein Experte mit möglichst pädagogischer Ausbildung diese Aufgabe übernehmen. Ein „Parlamentspädagoge" würde einem solchen Auftrag am ehesten gerecht werden können. Mit Blick auf die große Zahl von Schulklassen, die Interesse an einem Parlamentsbesuch haben, wird eine solche Position immer dringlicher. Was für Museen und für botanische bzw. zoologische Gärten heute gilt, sollte für Parlamente längst zur Selbstverständlichkeit geworden sein: Der Parlamentspädagoge innerhalb des Öffentlichkeitsreferates und des Besucherdienstes.

Gezielte Diskussionfelder:

Als Leitthema lassen sich unter den übergeordneten Fragen nach der Regierbarkeit politischer Systeme und nach der Regierungsweise parlamentarischer Staaten die Themenfelder etwa um vier Hauptaspekte gruppieren und konzentrieren:

- Parlamentarisches Regierungssystem in der Bundesrepublik Deutschland.
- Der Abgeordnete im Deutschen Bundestag.
- Systemvergleich Bundesrepublik Deutschland/DDR und angrenzende außerdeutsche Staaten.
- Die Geschichte der Bundesrepublik.

Der historisch-politische Aspekt verdient ebenfalls Beachtung. Falls nötig und möglich, sollte dieser Teil fachübergreifend strukturiert werden. Das Grundgesetz und unsere gesamte gesellschaftliche und staatliche Gestalt ist erst auf dem historischen Hintergrund verstehbar.

Schüler in einem Leistungskurs Politik, sowie Studierende, bei denen eine gründliche Befassung mit dem Parlamentarismus vorausgesetzt werden darf, könnten unter nachstehenden, zugespitzten Fragestellungen Funktionen des Deutschen Bundestags mit wissenschaftlichem Anspruch untersuchen (3):

– Ist der Deutsche Bundestag Garant handlungsfähiger Regierungen? Stichwort Wahlfunktion: Der Bundestag als Wahlkörperschaft der Regierung. Die Parteien als Auswahlinstanz für die politischen Akteure.
– Ist der Bundestag Spiegelbild oder Zerrbild der Bevölkerungsinteressen? Stichwort Artikulationsfunktion, d. h. die Meinungen der Bevölkerung zum Ausdruck bringen.
– Ist der Bundestag Beweger oder Bremser der Politik? Stichwort Initiativfunktion. Hierzu gehören Fragen wie die Rollenverteilung zwischen Regierung, Parlamentsmehrheit, Opposition und Öffentlichkeit.
– Ist der Bundestag wachsamer Wächter oder paktierender Partner der Regierung? Stichwort Kontrollfunktion: Zur Ausübung wirksamer Kontrolle sind parlamentarische Rechte notwendig.
– Ist der Bundestag tatsächlich Gesetzgeber oder ist er Gesetzempfänger sowie Ratifizierungs- und Abstimmungsautomat? Gesetzgebungsfunktion: Organkompetenzen sowie Politikverflechtung zwischen Bund und Ländern.

Diese unter politikwissenschaftlichem Anspruch formulierten Themengruppen sind auf dem Hintergrund der Quellenvorgabe Grundgesetz (4) zu reflektieren: Der Bundestag im Verfassungsgefüge der Bundesrepublik Deutschland (5).
Der Bundesrat kann unter folgenden Frage- und Problemstellungen thematisiert werden (6), wobei Überspitzung und Provokation der Meinung entgegenzuwirken sucht, Institutionenkunde sei langweilig, trocken und höchst überflüssig:

– Ist der Bundesrat Verfassungsorgan des Bundes oder Oppositionsinstrument bestimmter Landesregierungen, gewissermaßen ein Bundes-„Oppositions"rat?
– Ist der Bundesrat die „zweite Kammer" eines einheitlichen Parlaments der Republik?
– Ist der Bundesrat das „Herrenhaus" und der Bundestag die „Arbeiterwerkstatt"?
– Ist der Bundestag Träger gesamtstaatlicher Verantwortung oder partikularer Interessenvertreter der Länder (-Regierungen)?
– Ist der Vermittlungsausschuß die Brücke zwischen Bundestag und Bundesrat oder ein Überparlament?

Dem Lehrer für sozialwissenschaftliche Fächer dürfte es unschwer möglich sein, die Themenfelder auf seinen jeweiligen konkreten Lehrauftrag und auf seine jeweilige konkrete pädagogisch-psychologische Unterrichts- und Erziehungssituation einzustellen, die Schüler sachbezogen zu aktivieren und zu interessieren, damit die Arbeit bildungswirksam greift. Erfahrungsgemäß sind Defizite und ein damit verbundener Nachholbedarf an Wissen und Einsichten beim Bundesrat nicht selten gravierend.

Dies gilt besonders für den so entscheidungswichtig gewordenen Vermittlungsausschuß des Deutschen Bundestages und des Bundesrates. Über ihn sind informierende Grundkenntnisse selten präsent, obwohl gerade dieser Ausschuß in letzter Zeit in aller Munde ist. Sicher liegt dies daran, daß das Vermittlungsverfahren den vom Bundestag her bekannten Grundsatz der Öffentlichkeit der Verhandlungen drastisch einschränkt.

Für den Vermittlungsausschuß gelten nämlich Nichtöffentlichkeit der Sitzungen, Ausschluß aller Parlamentarier, die nicht Mitglieder des Ausschusses sind sowie Veröffentlichung der Protokolle erst in der übernächsten Wahlperiode. Um so dringlicher ist die Aufklärung warum diese Einschränkungen bestehen, nämlich als Schutz vor öffentlichem Druck bzw. politischen Sanktionen, damit die Vermittlungsfunktion gewährleistet wird. Außerdem haben die zu vermittelnden politischen Inhalte zuvor das öffentliche Verfahren des Bundestages durchlaufen. Ohne diese „Hintergrund"information bilden sich ansonsten recht schnell Kritik und negative Bewertungen wie „Mauschelei", „Alle stecken unter einer Decke" etc.

Kritik an Plenarsitzungen oder: Die Optik reicht nicht aus

Mit einer fast an Sicherheit grenzenden Wahrscheinlichkeit kritisieren junge Besuchergruppen Plenarsitzungen im Bundestag, wie übrigens auch in den Landtagen. Als Ursachen findet man regelmäßig einen Mangel an Information und eine völlig unzulängliche Aufklärung über die Funktion des Parlaments und die Rolle der Mandatsträger im Bund (und in den Bundesländern). In der bewertenden Einstellung zu den Abgeordneten spielt der Transfer eine wichtige und deshalb gründlich zu überdenkende Rolle. Weil der Parlamentsbesucher einen Abgeordneten im Parlament mit falschen Erwartungen sieht, weil er das parlamentarische Spiel nicht begreift, können negative Einstellungen zu Parlament und Partei entstehen. Ebenso gilt: Weil der Parlamentarismus falsch verstanden wird, gibt es eine Kontra-Haltung gegenüber den Abgeordneten. In diese Wechselwirkung einbezogen ist auch das positive Parlamentarismusverständnis. Sympathie für Abgeordnete überträgt sich auf das Parlament als Verfassungsorgan. Einsicht in das Geschehen einer parlamentarischen Vollversammlung ist Voraussetzung für eine sachorientierte Verhaltensweise gegenüber Mandatsträgern.

Wo liegt nun die weiterführende Problematik einer bildnerischen Vermittlung der Funktionen und der Abläufe in einem Plenarsaal? Ist dies für die politische Bildung thematisierbar?

Der Einstieg ist elementarisierbar: Die bloße optische Wahrnehmung beim Besuch einer Plenarsitzung reicht nicht aus, um die politische Praxis im Parlament zu verstehen, geschweige denn, daß dabei Maßstäbe für eine sachgerechte Beurteilung und Bewertung von Theorie und Praxis der Parlamentsarbeit vermittelt werden könnten. Mit anderen Worten: Vor der optischen Wahrnehmung einer Plenarsitzung bedarf es einführender Erläuterungen, um Vorwissen und Einsichten zu erreichen. Warum wird so und nicht anders über Politik verhandelt? Warum verhält sich ein Abgeordneter passiv, während andere aktiv agieren? Wieder andere Besucher sagen ganz offen, daß sie mit der Politik, wie sie in Plenarsitzungen sichtbar wird, nichts anzufangen vermögen; das sei doch alles Selbstdarstellung, „Selbstbeweihräucherung" und das Gegenteil eines offenen Dialogs. Und da gedeihen dann auch Überreaktionen. Das „Nein-Danke"-Reaktionsmuster ist eine mögliche Folge. So entsteht Nährboden für extremistische Parlamentarismuskritik.

Im Rahmen dieser Ausführungen reicht der Platz nicht aus, um die Problematik einigermaßen erschöpfend zu behandeln. Wir müssen uns mit einem Diskussionsanstoß für Methodiker politischer Bildung begnügen. Der Anstoß soll methodisch in zwei Richtungen führen:

— Einige immer wiederkehrende Kritikpunkte, die rationale und emotionale Einstellungen gegenüber Abgeordneten und dem Verfassungsorgan Bundestag maßgeblich bestimmen, werden beim Namen genannt und damit offengelegt. Dies auch deshalb, weil es im Grunde genommen immer wieder dieselben Kritikpunkte und Vorwürfe sind, mit denen das Parlamentarismusverständnis — ein Kernstück repräsentativer Demokratie — negativ belastet wird. Vorurteile und Mißverständnisse, die natürlich nicht zufällig entstanden sind und entstehen, sitzen tief. Noch einmal sei darauf hingewiesen: Das Problem ist hierbei, daß sich parlamentarisches Handeln, speziell der Ablauf von Plenarsitzungen, nicht aus sich selbst heraus erklärt und verstehbar wird. Eine Fülle von Vorwissen und Hintergrundinformation ist nun eben einmal dafür erforderlich, um zum Beispiel zu erfassen, auf welchen Gedankengängen Rede und Gegenrede (z. B. bei Haushaltsberatungen) mit entsprechenden Anträgen basieren. Die Erwartungen und Ansprüche der Bundestagsbesucher, wie die zitierten Beispiele eingangs erhellen, sehen unterschiedlich aus. Schüler einer Hauptschulabschlußklasse bringen selbstverständlich ein anderes Problembewußtsein mit als Unteroffiziere der Bundeswehr, die Informationen über Ziele der Beratung, der Planung und der Kontrolle nachfragen. Entscheidend ist, daß Wissensvermittlung möglichst aus erster Hand erfolgt. Ohne das Vor- und Hintergrundwissen, ohne die sachkundige Information, entsteht eine aus dem Unverständnis heraus geborene „Nein-Danke"-Haltung, die Furcht vor Fremdbestimmung nährt. Die Scheinlösung politischer Ängste führt zur Suche nach Alternativmodellen. Irrationale Kräfte

sind es, die politisches Denken und Handeln mehr mitbestimmen, als weithin angenommen wird!
– Über Kritikpunkte der Parlamentsbesucher soll dann offen diskutiert werden. Die nachstehende Auflistung der kritisch apostrophierten Punkte erhebt keinen Anspruch auf Vollständigkeit. Bei der Auswahl kann es sich nur um wenige Punkte handeln. An Beispielen sollen Kritik und mögliche Antworten die Problematik erhellen, wobei auch hier wiederum die Argumentation nicht erschöpfend sein kann. Auch können mögliche Einwände ganz andere Antworten erforderlich machen. Den entscheidenden Teil zur Begründung wird ohnehin der Abgeordnete selbst in der Begegnung mit seinen Mitbürgern immer wieder leisten müssen.

Exemplarische Beispiele für Kritikpunkte und Interpretationen (7)

Kritikpunkt volle Besuchertribüne – leerer Plenarsaal
Mögliche Antworten: Eine Vollversammlung des Parlaments zeigt nur den sichtbaren Teil der Arbeit des Bundestages – gleichsam die „Spitze des Eisbergs". Eine Plenarsitzung ist deshalb stets im Gesamtzusammenhang mit der ganzen (freilich meist unsichtbaren) Parlamenttätigkeit zu sehen, zu beurteilen und zu bewerten. Die Arbeitsplätze (Wochenpläne) und die Terminkalender von Abgeordneten in Sitzungswochen, Ausschußwochen und in sitzungsfreien Wochen des Bundestages geben Auskünfte und Einblicke in den Abgeordnetenalltag. Dazu gehören Tätigkeiten innerhalb der Fraktionen (Vorstands-, Arbeitskreis-, Fraktions- und ad hoc-Sitzungen); Aufgaben innerhalb des Gesamtparlaments (u.a. Präsidium, Ältestenrat, Fachausschüsse, Kommissionen); Tätigkeiten im Wahlkreis und, überregional, für die Partei, der der Abgeordnete angehört.
Auch das Parlament kennt die Arbeitsteilung. Um in einer Fragestunde ein Spezialthema zu behandeln (Verkehrspolitik z. B.), d. h. Regierungskontrolle in einer besonderen Angelegenheit auszuüben, braucht es im Plenarsaal nicht aller Abgeordneter und aller Regierungsmitglieder mit ihren Experten. 519 Abgeordnete können in öffentlichen Sitzungen keine Gesetze machen/schreiben. Jede Sitzung im Plenarsaal von der ersten bis zur letzten Minute durch persönliche Präsenz zu verfolgen, wäre oftmals Verschwendung von Arbeitskraft und Arbeitszeit, vom gesundheitlichen Raubbau einmal abgesehen. Die Arbeit im Büro zu erledigen – z. B. Bürger-Briefe aus dem Wahlkreis bearbeiten –, ist oft wichtiger als ins Detail gehende Fachdiskussionen abzusitzen. Bei herausragenden Verhandlungen freilich sollte die Präsenz der Volksvertreter selbstverständlich sein. Das Parlament ist ein Arbeitsplatz mit Rechten und Pflichten, wie andere Arbeitsplätze auch. Allerdings mit einer grundlegenden Ausnahme: Abgeordnete sind ihre eigenen „Chefs". Das Volk und die Verfas-

sung verleihen ihnen demokratische Legitimation für ihre herausragende Tätigkeit und niemandem sonst.

In fraktionsinternen Sitzungen erfolgt ohnehin Information und Rollenverteilung: Wer, was, wann in der Plenarsitzung und anderswo im Auftrag der Fraktion übernimmt. Abgeordnete sind natürlich Menschen wie „Du und ich". Ihre individuellen Interessen und Neigungen, ihr Engagement, ihre Kooperationsfähigkeit, ihre Darstellungs- und Ausdrucksbereitschaft, Disziplin und Durchsetzungsvermögen – auch Karriereabsichten – sind differenziert ausgeprägt. Ebenso gibt es die verschiedensten Wünsche (zumeist nach der Wahl), nämlich bestimmte Arbeitsgebiete in Fraktion und Parlament zu besetzen. Ansehen und Stellung innerhalb einer Fraktion und außerhalb (wozu die politische Konkurrenz zählt) unterliegen genau so der Beurteilung und Bewertung wie im sonstigen beruflichen und gesellschaftlichen Leben. Kein Mensch kann jeden Tag in gleich guter Verfassung sein. Abgeordnete sind keine Wundermenschen, die alles können und nie irren.

Kritikpunkt Plenardebatten
(Da reden immer dieselben; da ist zuviel Langeweile und Leerlauf drin; die streiten ja immer; da hört niemand mehr richtig zu; die Zeitung ist ihnen wichtiger.)
Interpretationen und Antworten: Die Führungskräfte in den Fraktionen (Vorsitzender, Stellvertreter, Sprecher u.a.) und die Führungskräfte im Parlament (Präsident, Stellvertretende Präsidenten, Ältestenratsmitglieder, Ausschußvorsitzende etc.) nominieren ihre Führungsorgane in eigener, souveräner Kompetenz. Diese Führungskräfte stehen dann in dauernder, neuer Bewährung, sowohl innerhalb der eigenen Gruppe als auch in der Außenwirkung gegenüber der Öffentlichkeit als „vorzeigbares Aushängeschild". So müssen sie am Rednerpult und durch Zwischenrufe argumentativ und rhetorisch besonders überzeugen und immer wieder als Spitzenleute „glänzen". Dazu zählen u.a. folgende Eigenschaften: Den Verhandlungs- und Konfliktstoff souverän beherrschen; Sachkunde und Augenmaß im täglichen politischen Geschäft; Problembewußtsein, Grundwerte- und Grundrechteverständnis; Verantwortungsbewußtsein und Risikobereitschaft; Glaubwürdigkeit; Bereitschaft zur Teamarbeit und zur Delegation von Aufgaben und Verantwortung; Fragen stellen und beantworten; Entscheidungen erreichen und begründen. Für Plenarsitzungen ist wichtig: Konflikt- und Konsensfähigkeit und Kenntnis von deren Grenzen; Solidaritätsvermögen, konstitutive Toleranz; politische Gegnerschaft nicht als „Freund-Feind-Denken" verstehen. Am Rednerpult ist es notwendig, die Sach- und Stimmungslage zutreffend einzuschätzen sowie das verbal wirkungsvoll und gekonnt darstellen bzw. ausdrücken, was die eigene Anhängerschaft empfindet und durch ihren Redner überzeugend vorgetragen wissen will. Zu den obersten Anforderungen in Debatten zählt für politische Führungskräfte weiter:

- Den Beifall der eigenen Gruppe auslösen.
- Die Zustimmung erreichen, die zur Abstimmungsmehrheit erforderlich ist. Die Regierungsposition erhalten und stabilisieren bzw. als Opposition die Regierung abzulösen suchen und selbst Regierungsverantwortung auszuüben.
- Den Widerspruch des politischen Gegners auslösen, der als konkurrierender Mitbewerber Alternativen zu vertreten hat.

Weil die Sprecher der Fraktionen in der Rede und beim Austausch der Argumente am besten sagen können, was ihre politischen Freunde denken und empfinden, vertreten sie die Fraktion/Gruppe am Rednerpult. Neulinge und Nachwuchspolitiker in Fraktion und Parlament bekommen Gelegenheit zur „Jungfernrede" und zur Übung auf dem politisch-parlamentarischen Parkett und die damit verbundenen Aufstiegschancen. Mitarbeit in der Fraktion heißt immer auch Einbindung in die Fraktion. Im Laufe der Parlamentszeit zeigt es sich dann: Manch einer ist auf dem Weg zur Fraktionsspitze oder gar ministrabel.
Konfliktreicher Beratungs- und Verhandlungsstoff wird kontrovers diskutiert. Nur so werden verschiedene alternative Positionen deutlich und der Unterschied in politischen Auffassungen klar. Die Positionen der Fraktionen sollen in Plenarsitzungen der Öffentlichkeit (Zuhörer, Presse, Rundfunk) vermittelt werden. Sie sind vorrangig nicht darauf angelegt, den politischen Gegner zu überzeugen, der seine (partei-)politische Meinung ohnehin in internen Beratungen bereits gebildet hat. „Fensterreden" sind also politisch beabsichtigt, und sie sollten dieserhalb nicht „verurteilt" werden. Mit Debatten wird ein politisches Thema eröffnet, weitergeführt, oder aber es findet seinen Abschluß. Dabei können Plenarsitzungen auf Besucher langweilig und monoton wirken, besonders dann, wenn der Inhalt den Zuhörern weitgehend unbekannt ist und der Stoff in der Sprache von Experten vorgetragen wird. Im übrigen gilt es zu bedenken: Stundenlanges Zuhören und tagelanges Mitdenken strengt an und ermüdet. Der zuhörende Abgeordnete befindet sich hier in keiner anderen Lage als der Besucher auf der Zuhörertribüne. Rollenverteilung zwischen Experten bzw. Spezialisten ist schon auch deshalb unerläßlich. Der geübte und erfahrene Parlamentarier kann ohnehin mehreres gleichzeitig tun: Mit schwebender Aufmerksamkeit dem Debattenredner zuhören, eigene Texte formulieren, lesen und, wenn die Situation günstig erscheint, blitzschnell einen Zwischenruf einbringen.
Zeitungen sind wichtig: Wer als Politiker sich tagelang außerhalb seines Wahlkreises aufhalten muß, orientiert sich u.a. durch die Tageszeitung, was „daheim politisch läuft". Die in Plenarsitzungen vertretenen Standpunkte sind im allgemeinen ohnehin aus Arbeitskreisen, Fraktions- und Ausschußsitzungen bekannt. Gespräche mit Kollegen der eigenen Gruppierung und mit fremden Fraktionsangehörigen dienen der Orientierung und der Kooperation. Außerhalb des Plenarsaals würden sie freilich viel

weniger stören als innerhalb. Jedes Parlament kennt deshalb Sitzgruppen in der Wandelhalle (Lobby) vor dem Plenarsaal.

Die beiden Beispiele lassen erkennen, daß parlamentarisches Handeln in Plenarsitzungen sich nicht von selbst verstehbar vermittelt. Um Verständnis und Publizitätswirkung parlamentarischer Arbeit zu erhöhen, sollte bei einer Novellierung der Geschäftsordnung des Bundestages und auch beim Bundesrat einmal gründlich erwogen werden, einen Teil von Ausschußsitzungen für Besucher zu öffnen. In der Kommunalpolitik von Baden-Württemberg hat sich eine Differenzierung von öffentlichen und nichtöffentlichen Ausschußsitzungen des Gemeinderats durchaus bewährt.

Bundesrat-Plenarsitzung

Ein didaktisch und methodisch eigenes Problem stellt der Besuch von Plenarsitzungen beim Bundesrat dar. Durch den Vollversammlungscharakter und den Plenarsitzungsverlauf bedingt, sind beim Bundesrat spezielle Informationen und Kenntnisse erforderlich. Schaubilder der Bundesratsverwaltung ermöglichen eine informative Vororientierung. Problemreicher als beim Bundestag ist beim Bundesratsbesuch die Vermittlung der umfangreichen Tagesordnungen, deren Themenfelder in der Plenarsitzung fast nicht wahrnehmbar sind, weil es dort nur über einzelne, politisch herausragende und strittige Tagesordnungspunkte zu Debatten kommt. Fast unlösbar erscheint das Problem des direkten Kontaktes zwischen Besuchern und Bundesratsmitgliedern, da Mitglieder des Bundesrates selbst weder für ein einführendes, noch für ein an die Plenarsitzung anschließendes Gespräch zur Verfügung stehen können. Sie sind Ministerpräsidenten und Minister (8) der Bundesländer bzw. Bürgermeister und Senatoren der Stadtstaaten Berlin, Bremen und Hamburg. Unerläßlich ist deshalb hier die Einführung in die Plenarsitzung durch den sachkundigen Besucherdienst. Mit seiner Hilfe hat sich auch der begleitende Lehrer sachkundig zu machen. Kann ein an die Plenarsitzung anschließendes Gespräch mit Experten aus der Landesvertretung stattfinden, ist dies außerordentlich hilfreich. Aus pädagogischer Sicht müssen Schüler im Anschluß an Plenarsitzungsbesuche Gelegenheit zumindest zum Nachfragen haben.

Bundestag und/oder Bundesrat?

Für die Planung und Durchführung der Parlamentserkundungen muß der Lehrer wissen — und das Bonner Seminar für die Multiplikatoren Lehrer informiert darüber —, welches Verfassungsorgan Vorrang hat. Sowohl Bundestag als auch Bundesrat unterhalten in ihren Verwaltungen Besucherdienste. Sie stehen für Auskünfte zur Verfügung (Besuchskonditionen,

Bezuschussungsverfahren, Terminplanung, Informationsmaterialien). Sie nehmen zudem Anmeldungen entgegen. Wiederum ist die Kompetenz des unterrichtenden Lehrers tangiert. Er muß wissen und entscheiden, ob ein Besuch bei Bundestag oder bei Bundesrat der Unterrichtsthematik und dem Prozeß politischen Lernens adäquat ist. Auf einer Studienreise beide Verfassungsorgane und die zuständige Landesvertretung zu besuchen, dürfte schon aus pragmatischen Termin- und/oder organisatorischen Gründen die Ausnahme von der Regel bilden. Vor allem ist die Auswahl unter didaktisch-methodischen Aspekten zu treffen. Bekanntlich läßt sich fast nur Bekanntes mit Bekanntem vergleichen. Erst wenn jedes der Verfassungsorgane für sich behandelt und verstanden ist, sollte der Vergleich Lerngegenstand sein. Vorher hat es in der Regel wenig Sinn, eine Klasse von einer Plenarsitzung des Bundestages in die Vollversammlung des Bundesrates zu hetzen. Parlamentsbesuche dürften nichts mit „Parlamenttourismus" und seinen negativen Begleiterscheinungen zu tun haben. Es wäre allerdings sehr zu wünschen, daß jeder Schüler in seiner Schulzeit Bundestag und Bundesrat „vor Ort" kennenlernt!

Die Nachbereitung des Parlamentsbesuchs

Weiterführung des Projekts

So unerläßlich die planende Vorbereitung des Unterrichtsprojekts „Erkundung des Lernorts Bundestag/Bundesrat" ist, so unerläßlich ist nach der eigentlichen Parlaments-Erkundung vor Ort in Bonn die Weiterführung des Projekts in einer unterrichtlichen Nachbereitung.
Die Nachbereitung in einer Tagungsstätte und/oder nach der Rückkehr aus Bonn bildet einen integrierten Bestandteil der methodisch-didaktischen Aufbereitung des Gesamtprojekts und entscheidet über erzielte Lernfortschritte im kognitiven wie auch im emotionalen Lernbereich. Unter welchen übergeordneten Aspekten die Nachbereitung zu erfolgen hat, wird der Lehrer entscheiden müssen aufgrund der tatsächlich verlaufenden Parlamentserkundung in Bonn. Als Hilfestellung werden zwei Betrachtungsaspekte vorgeschlagen, die verschiedene Lernebenen abzudecken suchen:

— Eine beurteilende Einschätzung der Begegnung mit Abgeordneten im Parlament.
— Eine Einschätzung der Begegnungen mit Politik-Inhalten, also der politischen Themenfelder, die entweder in der Diskussion mit den Abgeordneten oder aber während des Besuchs der Plenarsitzung in parlamentarischer Auseinandersetzung wahrgenommen werden konnten.

Unter verschiedenen Fragestellungen sollte dann weiter versucht werden, zuerst einen Gesamteindruck aufzuarbeiten, um dann in einer differenzierten Analyse den Parlamentsbesuch insgesamt zu reflektieren. Abschließend wäre dann der gesamte Parlamentsbesuch als eine Unterrichtssequenz in das Themenfeld des Lehrplanes, möglicherweise „Das parlamentarische Regierungssystem der Bundesrepublik Deutschland", einzuordnen. Immer wieder sollte im politischen Unterricht auf das Projekt Parlamentserkundung als unmittelbare Anschauungsbasis zurückgegriffen werden. Fassen Schüler von sich aus immer wieder einmal auf den Lernort Bundestag/Bundesrat zurück, so darf der Lehrer gewiß sein, daß neue Qualitäten politischen Lernens erreicht werden konnten.

Fragebündel zur Nachbereitung der Parlaments-Erkundung
(Zielgruppe Sekundarstufe I)

Zielsetzungen – Erwartungen – Ergebnisse:
- Welches waren die Ziele unserer Parlaments-Erkundung? Welche bundespolitischen Themen, Probleme und Aufgaben konnten wir „vor Ort" in Bonn kennenlernen und studieren?
- Haben wir das gesetzte Ziel – voll/teilweise/nicht – erreicht? Waren die gesetzten Erwartungen zu hoch? Warum? Gab es äußere Hindernisse, die der Erreichung des Zieles entgegenstanden? Was war besonders förderlich?
- Welche Folgerungen sind für die weitere Auswertung des Parlamentsbesuchs oder für die Fortführung des Projekts zu ziehen?

Politiker, Funktionen und Rollen im Parlament:
- Welchen Politikern sind wir im Deutschen Bundestag/Bundesrat begegnet? Wer erinnert sich? Welchen Bundestagsfraktionen/Landesrerierung/Parteien gehören Sie an? Wurden besondere Funktionen/Rollen wahrnehmbar, die sie (im Rahmen der Arbeitsteilung des Parlaments) im Bundestag/Bundesrat ausüben?
- Welche Aufgaben, die der Bundestag/Bundesrat als Verfassungsorgan und Träger eines Verfassungsauftrages hat, war für uns wahrnehmbar und auch erkennbar?

Ergebnisse – Inhaltlicher Ertrag:
- Mit welchen politischen Themen befaßte sich der Bundestag/Bundesrat?
- Tagesordnung? Über welche politischen Themen verhandelte das Parlament? Wurden unterschiedliche/gemeinsame Positionen bzw. Interessenlagen und Motive zur Bundespolitik/Politik in den Bundesländern bei den verschiedenen Fraktions-/Parteien-Vertretern deut-

lich? Gegebenenfalls: Welche? Konnte das Rollenspiel Parlament/ Parlamentsfraktionen — Bundesregierung wahrgenommen werden? Gab es Kritik an der Regierung? War Kontrolle gegenüber der Regierung wahrnehmbar? Wer übte sie aus?

- Was berichteten die Medien (Presse, Hörfunk, Fernsehen) über die Arbeit des Bundestages/Bundesrates am Tage unseres Besuches? Hierzu als mögliche Aufgabe: Wir vergleichen verschiedene Tageszeitungen und Rundfunksendungen.
- Über welche politischen Sachverhalte referierten oder diskutierten Bundestagsmitglieder bei der Begegnung zwischen Abgeordneten und Besuchern?
- Sollten wir das Parlaments-Protokoll über die Sitzung, an der wir teilnahmen, anfordern, um anhand des Quellenmaterials die Debatte nachzuvollziehen?
- Haben wir vom Pressezentrum des Bundestages/vom Besucherdienst des Bundesrates Informationsmaterialien bekommen, die einer Auswertung bedürfen?

Verhalten und Verfahren:
- Haben wir uns bei unserer Parlaments-Erkundung so verhalten, daß wir neue Informationen/Kenntnisse/Einsichten/Erkenntnisse/Beurteilungskriterien erhalten haben? Wie waren unsere Fragen, unsere Argumente? Wurden Themen angesprochen, die uns als Bürger direkt etwas angehen, die uns „betroffen" gemacht haben?
- War die Vorbereitung des Parlamentsbesuchs zu gering oder uneffektiv? Was hätten wir besser machen sollen?
- Konnten wir die Sprache der Redner im Plenarsaal verstehen? Sind uns politische Grundbegriffe über Parlament und Parlamentsarbeit klarer/verständlicher geworden?
- Können wir Presse- und Fernsehbilder vom parlamentarischen Geschehen in Bonn nunmehr besser verstehen, deuten, weitervermitteln?
- Haben uns Bundestagsabgeordnete/Regierungsmitglieder enttäuscht? Warum? War für uns ein Blick „hinter die Kulissen" möglich? Wissen wir nun, was Abgeordnete in Bonn tun? Sollten wir Bundestags-/Landtagsabgeordnete einmal zu uns einladen? Sollten wir mit ihnen über Schwierigkeiten, die wir bei der Beurteilung der Arbeit der Volksvertretung haben, gemeinsam reden? Sollten wir Abgeordnete über kritische Bewertungen nachträglich informieren?

Zusammenfassende Auswertung:
- Sind wir durch die Bundestags-/Bundesrats-Erkundung motivierter und sensibler geworden für die Weiterverfolgung und Beurteilung der Parlamentsarbeit? Interessieren wir uns nun verstärkt für Bundespolitik und Bundespolitiker, für Landespolitik in Bonn?

126

Was tun Abgeordnete im Parlament?

Elementarisiertes Ablaufmuster parlamentarischer Verhandlungen für Elementarunterricht

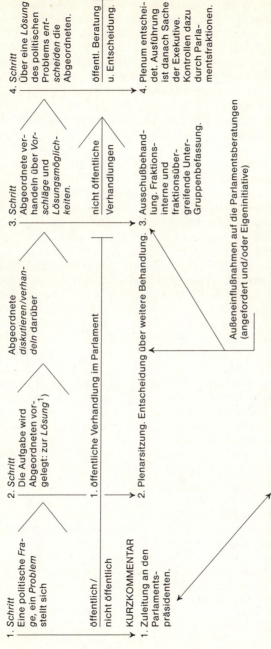

1. Schritt
Eine politische Frage, ein Problem stellt sich

2. Schritt
Die Aufgabe wird Abgeordneten vorgelegt: zur Lösung[1]

Abgeordnete diskutieren/verhandeln darüber

3. Schritt
Abgeordnete verhandeln über Vorschläge und Lösungsmöglichkeiten.

4. Schritt
Über eine Lösung des politischen Problems entscheiden die Abgeordneten.

öffentlich/nicht öffentlich

öffentliche Verhandlung im Parlament

nicht öffentliche Verhandlungen

öffentl. Beratung u. Entscheidung.

KURZKOMMENTAR

1. Zuleitung an den Parlamentspräsidenten.

2. Plenarsitzung. Entscheidung über weitere Behandlung.

3. Ausschußbehandlung. Fraktionsinterne und fraktionsübergreifende Gruppenbefassung.

4. Plenum entscheidet. Ausführung ist danach Sache der Exekutive. Kontrollen dazu durch Parlamentsfraktionen.

Außeneinflußnahmen auf die Parlamentsberatungen (angefordert und/oder Eigeninitiative)

Der Lehrer bedarf des Wissens: Der Sitzungsablauf ist in aller Regel vorher als „Drehbuch" vom Ältestenrat festgelegt, das heißt Sitzungszeit terminiert, Tagesordnung aufgestellt, Debattendauer und Redezeit festgelegt, Ausschüsse bestimmt, Vorsitzwahrnehmung geregelt etc.

[1] „Lösung" meint in aller Regel nicht endgültige Lösungen, sondern kurz-, mittel- und/oder langfristige Lösungskonzepte, die zu späteren Zeitpunkten einer Weiterentwicklung bedürfen.

127

– Mit welchen Aktionsformen könnten wir die Parlaments-Erkundung weiter aufarbeiten? (Anregungen hierzu z. B.: Wir machen darüber eine Zeitungsmeldung, eine Wandzeitung; wir berichten in unserer Schul- bzw. Schülerzeitung). Sollte über unser Projekt die SMV informiert werden? Sollten wir Informationen an der SMV-Anschlagtafel in der Schule anbringen? Sollen wir mit Abgeordneten weiter Kontakt halten? Beispielsweise in Form eines Interviews für unsere Schülerzeitschrift; einer Vereinbarung über eine Podiumsdiskussion. Sollten wir eine weitere Projektgruppe/AG oder einen Anschlußbesuch im Parlament durchführen, wobei die bereits gewonnenen Erfahrungen mit einzubringen wären? Wie können wir unsere Eindrücke weiter vermitteln? Bedürfen unsere Kenntnisse und Einstellungen zum Bundestag/Bundesrat/zur parlamentarischen Demokratie/zur parlamentarischen Regierungsweise einer kritischen Überprüfung? Sollte man ganz persönlich darüber weiter nachdenken? Gab es Vorurteile über den Parlamentarismus, die durch unsere Parlaments-Erkundung ausgeräumt wurden? Sind wir neugieriger für Politik geworden? Haben wir Interesse für andere Parlamente, so daß wir einen Besuch beim Bundesrat/Bundestag in Bonn/Europäischen Parlament in Straßburg bzw. Luxemburg überlegen und vorbereiten sollten?

Anmerkungen

Der Beitrag beruht auf einer Studie über den „Landtag als Lernort der politischen Bildung", die in dem Sammelband „Politische Bildung im öffentlichen Auftrag", hrsg. von der Landeszentrale für politische Bildung Baden-Württemberg, Stuttgart 1982, veröffentlicht worden ist.

1)   Bislang ist der Begriff der „politischen Bildung" als Institutionsbezeichnung für die in Bund und Ländern arbeitenden staatlichen Zentralen nirgendwo exakt analysiert und definiert worden, wenn man von den Auftragsbeschreibungen der Statuten/Regierungsbekanntmachungen einmal absieht. Da die mit der „politischen Bildung" beauftragten Institutionen auch nicht alle exakt gleichlautende Dienststellen-Bezeichnungen tragen – so wie Rechtscharakter und Geschäftsbereichszuordnung verschieden sind –, könnten nur auf Bund und Länder bezogene Definitionen dem jeweiligen Theorieverständnis und der Arbeitspraxis gerecht werden. Ohne in diese Definitionsdiskussion erschöpfend einzusteigen, wird hier unter „politischer Bildung" zur Groborientierung pragmatisch verstanden: Interessierte Bürger zum politischen Denken und Handeln zu motivieren und zu befähigen. „Bildung" meint dabei die schöpferische Synthese und Integration von politischer Unterrichtung und verfassungs-orientierter Erziehung, von Wissen um politische Inhalte und Handlungen sowie von politischer Motivation und

Wertbindungen bei politisch interessierten Mitbürgern. Politische Bildung — so verstanden — macht sichtbar, daß nur ein Teil des Bildungsprozesses planbar und organisierbar ist, und, als staatlich handelndes Institut, sein darf.

2) Neue Darmstädter Verlagsanstalt.

3) Dabei wird der Darstellung gefolgt von Uwe Thaysen: Parlamentarisches Regierungssystem in der Bundesrepublik Deutschland. Opladen 1976. Hier jedoch wird von einer problemorientierten Fragestellung ausgehend der Funktion des Parlaments nachzuspüren versucht. Thaysen geht methodisch den Weg in umgekehrter Reihenfolge.

4) Vgl. dazu Artikel 38 bis 49 des Grundgesetzes.

5) Siehe den gleichnamigen Band mit dem Untertitel Beiträge zum dreißigjährigen Bestehen des Deutschen Bundestages, hrsg. von Hartmut Klatt. Bonn 1980.

6) Vgl. dazu Artikel 50 bis 53a des Grundgesetzes.

7) Selbstverständlich erheben die Antworten und Argumentationspunkte keinen Anspruch auf alleinige Gültigkeit und Vollständigkeit; die Beurteilungs- und Bewertungskriterien können auch ganz anders aussehen.

8) Haben Staatssekretäre in der Landesregierung Sitz und Stimme, dann können auch sie Mitglieder des Bundesrates sein.

Ergänzende Hinweise

Bei einer Klassenfahrt nach Bonn empfiehlt es sich, auch die *Bundesregierung* mit einzubeziehen. Verschiedene Ministerien bieten Informationsprogramme an. Anmeldung über die Presse- und Öffentlichkeitsreferate der Bundesministerien.

Nicht zuletzt drängt sich die *Erkundung der Stadt Bonn als Bundeshauptstadt* auf. Die in diesem Band gegebenen didaktisch-methodischen Hinweise zum Besuch der Landeshauptstadt und der ehemaligen Reichshauptstadt Berlin können mit Einschränkung auch auf Bonn übertragen werden. (Vgl. dazu neben den üblichen Reiseführern GEO-Spezial Bonn 11.12.1985.) Allerdings muß die politische Intention der Bonn-Fahrt im Mittelpunkt bleiben.

Besuchstermine für den Bundestag und eventuell auch *finanzielle Unterstützung* vermitteln die örtlichen Abgeordneten oder die Besucherdienste des Deutschen Bundestages und des Bundesrates, Bundeshaus 53 Bonn 1.

Informationsmaterialien stellen u..a. zur Verfügung:
Deutscher Bundestag, Presse- und Informationszentrum Referat Öffentlichkeitsarbeit, Bundeshaus, 53 Bonn 1;
Presse- und Informationsamt der Bundesregierung, 53 Bonn 1;
Bundeszentrale für politische Bildung, Berliner Freiheit 7, 53 Bonn 1 und die Landeszentralen für politische Bildung.

Klaus Zimmermann

Berlin — Es gibt viel zu entdecken

Viele „Gründe" führen nach Berlin — Weshalb ist Berlin für
Exkursionen, Studienfahrten, Klassenfahrten und
Erkundungen besonders ergiebig?

Weshalb Menschen nach Berlin reisen

WEIL Berlin die ehemalige Reichshauptstadt ist,
weil Berlin die größte deutsche Großstadt ist,
weil Berlin geteilt ist,
weil Berlin ein Vorort Moskaus ist,
weil Berlin so kaputt ist,
AUS Solidarität mit den Berlinern!

AUS persönlichen Gründen,
aus wirtschaftlichen Gründen,
aus politischen Gründen,
aus Tradition,
aus innerer Notwendigkeit,
WEGEN der alternativen Szene!

WEGEN der Gedächtniskirche,
wegen Hertha BSC,
wegen der Berliner Luft,
wegen Nofretete,
wegen der Berliner Türken,
WEIL Berlin gut tut!

WEIL die Berlinwerbung so verlockend ist,
weil die Bundesregierung es gern hat,
weil der Ausflug bezuschußt wird,
weil der Transitweg so aufregend ist,
weil die Hausbesetzer so sympathisch sind,
UM sich zu bilden!

UM die Berliner zu erfreuen,
um billig nach Griechenland zu fliegen,
um Punker life zu sehen,
um die Berlinförderung zu realisieren,
um einen Koffer abzuholen,
WEIL sie noch nicht da waren!

WEIL sie den Alex sehen möchten,
weil sie mit Udo nach Pankow fahren möchten,
weil sie mit Drogen handeln wollen,
weil sie mal Berliner waren,
weil Berlin so schön weit weg ist,
UM Berliner kennenzulernen!

UM eine Türkeireise zu sparen,
um einen Trip in die deutsche Geschichte zu machen,
um einmal an der Mauer gestanden zu haben,
um das sowjetische Ehrenmal zu sehen,
um in Erinnerung zu schwelgen,
WEIL Berlin die Reichshauptstadt war!

Johannes Eucker (1)

Wie schon das Gedicht zeigt, ist es nicht schwer, überzeugende geschichtliche, politische und kulturelle Argumente zur Begründung einer Berlin-Fahrt zu finden. Zusätzlich scheinen noch folgende, in organisatorischer Hinsicht durchaus pragmatische Gründe dafür zu sprechen, auch künftig, etwa mit Abschlußklassen der Realschule, nach Berlin zu fahren:

1. Das Informationszentrum Berlin (2) hilft umfassend bei der Planung, Vorbereitung und Durchführung der Klassenfahrt.

2. Studienfahrten nach Berlin sind bei Beachtung der hierfür geltenden Voraussetzungen und bei ausreichenden Mitteln zuschußfähig. Aufgrund des gestiegenen Interesses reichen die Mittel oft nicht voll aus, so daß interessierte Schulen häufig nur alle zwei Jahre zum Zuge kommen. Eine Rückfrage bei den zuständigen Stellen informiert über die Situation (3).

3. Eine Repräsentativbefragung jugendlicher Berlinbesucher, die vom Informationszentrum Berlin in Auftrag gegeben wurde, kommt u.a. zu folgenden Ergebnissen: „Bei einer behutsamen Interpretation vermitteln die Daten den Eindruck, daß die Schüler gern nach Berlin fahren und die Tour keineswegs als lästige Pflichtübung ansehen. 82% würden *keine* andere Stadt als Besuchsziel bevorzugen. Nach ihrer Berlinfahrt geben 89% der Gruppenreisenden an, daß es keine andere Stadt gäbe, in die sie lieber gefahren wären" (4).

Das Kapitel „Selbsteinschätzung" des allgemeinen politischen Interesses förderte die interessantesten Ergebnisse der Untersuchung zutage. Demnach bewirkt die Berlin-Reise einen Politisierungseffekt, dessen Dauerhaftigkeit freilich offen bleiben muß. Die Quote der Befragten, die sich als politisch interessiert einstuften, stieg von 64% vor dem Besuch auf 70% nach dem Besuch. Die Gruppe der „überhaupt nicht" Interessierten verringerte sich dagegen merklich von 29% auf 23%. Entsprechend vergrößerte sich in der Selbsteinschätzung der Kenntnisstand über die rechtliche und politische Lage der Stadt. Antworten auf Kontrollfragen bestätigen dieses Bild. Über Themen wie den Ausländeranteil an der Bevölkerung, die Transitgebühren, den Mindestumtausch, die Sektorenaufteilung und die Blockade ist nach der Reise durchgehend ein höherer Kenntnisstand anzutreffen. Eigene Erfahrungen bestätigen diese Ergebnisse in der Tendenz.

4. Dem fächerübergreifenden und -verbindenden Aspekt kommt bei der Vorbereitung und Durchführung einer Berlin-Fahrt eine besondere Bedeutung zu. Jedes Fach beleuchtet mit den ihm eigenen Methoden eine andere Facette dieser Weltstadt, betont besondere Merkmale, ermöglicht spezielle Erfahrungen, macht zugänglich, was ein anderes Fach nicht thematisiert. Selbstverständlich leisten die Fächer Geschichte und Gemeinschaftskunde ihren Beitrag, wenn es um die historische Bedeutung Berlins, die aktuelle politische Situation und um soziale Brennpunkte der Stadt geht. Entsprechend den Programmschwerpunkten ergibt sich die Notwendigkeit der Kooperation mit folgenden Fächern:

Deutsch: Auswahl und Vorbereitung Theaterbesuch, Berlin als Literaturstadt, die Lebensumwelt Berlin in literarischen Texten, literarisch-historische Stadterkundungen zu Fuß in bestimmten Bezirken, Besuch von aktuellen Ausstellungen, Teilnahme an Autorenlesungen mit Diskussion, Besuch von Berliner Verlagen, Betreuung von Dokumentationen der Berlin-Fahrt für Schülerzeitungen oder Elternabende, u. a. m.

Kunst: Techniken visueller Dekodierung, Stilgeschichte, Vorbereitung Museumsbesuch, Besuch von aktuellen Ausstellungen, Berliner Maler, z. B. Heinrich Zille, Betreuung von Bild-Text-Dokumentationen nach der Berlinreise, u. a. m.

Musik: Besuch Klassik-, Jazz-, Rock- und Popkonzert, Vorbereitung Museumsbesuch, Musik-Szene Berlin, u. a. m.

Biologie und Erdkunde: Vorbereitung Museumsbesuch, z. B. Museum für Völkerkunde, Besuch Zoologischer Garten oder Botanischer Garten, u. a. m.

Ob eine Berlin-Klassenfahrt zu einem für alle Teilnehmer bleibenden Erlebnis oder zu einer staatlich subventionierten Disco-Tour wird, liegt also nicht an Berlin, diesem wieder zunehmend bedeutungsvollen Schnittpunkt zweier unterschiedlicher politischer und gesellschaftlicher Systeme mit gleicher Sprache und Geschichte, sondern an der Konzeption der Reise. Dazu gehört auch, daß Lehrer akzeptieren, welche unterschiedlichen und vielfältigen Interessen ihre Schüler mit einem Berlin-Besuch verbinden und daß es deshalb unrealistisch wäre, diese Interessen und die erzieherisch-informativen Zielsetzungen zur Deckung bringen zu wollen. Jugendliche wollen in Berlin auch „was erleben". Lehrer wollen die kurze Zeit des Aufenthaltes optimal im Sinne ihrer Lernziele nutzen. Die Schüler empfinden sich dann an der zu kurzen programmatischen Leine.

Stadterkundung im Spannungsverhältnis zwischen programmatischem Rahmen und spontanem Erleben

Um die besondere Chance der Stadterkundung als einer nicht alltäglichen Form des Erlebens, Wahrnehmens und Lernens nutzen zu können, ist es notwendig, die Schüler in der Planungs- und Vorbereitungsphase adäquat zu beteiligen, ihnen Spielraum für ungeplante Erfahrungen und Wahrnehmungen zu lassen und als Lehrer den prozeßorientierten und offenen Unterrichts- und Erziehungsformen den ihnen gemäßen Stellenwert einzuräumen.
Stadterkundung ist ein überaus komplexer Prozeß:

— Stadterkundung beansprucht alle menschlichen Sinne in intensiver Weise.
— Stadterkundung zeigt die psychischen und physischen Grenzen der Wahrnehmung auf und bietet die Möglichkeit, Wahrnehmungsmuster zu überprüfen und eventuell zu ändern.
— Stadterkundung ermöglicht ungezählte Einzelbeobachtungen auf Straßen, Plätzen und in U-Bahnhöfen, spontane Kontakte, Nebenbeieindrücke während einer Museumsführung, unerwartete Regieeinfälle einer Theaterinszenierung u. ä.
— Stadterkundung beinhaltet soziales Lernen, wenn Gruppen gemeinsame Erfahrungen machen oder wenn jugendliche Besucher die vielfältigen Formen des Umgangs mit den Bürgern der Stadt erfahren.
— Stadterkundung ermöglicht vielfältige emotionale Erlebnisse.

Dies alles soll erfaßt und verarbeitet werden. Die offiziellen Programmpunkte und die neuen Eindrücke einer Weltstadt sind für die Schüler oft überwältigend, zumal bei einem Großteil keine oder nur geringe Erfahrungen mit einer Millionenstadt vorhanden sind.

Die Erfahrung zeigt, daß diese zentralen Aspekte bei der Planung und Vorbereitung der Klassenfahrt oft zu wenig berücksichtigt werden.

Planung und Vorbereitung des Berlin-Aufenthaltes

Planung, Vorbereitung, Durchführung und Nachbereitung von Exkursionen, Studienfahrten, Klassenfahrten und Erkundungen sind für die Lehrer eine pädagogische und fachliche Herausforderung, bei erfolgreichem Verlauf können sie zu einem wichtigen Motiavtionsanstoß für die weitere Arbeit werden. Gleichzeitig bedeuten sie aber einen ernormen Arbeitsaufwand, der neben den sowieso nicht geringen Belastungen im Lehrerberuf bewältigt werden muß.

Die folgenden Ausführungen sind deshalb als praktische Handlungsanleitungen gedacht und bedeuten hoffentlich eine gewisse Arbeitsentlastung bei der organisatorischen Vorbereitung der Fahrt.

Frühzeitig mit der Planung beginnen

Zuschußfähig sind Klassenfahrten aller Schularten nach Berlin ab Klasse 9. Nicht zuletzt auch wegen der Lehrplaninhalte der Fächer Geschichte und Gemeinschaftskunde erscheint diese Festlegung auf eine Mindestaltersstufe als sinnvoll. Mit der Planung sollte man mindestens ein Jahr vor dem beabsichtigten Fahrttermin beginnen, also am Anfang der Klassenstufe 9, wenn beispielsweise eine „Abschlußfahrt" einer Realschulklasse der Klassenstufe 10 nach Berlin beabsichtigt ist.

Das Schülerinteresse an einer solchen Fahrt zu wecken, dürfte nicht allzu schwierig sein. Der erfolgreiche Verlauf der Reise hängt jedoch auch davon ab, daß die Schüler schon in dieser frühen Phase des Entscheidungsprozesses mit einigen wesentlichen Erwartungen des Lehrers konfrontiert werden: Sie wirken aktiv bei der Planung und Durchführung mit und flüchten sich nicht in eine touristische Konsumentenrolle; sie stimmen ihre Verhaltensweisen auf die gemeinsam zu erreichenden Ziele ab; sie sind bereit, ein gewisses Maß an außerunterrichtlichem Einsatz in der Vorbereitungsphase zu erbringen.

Wenn die Schüler sich positiv entschieden haben, werden die Eltern anläßlich eines Elternabends informiert, denn bei minderjährigen Schülern ist ein Einverständnis der Eltern erforderlich. Folgende Aspekte können an diesem Elternabend angesprochen werden:

— Gründe, die für Berlin als Ziel der Klassenfahrt sprechen
— Informationen über Berlin (Das Informationszentrum Berlin verschickt automatisch und kostenlos eine Video-Kassette, außerdem

gibt es verschiedene Filme zum Thema, die bei den Bildstellen ausgeliehen werden können.)
- Grobe und zunächst unverbindliche Kostenplanung
- Stand der Programmplanung, zumindest Pflichtprogrammpunkte der Reise als Voraussetzung für die Förderungswürdigkeit
- Möglichkeiten, die Eltern eventuell in die Programmplanung einzubeziehen (Gibt es z. B. persönliche Kontakte – evtl. auch in Ost-Berlin?)

Nach diesem Informationsabend erfolgt die schriftliche Einverständniserklärung der Eltern. Danach beginnt sofort die Vorbereitungsphase.

„Man sieht nur, was man weiß" – Hinweise zur Vorbereitungsphase

Nachfolgende Ausführungen beinhalten zentrale Aspekte der Vorbereitung, ohne Anspruch auf Vollständigkeit.

Vorstellungen und Interessen der Schüler
Was wissen die Schülerinnen und Schüler über Berlin? Welche Vorstellungen existieren in ihren Köpfen über diese Stadt, über die in den Massenmedien häufig und in sehr unterschiedlichen Zusammenhängen berichtet wird. Eine schülerorientierte unterrichtliche Vorbereitung, die auch das Ziel hat, bei den Jugendlichen eine Vorfreude auf die Klassenfahrt zu erzeugen, sollte an deren Vorstellungsbildern zu Berlin ansetzen, denn diese Bewußtseinslage bestimmt zunächst die vorhandenen Bedürfnisse und Interessen. Erfahrungen zeigen, daß die inhaltlichen Vororientierungen der Schüler häufig recht undifferenziert, teilweise diffus und verschwommen sind. Dies gilt im besonderen für den Ostteil der Stadt.
Es gibt nun verschiedene methodische Möglichkeiten, diese Vorstellungen der Schüler abzurufen. Am einfachsten ist wohl die Auswertung einer Befragung: Was fällt Dir beim Stichwort Berlin ein? Was würde Dich bei einem Besuch in Berlin interessieren?
Eine wichtige Aufgabe der Vorbereitungsphase wird es dann sein, die durch die Befragung sichtbar gewordenen Vorstellungen zu ergänzen, zu korrigieren und Klischees durch Informationen zu ersetzen. (Eine Befragung der Schüler kann selbstverständlich auch am Anfang der Planung stattfinden.)

Informationsvermittlung durch Schülerreferate
Das Schülerreferat ist die Form der Informationsvermittlung, die die ganze Klasse am stärksten in die inhaltliche Vorbereitung einbezieht. Dabei werden mögliche Referatsthemen und die entsprechenden Literaturhinweise gesammelt und den Schülern danach zur Auswahl überlassen. Einige historische und zeitgeschichtliche Themen erscheinen von so grundsätzlicher Bedeutung, daß sie unbedingt bearbeitet werden sollten:

Berlin in der deutschen Geschichte; Der Sonderstatus Berlin – Abriß der historischen Entwicklung; Entstehung beider deutscher Staaten und Berlin; Berlin-Krisen; Viermächte-Abkommen über Berlin; West-Berlins Bindungen an den Bund; Berlinpolitik o.ä. (5).

Weitere Themen ergeben sich aus den Schülerinteressen und Vorbereitungsschwerpunkten. Für Schulen, die häufig Berlin-Fahrten durchführen, erscheint die Anschaffung einiger auch für Schüler benutzbarer Reiseführer lohnenswert. Kapitelüberschriften aus Stadtführern ergeben teilweise wichtige Hinweise für Referatsthemen, z. B.: „Zooviertel und Kurfürstendamm"; „Siegessäule – Brandenburger Tor – Reichstagsgebäude"; „Funkturm und Olympiastadion"; „Berliner Museen"; „Theater, Theater, Theater"; „Die S-Bahn und die U-Bahn"; „Subkulturen"; „Kreuzberg – ein Kudamm-Kontrastkurs"; „Die Mauer"; „Ziemlich poetisch: Die Friedhöfe". Aufgrund der meist geringen oder klischeehaften Kenntnisse der Schüler über den Ostteil der Stadt sollte dieser bei der Auswahl der Referatsthemen besondere Berücksichtigung finden (6). Ein Eingehen auf das Gesellschaftssystem der DDR und auf das Problem der „Deutschen Frage" ist dabei unerläßlich. Es erscheint durchaus zumutbar, die Vorstellung der Referate und der von den Schülern erarbeiteten Materialien teilweise auf die außerunterrichtliche Zeit zu verlegen.

Ost-Berlin

Der in der Regel ganztägige Aufenthalt im Ostteil der Stadt muß gut vorbereitet sein, soll bei den Schülern nicht das Gefühl des Verlorenseins in dieser großen Stadt aufkommen. Den DDR-Alltag lernt man in wenigen Stunden Ost-Berlin sicher nicht kennen, bei entsprechender Vor- und Nachbereitung können die Schüler aber mehr Eindrücke mit nach Hause nehmen als die Wahrnehmung, daß das System der Marktwirtschaft für den Konsumenten besser sorgt als die sozialistische Planwirtschaft. Da durch Visumgebühr und Mindestumtausch nicht unerhebliche Kosten entstehen, sollte der Tag intensiv genutzt werden. Gegenüber einer mehrstündigen Stadtrundfahrt bietet die „private" Einreise über Bahnhof Friedrichstraße die Möglichkeit der individuellen Programmgestaltung. Je nach Zielsetzung und Interessenlage bieten sich unterschiedliche Schwerpunkte an: Museumsinsel mit dem eindrucksvollen Pergamonmuseum; Museum für Deutsche Geschichte als Beispiel für sozialistische Geschichtsinterpretation; Spaziergang durch das alte Berlin; Besuch eines Stadtbezirks außerhalb der Innenstadt, z. B. Bezirk Prenzlauer Berg als Beispiel für ein Stück typisches Berlin; Theaterbesuch. Selbstverständlich sollte den Schülern Gelegenheit zu freien Erkundungen gegeben werden, auch um individuelle Kontaktaufnahmen zu ermöglichen.

West-Berlin

Parallel zu den Schülerreferaten werden weitere Informationsquellen für die Vorbereitung genutzt:

- Filme und Videokassetten über Berlin
- Das Informationszentrum Berlin verschickt kostenlos ein ganzes Informationspaket. Darin enthalten sind ein Führer „Berlin für junge Leute" im Klassensatz; ein Stadtspiel in mehreren Exemplaren; die Informationsmappe „Berlin Stadterkundung" mit fünfzehn Erkundungsrouten, wobei zwei Routen in den Ostteil der Stadt führen; weiteres Material für die Hand des Lehrers. Auf Anfrage verschickt das Informationszentrum auch zusätzliches Material (7).

Für Schüler mit wenig Großstadterfahrungen ist es keine überflüssige Zeitverschwendung und zu starke Gängelei, sie in das Lesen und den Gebrauch eines Stadtplanes (z. B. Übungen zur Maßstabberechnung und zur Orientierung auf der Karte) und der Pläne für die öffentlichen Verkehrsmittel (z. B. Streckenverlauf der U/S-Bahnlinien, Umsteigenotwendigkeiten) einzuführen. Hierbei sollte auch die psychologische Komponente Berücksichtigung finden, daß es kein Zeichen von Hilflosigkeit ist, sich in einer Großstadt auch in der Öffentlichkeit im Stadplan zu orientieren oder ggf. Passanten zu befragen.

Die frühzeitige Beschäftigung mit den Theater- und Konzertprogrammen für den Zeitraum des Berlinaufenthaltes vergrößert die Chancen, Karten für die gewünschte Veranstaltung (auch in Ost-Berlin) in der entsprechenden Zahl zu bekommen. Die 14tägig erscheinenden Stadtillustrierten TIP oder Zitty, die auch außerhalb Berlins verkauft werden, geben wichtige Hinweise bei der Zusammenstellung des abendlichen Kulturprogramms. Erfahrungen zeigen, daß bei sorgfältiger Auswahl und etwas Glück — auch in Berlin sind herausragende Theaterinszenierungen nicht alltäglich — gerade dieser Programmteil bei den Schülern nachhaltige Eindrücke hinterläßt und als Alternative zu den Disco-Touren durchaus akzeptiert, von manchen sogar begrüßt wird.

Das Programm für den Berlin-Aufenthalt entsteht

Aufgrund der vorangegangenen Informationsphase sind die Schüler in der Lage, selbständig einen Programmvorschlag für die entsprechende Zeitdauer des Berlin-Aufenthaltes auszuarbeiten. Dabei ist zu bedenken, daß nur in einem Teil des Programms individuelle Interessen und Wünsche berücksichtigt werden können. Um einen finanziellen Zuschuß für die Klassenfahrt zu bekommen, sind folgende Veranstaltungen verpflichtend:

- Ein Vortrag über die politische, wirtschaftliche und kulturelle Situation Berlins (Dauer ca. 2 Std.)
- Ein Vortrag mit einem Referenten der Bundesanstalt für gesamtdeutsche Aufgaben über die Situation in der DDR (Dauer ca. 2 Std.)

– Eine Stadtrundfahrt durch West-Berlin mit einem Begleiter vom Informationszentrum Berlin (Dauer ca. 3 1/2 Std.)

Bedenkt man, daß viele Klassen einen Tagesaufenthalt in Ost-Berlin einplanen, so ist der Teil des Berlin-Aufenthaltes, der neben dem „Pflichtprogramm" frei gestaltet werden kann, nicht besonders umfangreich und sollte deshalb sorgfältig ausgewählt werden, wobei Schülerwünsche weitestgehend berücksichtigt werden. Auch die banale Tatsache, daß Besichtigungen müde machen und daß die vielen neuen Eindrücke verarbeitet werden müssen, reduziert die innerhalb der Klasse wahrscheinlich konkurrierenden Programmwünsche. So wird am Ende sicher ein von allen Schülern der Klasse akzeptierter Kompromiß stehen.

Neben Programmpunkten, die von der Klasse gemeinsam durchgeführt werden, sollte unbedingt auch Zeit für freie, in Kleingruppen durchgeführte Erkundungen vorhanden sein. Vor allem in der Endphase des Aufenthaltes sind solche Freiräume für die Schüler wichtig, denn sie haben schon so viel „Berlinerfahrung", daß sie sich ihre individuellen Programmwünsche entsprechend gründlicher erfüllen, eine im Verlauf des Aufenthaltes nur oberflächlich berücksichtigte Sehenswürdigkeit einer vertiefenden Betrachtung unterziehen oder die Gegensätze dieser Weltstadt in einem von ihnen ausgesuchten Bezirk intensiv erleben können. Aber auch am Anfang in der „Schnupperphase" sind offene Angebote denkbar, wenn beispielsweise das Kennenlernen der City in das Besuchsprogramm aufgenommen wurde. Die Auswahl des Themas (z. B. Bahnhöfe in Berlin; Das ländliche Berlin; Flüsse und Seen in Berlin; Stadtteilerkundung; U-Bahn-Linie 1; Berlin von oben) und die Zusammensetzung der Kleingruppen für die freien Erkundungen können vor dem Berlinaufenthalt organisiert werden; spontane, aus einem speziellen thematischen Anliegen sich ergebende Gruppenbildungen in Berlin sollten aber ebenfalls ermöglicht werden. In der Vorbereitungsphase wird die schriftliche Einwilligung der Eltern, daß die Schüler Berlin selbständig in Kleingruppen erkunden können, eingeholt.

Selbstverständlich wird auch das Abendprogramm gemeinsam erstellt.

Der vorläufige Programmplan der Klasse wird mit dem Informationszentrum Berlin abgestimmt, und die Eltern der Schüler werden über den geplanten Programmablauf ebenfalls informiert. Diese Elterninformation sollte in der gesamten Vorbereitungsphase kontinuierlich bei Elternabenden und durch Elternbriefe geschehen.

Auswertung des Berlin-Aufenthaltes

Je nach Zielsetzung oder Interessenlage der Klasse ist es notwendig, die Form der Auswertung der Stadterkundung bereits in der Vorbereitungsphase zu besprechen und zu organisieren. Auf eine ausführliche Darstel-

lung der Möglichkeiten wird hier verzichtet, da dies kein themenspezifischer Aspekt ist. Die Gestaltung eines Elternabends im Anschluß an die Berlinfahrt, z. B. unter dem Motto „Berlin tut gut", mit Bildern, Anekdoten, Erlebnissen, Gesprächen sollte auf jeden Fall zu bewältigen sein.
In diesem Sinne: Berlin tut gut.

Anmerkungen

1) Johannes Eucker/Jürgen Hoffmann: „ . . . ne scheene Jegend is det hier." Kunst + Unterricht 82/Dezember 83, S. 15. Friedrich Velber Verlag.

2) Anschrift: Informationszentrum Berlin, Hardenbergstraße 20, D-1000 Berlin 12

3) Hinweise über das Zuschußverfahren in Baden-Württemberg finden sich in: Schulintern. April 1985.

4) Informationszentrum Berlin, Kurzauswertung des Tabellenbandes „Die Resonanz der Berliner Reisen von Jugendlichen." o.J.

5) Vgl. hierzu u.a.: Landeszentrale für politische Bildung Baden-Württemberg (Hrsg.): Berlin – Hauptstadt und geteilte Stadt. Heft 12 der Reihe „Die deutsche Frage im Unterricht". Dezember 1987.
Bundeszentrale für politische Bildung (Hrsg.): Berlin. Heft 181 der Reihe „Informationen zur politischen Bildung." September 1979.
Wochenschau für politische Erziehung Sozial- und Gemeinschaftskunde, Dr. Kurt Debus (Hrsg.): Berlin. Nr. 4, Juli/August 1985.
Informationszentrum Berlin: Berlin – Materialien zur Rechtslage und zur politischen Entwicklung seit 1945 (kostenlos erhältlich).
Verschiedene Seminarmaterialien des Gesamtdeutschen Instituts – Bundesanstalt für gesamtdeutsche Aufgaben – Adenauerallee 10, 5300 Bonn 1.

6) Vgl. hierzu u.a.: Ursula von Kardorff/Helga Sittl: „Richtig reisen". Berlin, Köln: DuMont 1982.
zitt – Illustrierte Stadtzeitung: Anders reisen: Berlin. Reinbek bei Hamburg: Rowohlt 1980 (rororo Sachbuch 7503).
Stefan Loose/Renate Ramb/Robert Sperber/Klaus Schindler: Berlin – Ein Handbuch. Berlin 1981.
Alexander Frey: Berlin – Westberlin – Ostberlin – Potsdam. Zürich und München: Artemis 1982.

7) Weitere Routenvorschläge und wichtige Informationen für die Reisevorbereitung finden sich im Heft 9/1985 von „Praxis Geographie" und Heft 20/1983 von „Geographie heute".

Winfried Glashagen

Klassenfahrten in die DDR

Einführung

Klassenfahrten in die DDR sind nach den Berlin-Besuchen der am häufigsten genutzte außerschulische Lernprozeß. Seit Anfang der 80er Jahre ist die Zahl der Klassenfahrten bundesrepublikanischer Schulen in die DDR erheblich gestiegen.

Aus dem Land Baden-Württemberg, das den Themenbereich „Die deutsche Frage im Unterricht" und Lehrer- und Schülerreisen in die DDR besonders fördert, besuchten 1987 mehr als 300 Schulklassen die DDR.

Das bundesweite Anwachsen der Zahl der Klassenreisen in die DDR ist durch das gewachsene öffentliche Interesse an der DDR und der deutschen Frage sowie durch bildungspolitische und erhebliche finanzielle Förderung bedingt. Die Politik der DDR, sich zunehmend für Besucher aus dem Westen zu öffnen, hat hierzu die Voraussetzungen geschaffen.

In diesem Beitrag wird ausgehend von den Zielen und der Programmstruktur von DDR-Klassenfahrten dargestellt, welche Beobachtungen und Erfahrungen möglich sind und welche Lernchancen bestehen. Die konkret beobachtbaren und erfahrbaren Phänomene, die Ausgangspunkte für eine intensivere und systematischere Bearbeitung der zugehörigen inhaltlichen Zusammenhänge während der Reise oder bei der Nachbereitung sind, werden exemplarisch vorgestellt. Diese konkreten Phänomene mit ihren Inhalten werden in der folgenden Darstellung den einzelnen Schulfächern zugeordnet.

Möglichkeiten der Erschließung von Politik, Gesellschaft und Wirtschaft der DDR

Im Mittelpunkt einer Klassenfahrt in die DDR steht zumeist das Ziel, die DDR durch eigene Anschauung und Erfahrung kennenzulernen. Vor Ort können die Schüler ein möglichst sachliches und vorurteilfreies Bild von (den im Rahmen einer Klassenfahrt erfahrbaren) Aspekten der DDR erwerben. Durch Gespräche mit Jugendlichen und Erwachsenen aus der DDR werden Informationen auf persönlicher Ebene selbst erschlossen und ausgetauscht; es können persönliche Beziehungen entstehen, die bessere gegenseitige Verständigung ermöglichen und die das Bild der DDR und der dort lebenden Menschen nachhaltig prägen.

Die Möglichkeiten, die DDR kennenzulernen, sind im wesentlichen durch die im Programm von seiten der DDR vorgegebenen Strukturen und Inhalte bestimmt. Alle Schüler- und Jugendgruppen werden in der DDR von einem Jugendreiseleiter der DDR begleitet. Er ist für den gesamten organisatorischen Ablauf der Reise in der DDR zuständig. Er regelt alle Fragen der Unterkunft und Verpflegung, der polizeilichen Anmeldung, des Programmablaufs, der Programmveränderungen; als Beauftragter der Staatsbank der DDR wechselt er Geld. Bei Besichtigungen und Stadtrundfahrten wird zusätzlich ein Stadtbilderklärer (Bezeichnung für Stadtführer) oder eine andere Fachkraft (z. B. ein Pfarrer oder Küster bei einer Kirchenbesichtigung) herangezogen.

Während der Fahrt von Programmpunkt zu Programmpunkt gibt der Jugendreiseleiter Informationen über Politik, Wirtschaft, Gesellschaft und Alltagsleben der DDR und ist auch bereit, mit den Schülern über diese Inhalte zu diskutieren. Den Schülern kann somit aus der Sicht der DDR ein Überblick über wichtige Sachverhalte des Lebens in der DDR angeboten werden.

Das Jugendreisebüro der DDR (eine Einrichtung der FDJ) erstellt das offizielle Programm der Reise. Nicht alle Programmwünsche des westdeutschen Lehrers oder Gruppenleiters können vom Jugendreisebüro der DDR berücksichtigt werden. Aufgrund der vom Jugendreisebüro erarbeiteten Grundstruktur enthält das Programm grundsätzlich überwiegend Besuche und Besichtigungen kulturhistorischer Sehenswürdigkeiten. So sind beispielsweise die Wartburg in Thüringen, Eisenach mit dem Bach- und Luther-Haus, Gotha mit der Gedenkstätte an den Gothaer Parteitag der Sozialdemokraten, Erfurt mit dem Dom und dem Augustinerkloster, Weimar mit den Gedenkstätten der deutschen Klassik und dem ehemaligen KZ Buchenwald typische Teile eines solchen Programms. Im Hinblick auf die gegenwärtige DDR erfahren die Schüler bei der Besichtigung historisch-kultureller Stätten, wie die DDR deutsche Geschichte und Kultur rezipiert, welche wirtschaftlichen und kulturellen Leistungen erbracht wurden, um diese historischen Stätten zu restaurieren und zu erhalten und wie die Altstadtkerne saniert, rekonstruiert und modernisiert werden. Über das politische, wirtschaftliche und gesellschaftliche System der DDR im engeren Sinne erfahren sie relativ wenig. Die Gedenkstätten der Parteitage der Sozialdemokraten in Eisenach, Erfurt und Gotha oder das ehemalige KZ Buchenwald mit dem Museum geben Auskunft über das marxistisch-leninistische Selbstverständnis der DDR und über den u. a. mit dem Widerstand gegen den Nationalsozialismus legitimierten Führungsanspruch der kommunistischen Partei bzw. der SED.

141

Stadtrundfahrten und Stadtrundgänge sind typische Elemente der Standardprogramme. Sie schließen die Besichtigung von Neubauvierteln und Satellitenstädten (z. B. Jena-Lobeda oder Leipzig-Grünau) ein und vermitteln einen Überblick über sozialistischen Wohnungsbau und Stadtentwicklung. Der Stadtbilderklärer verweist auf wichtige Einrichtungen des Bildungswesens (Kindergärten, Schulen, Hochschulen, Studentenwohnheime) und verdeutlicht die Leistungen der DDR vor allem in der Sozial- und Bildungspolitik.

Zum Standardprogramm gehört auch eine Begegnung mit einer FDJ-Gruppe. Ein FDJ-Funktionär hält hier einen kurzen einleitenden Vortrag über die FDJ, Staat, Politik und Gesellschaft der DDR, an den sich eine Plenumsdiskussion und organisierte Kleingruppengespräche anschließen. Vortrag und Plenumsdiskussion vermitteln ein interessantes Bild über das Selbstverständnis der DDR. Die Schüler aus der Bundesrepublik können die FDJ-Mitglieder befragen, um so gezielt weitere Informationen aus erster Hand zu erhalten; aus der Diskussion können sie entnehmen, wie Dialogbereitschaft praktiziert und wie weit Kritik geübt werden kann und wird.

Im Programm ist in der Regel eine weitere Jugendbegegnung in Form einer Tanzveranstaltung enthalten. Hier werden insbesondere informelle Gesprächsmöglichkeiten und ein Einblick in die Freizeitgestaltung Jugendlicher in der DDR geboten.

Besuche von Betrieben, landwirtschaftlichen Produktionsgenossenschaften (LPG), Schulen, berufsbildenden Einrichtungen sind meist nicht im Programm enthalten. Diese Möglichkeiten zum intensiveren Kennenlernen können vom Jugendreisebüro (Jugendtourist) in der Regel nicht vermittelt werden.

Entsprechende Beobachtungen über Industrie und Landwirtschaft, Umweltbedingungen, Infrastruktur und Verkehr sind allerdings auf der Fahrt von Stadt zu Stadt, von Besichtigungsort zu Besichtigungsort möglich.

Um den Schülern Zusammenhänge zu verdeutlichen, sind ergänzende Lehrerinformationen zur Erläuterung der Beobachtungen erforderlich.

Beim Aufenthalt in Jugendherbergen und Jugendtouristikhotels bzw. bei den gemeinsamen Mahlzeiten in Restaurants oder Gaststätten bestehen weitere Erfahrungsmöglichkeiten. Beispielsweise können die Schüler beobachten, wie sich Vorgaben des politischen Systems in der Organisation des Alltagslebens in der Jugendherberge widerspiegeln. In Restaurants sind Einblicke in die im Vergleich zur Bundesrepublik Deutschland günstige Preisstruktur des Speisen- und Getränkeangebots (Grundnahrungsmittel werden subventioniert) und in den Grad der Versorgung der Bevölkerung in diesem Dienstleistungsbereich möglich.

Außerhalb des offiziellen Reiseprogramms sind vielfältige weitere Erfahrungen durch Beobachtungen und Gespräche im politischen, wirtschaftlichen und gesellschaftlichen Bereich möglich.

Menschliche Begegnungen beim Aufenthalt in der DDR ermöglichen durch direktes Erzählen, Fragen und Antworten unmittelbare Information über das Leben in der DDR und den Austausch von Meinungen. Sie können einen persönlichen Zugang zu vielen Sachfragen und Problemen schaffen, lassen Bekanntschaften, Sympathien, Freundschaften entstehen, die über die Reise hinauswirken (affektive Bezüge zu Erlebnissen auf den Reisen, Briefe, weitere Besuche).

Das offizielle Programm ermöglicht vorrangig Begegnungen mit Menschen, die sich primär oder zunächst in der Rolle von Vertretern sozialistischer staatlicher und gesellschaftlicher Einrichtungen der DDR (Jugendreiseleiter und Mitglieder der FDJ, städtische Stadtbilderklärer) oder in der Rolle kirchlicher Mitarbeiter (die u.a. durch die klare Trennung von Kirche und Staat definiert ist) befinden. Das informelle Gespräch, wie es beispielsweise bei der Begegnung mit den jugendlichen FDJ-Mitgliedern entsteht, hebt solche Rollen-Orientierungen weitgehend auf und ermöglicht eigentlich erst den intensiven persönlichen Austausch. Um Bedingungen für solche persönlichen Begegnungssituationen in größerer Zahl zu schaffen, sind Ergänzungen des offiziellen Programms sinnvoll.

Viele bundesdeutsche Jugendgruppen planen an ihren Aufenthaltsorten Treffen mit Mitgliedern der jungen Gemeinden der Kirchen in der DDR ein. Über ihre Kirchengemeinden am Heimatort, die fast ausschließlich Beziehungen zu Partnergemeinden in der DDR unterhalten, werden zusätzliche Begegnungen vorbereitet. Bei diesen Begegnungen können viele wichtige Fragen umfassend besprochen werden: Das Verhältnis von Kirche und Staat; der Christ in der sozialistischen Gesellschaft, Aufgaben der Kirchen, Fragen des Schullebens und der Berufswahl, Friedenspolitik, Wehrdienst und Wehrdienstverweigerung...

Um weitere Kontakte mit Jugendlichen aus der DDR zu ermöglichen, sollte im Programm grundsätzlich Freizeit für Aktivitäten von Kleingruppen eingeplant werden. Die Jugendlichen aus der Bundesrepublik können beim Stadtbummel, im Jugendcafé, in einem Jugendclub der FDJ, in einem Haus der Deutsch-sowjetischen Freundschaft Gleichaltrige treffen und mit ihnen ins Gespräch kommen.

Menschliche Beziehungen eröffnen einen intensiven Zugang zur DDR. Sie lassen erfahren, warum bei den Menschen in der DDR, wie viele Beobachter festgestellt haben, ein großes Maß an Offenheit, menschlicher Wärme und Hilfsbereitschaft im Kollegen-, Verwandtschafts- und Freundeskreis besteht.

Im Alltagsleben können einzelne Aspekte und Manifestationen des politischen Systems wahrgenommen werden. Bei einem Stadtbummel oder während des Stadtrundgangs sehen die Jugendlichen politische Plakatierungen, Dekorationen, Parolen, die an Häusern, öffentlichen Gebäuden, Betrieben, auf Plätzen und Straßen oder in den Schaufenstern angebracht sind. Sie haben die Funktion, der Bevölkerung der DDR immer wieder die zentrale Funktion des Sozialismus für alle Politik- und Lebensbereiche, die führende Rolle der SED, die Herrschaft der marxistisch-leninistischen Ideologie bewußt zu machen. Sie versuchen ferner, die Menschen zum intensiveren Einsatz für die Weiterentwicklung des Sozialismus, der Wirtschaft und des Lebensstandards zu motivieren. Besonders reichhaltig ist diese Form der Agitation vor politischen Festtagen (1.3. = Tag der Nationalen Volksarmee; 8.3. = Internationaler Frauentag; 1.5. = Tag der Arbeit; 8.5. = Jahrestag der Befreiung vom Faschismus; 1.9. = Weltfriedenstag; 7.10. = Gründungstag der DDR; 7.11. = Jahrestag der Oktoberrevolution in Rußland), Wahlen, Parteitagen oder anderen herausgehobenen politischen Ereignissen.

Mittels Zeitungs- und Zeitschriftenartikel sowie Radio- und Fernsehensendungen können vor Ort unterschiedliche Aspekte des politischen Systems und der politische Auftrag der Medien, den Aufbau des Sozialismus agitatorisch zu fördern, analysiert werden.

Wenn genügend zeitlicher Freiraum vorhanden ist, empfiehlt sich auch die Analyse von beobachtbaren Aspekten des Wirtschaftssystems. Bei einem Stadtbummel läßt sich das Angebot im Konsum- und Gebrauchsgüterbereich feststellen; Preise können ermittelt und verglichen werden, wobei unterschiedliche Bereiche (u.a. Grundnahrungsmittel, Genußmittel, Gebrauchsgüter des einfachen und gehobenen Bedarfs wie beispielsweise Kinder- und Erwachsenenkonfektion, Druckerzeugnisse, öffentliche Verkehrsmittel) in sachlicher Weise berücksichtigt werden müssen. Versorgungs- und Planungsprobleme können aus dem Angebot und dem Kaufverhalten der Bevölkerung ersehen werden. Auch die Geschäftsstruktur mit Qualitäts- und Preisniveau, Einkommens- und Währungsproblemen kann durch Erkundungen erschlossen werden. Neben den üblichen Geschäften und Kaufhäusern der Handelsorganisation und der Konsumgenossenschaft, die den allgemeinen Bedarf decken, bieten die Delikat- und Exquisit-Geschäfte Lebens- und Genußmittel bzw. Konfektion für den gehobenen Bedarf zu entsprechend hohen Preisen. Die Intershops helfen in vielen Bereichen Versorgungsprobleme zu lösen, wobei die Waren in konvertierbarer Währung (Devisen) bezahlt werden müssen. Weitere wirtschaftliche Zusammenhänge lassen sich anhand des Wohnungsbaus, der Sanierungsprobleme von Altbauten, dem Straßenbau, der Struktur der Eigentumsverhältnisse (volkseigenes staatliches Eigentum, genossenschaftliches Eigentum, private Unternehmen, persönliches Privateigentum), der Agitation für die Wirtschaftspläne, der Hervorhebung wirtschaftlicher Vorbilder (z. B. „Straße der Besten") anschaulich aufzeigen.

Außerhalb der offiziellen Programmgestaltung lassen sich durch Beobachtung konkreter, alltäglicher Erscheinungen viele Merkmale der modernen DDR erschließen. Voraussetzung hierfür sind entsprechende Informationen und konkrete Hinweise durch den Lehrer bzw. Gruppenleiter.

Bearbeitung von Geschichte und Kultur

Ein weiteres zentrales Ziel der Klassenfahrten besteht darin, den Schülern bewußt zu machen, daß die DDR und die Bundesrepublik Deutschland durch die gemeinsame Geschichte und Kultur verbunden sind. Die gemeinsame deutsche Geschichte und Kultur einschließlich der Sprache werden dabei als wichtige Merkmale einer Nation erfahren.

Aufarbeitung der gemeinsamen deutschen Geschichte

Die Programme von DDR-Reisen ermöglichen aufgrund ihrer starken Orientierung an historischen und kulturellen Stätten eine intensive Aufarbeitung der gemeinsamen deutschen Geschichte und Kultur. Je nach Route lassen sich durch Besichtigung von Bauten und der ihnen häufig angeschlossenen Museen für die deutsche Geschichte wichtige historische Ereignisse und Zusammenhänge verlebendigen. Der Magdeburger und Quedlinburger Raum ist für eine Exkursion zur Ottonischen Geschichte besonders geeignet; die Geschichte der Hanse läßt sich an der Ostseeküste, die Geschichte Preußens in Berlin, Potsdam, Schloß Rheinsberg..., die Geschichte der Reformation und des Bauernkrieges in Thüringen verdeutlichen. In Eisenach, Gotha und Erfurt finden sich Gedenkstätten mit Dokumentationen der entsprechenden sozialdemokratischen Parteitage, die die Entwicklung der Arbeiterbewegung anschaulich nachvollziehbar machen. Die ehemaligen Konzentrationslager Buchenwald oder Oranienburg, die Gedenkstätte in Dresden (Hinrichtungshof des ehem. Gefängnisses) oder das Dimitroff-Museum in Leipzig (Reichsgericht als Stätte des Reichstagsbrandprozesses) seien als Beispiele für eine Aufarbeitung des Nationalsozialismus am konkreten historischen Ort genannt.
Diese historischen Betrachtungen dürfen sich nicht darauf beschränken, Bauten oder Museen zu besichtigen, sondern sie müssen Geschichte lebendig machen. Am konkreten historischen Ort kann anschaulich gezeigt werden, wie Menschen in bestimmten Situationen und unter bestimmten Rahmenbedingungen entschieden und gehandelt haben. Ein Problem besteht darin, daß eine historische Erkundung vor Ort zu viele Details aufzeigt. Die zu vermittelnden Details sollten sinnvoll ausgewählt und unbedingt in einen übergreifenden geschichtlichen Zusammenhang eingeordnet werden. So kann Geschichte anschaulich, konkret und übersichtlich vermittelt werden.
Eine wichtige Lernchance besteht darin, ausgehend von konkreten Besichtigungsorten in der DDR für ganz Deutschland umfassende geschichtliche Bezüge und Zusammenhänge zu entwickeln. Beispielsweise empfiehlt es sich, bei der Aufarbeitung der reformationsgeschichtlichen Vorgänge

in Erfurt, auf der Wartburg oder in Wittenberg Bezüge zum Reichstag in Worms oder zum Augsburger Bekenntnis zu entwickeln. So wird der beide deutsche Staaten übergreifende Charakter der deutschen Geschichte deutlich.

Musik als Thema einer Klassenfahrt

Im Bereich des Faches Musik sind ebenfalls Schwerpunktsetzungen möglich. Klassenfahrten können sich beispielsweise mit dem Leben und Werk Johann Sebastian Bachs (Eisenach, Arnstadt, Leipzig mit den hervorragenden Dokumentationen und Denkmälern), mit der Musik des Barock insgesamt (Bach, Händel, Schütz), mit Franz Liszt (Liszt-Haus in Weimar, Wartburg) oder mit Richard Wagner (Dresden, Wartburg) befassen.

Beschäftigung mit der Kunstgeschichte

Kunsthistorische Inhalte lassen sich gemeinsam mit politisch-historischen Tatsachen (z. B. Romanik und ottonische Geschichte) oder als eigenes Thema, z. B. Bauhaus (Weimar und Dessau) oder Backsteingotik (nördl. DDR), aufarbeiten. Es gibt auch hervorragende Beispiele, an denen sich längsschnittartig die Entwicklung der Kunst aufzeigen läßt: Im Erfurter Dom spannt sich ein Bogen von der Romanik über die Gotik zur Renaissance, nicht nur im Baustil, sondern in der figürlichen und bildhaften Darstellung.

Literaturgeschichtliche Bezüge und Inhalte

Der Deutschunterricht kann ebenfalls bei entsprechender Programmgestaltung wichtige Impulse erfahren. Die Literatur des Mittelalters wird mit dem „Sängerkrieg auf der Wartburg" (Minnesang) oder den Merseburger Zaubersprüchen lebendig. Zu Klopstock, Kleist und Lessing existieren hervorragend didaktisch gestaltete Gedenkstätten. Weimar und Thüringen eignet sich für Exkursionen auf den Spuren Goethes und Schillers. Mit Theodor Fontane kann man Wanderungen durch Brandenburg und Mecklenburg unternehmen. Eine eindrucksvolle Gedenkstätte zu Leben und Werk Gerhart Hauptmanns ist auf der Ostseeinsel Hiddensee entstanden.

Inhalte für geographisch orientierte Exkursionen sind u.a. die Entwicklung und Struktur der Landwirtschaft und der Industrie, der Braunkohleabbau, die sozialistische Stadtentwicklung, Tourismus sowie die naturgeographischen Gegebenheiten (z. B. Ostseeküste und Mecklenburger Seenplatte, Magdeburger Börde, Thüringer Becken).

Durch die Betrachtung und Beschreibung der Natur- und Kulturlandschaft bei den Überlandfahrten und bei gezielt durchgeführten Exkursionen werden grundlegende geographische Sachverhalte und Probleme vermittelt.

Die Darstellung der Zusammenhänge zwischen Oberflächenform, Bodenqualität und der landwirtschaftlichen Nutzung spielen dabei zunächst eine wichtige Rolle. Die Beobachtung von Feldgrößen, Feldnutzung und betrieblichen Anlagen ermöglicht Aussagen über Betriebsgrößen und Produktionsausrichtung. Durch den Vergleich mit den Betriebsgrößen in der Bundesrepublik Deutschland läßt sich so der grundsätzliche Unterschied und damit die Struktur beider Agrarsysteme erschließen.

Die Entwicklung und Struktur der Industrie und v.a. des Braunkohleabbaus im Westelbischen Revier und in der Niederlausitz verdeutlichen die raumprägende Kraft dieser Wirtschaftsbereiche. Luft- und Gewässerverschmutzung, Grundwasserabsenkung und Landschaftszerstörung prägen in unterschiedlichem Maße diese Regionen. Die Einrichtungen des Tourismus in den Mittelgebirgen Thüringer Wald, Harz und Erzgebirge sind teilweise von diesen Immissionen betroffen; längerfristig wird dadurch diese Form der Nutzung gefährdet.

Die wichtigsten stadtgeographischen Themen umfassen bei den Exkursionen und Besichtungen u.a.:

- Altstadtsanierung (Objekt- und Flächensanierung)
- Funktionale Gliederung bestimmter Straßenzüge oder Stadtteile
- Neubaugebiete und die Prinzipien ihrer Gestaltung
- Beschreibung und Erfassung von Verkehrsproblemen.

Die vielfältigen kulturgeographischen Gemeinsamkeiten und Wurzeln zwischen der Bundesrepublik Deutschland und der DDR lassen sich beispielsweise bei der Stadt- und Dorfentwicklung sehr einprägsam aufzeigen (Beispiel: bestimmte Dorfformen in Altsiedelland, . . .) und verdeutlichen auch Bindungen zwischen den Regionen Deutschlands.

Fächerübergreifende Organisation der Reise

Aus den dargestellten, den Schulfächern zugeordneten Inhalten können Schwerpunkte ausgewählt werden, die die gesamte Reise thematisch bestimmen. Eine solche Spezialisierung (beispielsweise „Deutsche Klassik" oder „Reformationsgeschichte") kann durchaus für Fachgruppen, beispielsweise Leistungs- oder Grundkurse, eine wichtige Bereicherung und Veranschaulichung des Fachunterrichts sein. Um einen möglichst breiten Gesamtüberblick über die DDR, über Geschichte, Kultur und Geographie dieses Raums zu vermitteln und um den Schülern möglichst viele Motivationsimpulse zu geben, empfiehlt sich eine fächerübergreifende Gestaltung des Programms. Die fächerübergreifende Struktur vermittelt in vielfältiger Weise ein Bewußtsein für deutsch-deutsche Gemeinsamkeiten. Sie eröffnet darüber hinaus in besonderer Weise Möglichkeiten für menschliche Begegnungen.

Weiterführende Hinweise

Materialien

Eine gründliche Planung, Vor- und Nachbereitung der Klassenfahrt ist unverzichtbar; dafür werden zahlreiche Hilfen angeboten:

1. Das Gesamtdeutsche Institut (Postfach 1202 50, 5300 Bonn 1) übersendet auf Anfrage umfangreiche Materialien zur Organisation und zu verschiedenen Inhalten von Klassenreisen in die DDR. Genaue Angaben über die erwünschten Materialien sind sinnvoll.
2. Die Landeszentralen für politische Bildung und die jeweiligen Kultusministerien versenden Literatur und Merkblätter.
3. Das ausführliche Merkblatt zur Organisation und Durchführung von Klassenfahrten in die DDR wird vom Landesinstitut für Erziehung und Unterricht (Rotebühlstraße 133, 7000 Stuttgart 1) versandt. Von dieser Stelle werden didaktische Reiseführer zur DDR und zu ihren Regionen herausgegeben. Die Reiseführer erscheinen ab Ende 1988.

Buchungen

Reservierungen und Buchungen für Klassenreisen in die DDR werden von vielen Reisebüros entgegengenommen. Da einige Reisebüros über Direktverträge mit dem Jugendreisebüro der DDR (Jugendtourist) verfügen, ist es sinnvoll, sich an diese Stellen zu wenden:

1. CVJM-Reisedienst Hamburg
   An der Alster 40, 2000 Hamburg 1, Telefon 040-249074
2. hansa-tourist, Filiale München
   Amalienstraße 45, 8000 München 40, Telefon 089-285850
3. Intercontact — Gesellschaft für Studien- und Begegnungsreisen
   Mirbachstraße 76, 5300 Bonn 2, Telefon 0228-82000-21 oder 27
4. Deutsches Jugendherbergswerk
   Bülowstraße 26, 4930 Detmold, Telefon 05231-7401-13
5. Reisedienst Deutscher Studentenschaften
   Rentzelstraße 16, 2000 Hamburg 13, Telefon 040-458466

Es empfiehlt sich, die Reservierung ein Jahr vor dem geplanten Reise-
termin vorzunehmen.

Literaturhinweise

Neben den gängigen Reiseführern zur DDR (Aral-Autoreisebuch DDR,
Baedekers Reiseführer DDR, Du Mont Kunstreiseführer DDR) wird folgende Literatur zur Vorbereitung von Klassenfahrten empfohlen:

Bundesministerium für innerdeutsche Beziehungen (Hrsg.): DDR-Hand-
   buch. 2 Bände. Köln 1985.
DDR-Exkursionen, H. 1 u. 2. Praxis Geographie, H. 2/1983 und H. 12/
   1987
G. Eckart: So sehe ich die Sache. Protokolle aus der DDR. Köln 1984.
W. Geißler: Sieben Tage DDR. Eine Klassenfahrt. Darmstadt 1985.
W. Glashagen: Grundlegende Literatur zur Deutschen Frage im Unterricht. Lehren und Lernen. H. 8/1983. S. 32—56. (In diesem Beitrag
   werden u.a. Gesamtdarstellungen zur DDR und Literatur zum Alltagsleben in der DDR vorgestellt.)
H. Weber: Kleine Geschichte der DDR. Köln 1980.

Paul Ackermann

Europäische Erkundung

Didaktische Schwierigkeiten mit dem Thema Europa

Trotz der steigenden politischen und wirtschaftlichen Bedeutung der Europäischen Gemeinschaft ist dieses Thema ein Stiefkind der politischen Bildung. Lehrplan und Schulbuchanalysen haben ergeben, daß Probleme der europäischen Einigung „quantitativ unterrepräsentiert und qualitativ unzureichend aufgearbeitet sind" (1). Der Prozeß der europäischen Integration ist sehr schwierig, langwierig und z. T. mit Opfern für die verschiedenen Staaten verbunden, so daß die außergewöhnliche politische Bedeutung dieses Einigungswerkes — besonders für Jugendliche, die die Kriege der europäischen Völker nicht mehr erlebt haben — aus dem Blick gerät. Außerdem sind die Entscheidungsprozesse der europäischen Instanzen relativ undurchsichtig und die europapolitische Fachsprache nur schwer verständlich. Die Lehrer ziehen sich daher oft auf eine rein institutionenkundliche Behandlung dieses Themas zurück.
Auch Ergebnisse der politischen Sozialisationsforschung deuten darauf hin, daß das „integrierte System der Staatsapparate in Westeuropa überwiegend nach seiner Leistungsfähigkeit beurteilt wird" (2). In Anlehnung an Studien über die politische Kultur der Bundesrepublik Deutschland werden die Einstellungen gegenüber dem EG-System als extrem outputorientiert bezeichnet. Entsprechend negativ sind oft die Urteile, wenn wir z. B. an die EG-Leistungen auf dem Agrarsektor oder an die beschränkten politischen Möglichkeiten des europäischen Parlaments denken.

Chancen einer europäischen Erkundung

Erkundungen vor Ort bieten die Möglichkeit, das Problem der europäischen Zusammenarbeit stärker vom input-Bereich anzugehen, also von den konkreten Herausforderungen wie z. B. dem Problem des Umweltschutzes, die an das EG-System gestellt werden, oder von Bürgerinitiativen und anderen freiwilligen Zusammenschlüssen von Bürgern, die auf europäische Lösungen verschiedener Probleme drängen. Aus dieser Perspektive gewinnen wir auch einen anderen historischen Zugang. Schüler

sollen die europäische Integration nicht nur als Leistung von Staatsmän-
nern kennenlernen, sondern auch als Ergebnis der leidvollen Erfahrung
und des Drängens der Bevölkerung in den Grenzregionen wie z. B. des
Elsaß und Südbadens. Der Besuch von deutschen und französischen
Friedhöfen kann den Schülern nicht nur die Unsinnigkeit des Krieges als
Problemlösung staatlicher Interessenkonflikte verdeutlichen, sondern
er veranschaulicht auch dessen Grausamkeit und schweren Eingriff in
das Leben junger Menschen von damals, mit denen sich die Schüler identifizieren können. Dieser Eindruck kann noch durch Gespräche mit Zeitzeugen vertieft werden. Vor diesem Hintergrund wird es auch für Jugendliche leichter, die Notwendigkeit von europäischen Institutionen zu begreifen.
Ausgehend von einem Problem wie z. B. dem der Rheinverschmutzung
oder der Energiepolitik, das die Schüler vor Ort erkundet haben, wird es
für sie leichter, die Notwendigkeit europäischer Institutionen zu begreifen, den Abgeordneten des EG-Parlaments in Straßburg oder Beamten
der EG-Kommission in Brüssel als sachkundige Experten gegenüberzutre-
ten und nicht zuletzt die Leistungsfähigkeit europäischer Institutionen
angemessen zu beurteilen.
Auf diesem Weg wird ihnen der Begriff „Europa" anschaulich und lebendig. Europa auf Erkundungen erleben bedeutet also nicht nur intellektuelle Analyse von Problemen, sondern auch emotionale Erfahrungen,
z. B. beim Kriegsgräberbesuch und bei der Begegnung mit Zeitzeugen,
oder auch sinnliche Wahrnehmung z. B. der Umweltverschmutzung oder
der internationalen Atmosphäre in den europäischen Institutionen. Bei
einer europäischen Erkundung drängt sich auch die viel geforderte aber
wenig realisierte Kooperation mit anderen Fächern wie Geschichte, Geographie, Deutsch oder einer Fremdsprache geradezu auf. Die Schüler erfahren, daß Schulfächer z. T. recht künstliche Filter zur Wahrnehmung
der Wirklichkeit darstellen.

Lernorte und Methoden der europäischen Erkundung

Wir wollen nun die verschiedenen Stationen der Erkundung skizzieren
und dabei deutlich machen, mit welchen Methoden die Schüler welche
Erfahrung machen konnten. Neben einigen im Unterricht behandelten
Materialien scheinen uns Tonbandprotokolle am ehesten geeignet, den
Verlauf bzw. die Wirkung einer solchen Erkundung zu dokumentieren.
Auf die Vor- und Nachbereitung können wir nur am Rande eingehen.
Die Dokumentation einer bestimmten Erkundung, die wir mit einer 10.
Realschulklasse durchgeführt haben, ergänzen wir durch didaktisch-

methodische Erfahrungen, die bei anderen „Europaexkursionen" gewonnen wurden, und durch Hinweise auf alternative Möglichkeiten (3).

Besichtigung von französisch-deutschen Soldatenfriedhöfen im Elsaß

Im Rahmen des Geschichts- und Gemeinschaftskundeunterrichts hatten die Schüler den Ersten und Zweiten Weltkrieg behandelt. Wie schrecklich diese Kriege für die einzelnen Soldaten – z. T. nicht viel älter als sie – waren, wurde ihnen bei dem Besuch französischer und deutscher Soldatenfriedhöfe bewußt. Werner Sauermann vom Volksbund Deutscher Kriegsgräberfürsorge schilderte sehr eindringlich die Kampfhandlungen, die sich in der Gegend abgespielt haben.

„Das sind Tote, die gegen die Deutschen gefallen sind, und zwar stammen sie hier aus der bergigen Gegend, dem Lingenkopf. Am Lingenkopf gab es ein Grabensystem, wo sich Deutsche und Franzosen auf Sichtweite gegenüberlagen und zwei Jahre gekämpft haben, von 1916–1918. Man nennt das Stellungskrieg, wenn man jahrelang im Schützengraben den Feind bekämpft. Es haben sich sogar menschliche Beziehungen entwickelt, d. h. Gegner haben sich persönlich gekannt und mußten sich dann abknallen. Es war menschlich sehr hart. . . Heute werden Kriege anders geführt."

Auf diesem Hintergrund wurde auch der Beitrag des Volksbundes Deutscher Kriegsgräberfürsorge zur „Versöhnung über den Gräbern" anschaulich (4). Die Jugendlichen erfuhren bei dieser Gelegenheit, wie ihre Altersgenossen durch freiwillige Ferienarbeit an der Pflege der Gräber mitwirken.
Bei der genauen Besichtigung der Kriegsgräber konnten die Schüler auch die unterschiedlichen Einstellungen von Deutschen und Franzosen zu ihren Kriegstoten, vor allem auch durch die unterschiedliche Bewertung von Nation und Vaterland feststellen. Auffallend war die emotionale Betroffenheit der Schüler, die ja die Weltkriege nur aus Büchern und Filmen kannten. Beispielhaft seien hier zwei Schüleräußerungen genannt:

„Ich bin erschüttert von der Vielzahl der Toten. Manche wußten vielleicht gar nicht, wofür sie das gemacht haben, und das Ganze hat ja gar nichts gebracht."
„Ich halte die Pflege der Kriegsgräber für notwendig, gewissermaßen als Warnung vor dem Krieg. Soldaten sind nicht eines natürlichen Todes gestorben, sie wurden gezwungen, für eine Ideologie zu sterben."

Kriegsgräberbesuch als „Erlebnis"

Verschiedene Beobachtungsaufgaben bieten sich bei der Besichtigung von Kriegsgräberfriedhöfen, zu denen der „Volksbund Deutscher Kriegsgräberfürsorge" gutes Informationsmaterial liefert und auch Führungen veranstaltet, an: Die Schüler können allein oder in Gruppen die Anlage des Friedhofes, die Form der Gedenksteine oder Kreuze beschreiben, protokollieren, photographieren und vergleichen. Es sollte den Jugendlichen aber auch Gelegenheit gegeben werden, nicht nur ihre Beobachtungen zu formulieren, sondern auch ihre Betroffenheit in der Gruppe zu artikulieren. Die Aufarbeitung der verschiedenen Eindrücke könnte z. B. unter dem Ziel erfolgen: Die Schrecken des Krieges kennenzulernen. Zur Vertiefung und Veranschaulichung des Problems würden bei der Vor- und Nachbereitung auch Kriegsfilme wie z. B. Remarques „Im Westen nichts Neues" beitragen. Die wenigen Hinweise sollten deutlich machen, wie wichtig es ist, solche Erlebnisse aufzuarbeiten, da sonst die Gefahr der ungewollten Nebenwirkung — in unserem Fall z. B. Heroisierung des Krieges — besteht.

Befragung von Zeitzeugen

„Oral history" ist eine noch relativ junge Forschungsmethode. Gemeint wären in unserem Fall Interviews mit Beteiligten, Betroffenen der beiden Weltkriege und der europäischen Einigung. Wie die Wissenschaftler können auch Schüler Augenzeugen befragen, wenn möglich vor Ort. Allerdings kann eine solche Befragung schon in der Vorbereitungsphase der Erkundung stattfinden.

In unserem Falle waren die Schüler von den Erzählungen und der Persönlichkeit des Ehrenbürgermeisters der Stadt Colmar, Joseph Rey, einem Europäer der ersten Stunde, beeindruckt. Der schon 87jährige schilderte die wechselvolle Geschichte seiner Familie:

„Mein Vater ist 1918 gefallen. Meine Mutter war in Rouen geboren. Ihre Eltern waren Elsäßer, die 1871 in die Normandie ausgewandert waren. Meine Mutter war also Französin. Nach dem Tod ihres Vaters und ihres Mannes kam die Großmutter mit den drei Mädchen ins Elsaß zurück. 1896 hat sich meine Mutter mit einem Elsäßer verheiratet, da wurde sie Deutsche. 1918 wurde sie wieder Französin. 1942 bekam sie als Witwe eines gefallenen deutschen Soldaten von Amts wegen die deutsche Nationalität. 1945 wurde sie wieder Französin. Das ist ein Elsäßer Schicksal."

Joseph Rey selbst, der 1944 von einem deutschen Gericht wegen Hochverrats zum Tode verurteilt, dann zu langjähriger Haftstrafe begnadigt worden war, nahm sofort nach dem Zweiten Weltkrieg Kontakt mit deutschen Politikern aus der oberrheinischen Region auf und trug zur deutsch-französischen Versöhnung bei. Neben den spannenden Augenzeugenberichten imponierte den Jugendlichen das nie nachlassende Engagement des späteren Bürgermeisters von Colmar. Hierzu zwei Schüleräußerungen:

„Ich finde es gut, daß der Bürgermeister, der von den Deutschen ins Gefängnis gebracht wurde, nie aufgegeben hat, sich nie hat unterkriegen lassen."
„Er war einfach kein Alltagsmensch, begeisterte und war unheimlich geduldig im Erklären der Geschichte."

Diese Form der mündlichen Geschichte fördert die aktive Auseinandersetzung mit der Vergangenheit und bietet den Jugendlichen auch politische Handlungsmodelle an.

Europäische Fallstudie

Ein Zugang zum aktuellen Stand und den Schwierigkeiten der europäischen Integration finden die Schüler am ehesten durch Fall- und Problemanalysen, die zunächst im Unterricht durchgeführt werden. Bei einer Exkursion können sie sich dann vor Ort ein Bild machen und ihre Meinungen und mögliche Lösungsvorschläge überprüfen. Auf diesem Weg kann auch eine bloße europäische Institutionenkunde verhindert werden. Als Probleme bieten sich u.a. an:
Agrarpolitik, Weinbau, Rheinverschmutzung, grenzüberschreitender Verkehr, Energiepolitik (Atomkraftwerke in Grenzregionen), Situation der Stahlindustrie.
Bei unserer Erkundung hatten sich die Schüler mit den Kaliminen im Elsaß, den Gefahren der Salzeinleitung in den Oberrhein und einer möglichen Salzverpressung beschäftigt. Dabei wurde ihnen auch bewußt, daß sie die Geologie des Oberrheingrabens kennen müssen, um Probleme des Grundwassers beurteilen zu können.
Durch das Studium von Zeitungsartikeln, von denen wir hier zwei beispielhaft wiedergeben, erfuhren sie, wie Deutsche und Franzosen gemeinsam gegen die Verschmutzung des Rheins und des Grundwassers kämpfen und wie sich alle Rheinanliegerstaaten um eine europäische Lösung bemühen.

Rhein-Abkommen gefährdet

Paris hat Probleme mit Lagerung von Salzabfällen

PARIS/BONN (AP). Die französische Regierung hat Schwierigkeiten, die Bonner Rhein-Konvention von 1976 einzuhalten.

In dem Abkommen hatte sich Frankreich bereit erklärt, die Salzbelastung des Flusses durch die Abfälle aus den elsässischen Kaligruben zu vermindern. Am Montag unterrichtete die Regierung in Paris die Bundesrepublik, Schweiz und die Niederlande davon, daß die geplante unterirdische Lagerung eines Teils der Salzabfälle sich nach Untersuchungen als nicht durchführbar erwiesen habe.

Der Sprecher des Bonner Innenministeriums sagte, die Bundesregierung habe die Ankündigung Frankreichs mit Besorgnis entgegengenommen und befürchte, daß es zu einer weiteren Verzögerung bei der Verwirklichung des Abkommens kommen werde. Die Bundesregierung werde auf der Einhaltung bestehen, es handle sich um eine völkerrechtlich verbindliche Vereinbarung. Südwestpresse 5.6.86

Warum ist es am Rhein so schön? Zeichnung: Haitzinger

Bürgermeistertreffen in Breisach

Gemeinsames Vorgehen gegen geplante Salzverpressung, rund 200 elsässische und badische Teilnehmer

Breisach (dü). Zum traditionellen deutsch-französischen Bürgermeistertreffen kamen in Breisach am Montag rund 200 Bürgermeister aus dem Elsaß und aus Baden, Kreisräte aus den Landkreisen Breisgau-Hochschwarzwald und Emmendingen sowie mehrere Abgeordnete. Im Rahmen dieser Veranstaltung wurden aktuelle grenzüberschreitende Probleme angesprochen. Landrat Emil Schill zeigte sich erfreut über die große Teilnehmerzahl, die wieder einmal beweise, wie groß das Interesse vor Ort sei, „Europa von unten nach oben aufzubauen".

Schill forderte unter anderem die sofortige Beendigung der Probebohrungen für die Salzverpressung bei Otmarsheim im Oberelsaß. Er habe sich mittlerweile persönlich an Bundesminister Schäuble mit der Bitte gewandt, an die französische Regierung heranzutreten. Man müsse gemeinsam verhindern, daß langfristig Kalilaugen in den Untergrund verpreßt würden und dadurch eine Gefahr für das Grundwasser dieser Region entstehe.

Schill machte die Teilnehmer auf die Empfehlung zur gegenseitigen Unterrichtung bei Planungs- und Umweltschutzvorhaben aufmerksam, die im vergangenen Jahr von der deutsch-französisch-schweizerischen Regierungskommission beschlossen worden waren.

Beim anschließenden Meinungsaustausch redete insbesondere Armand Schweitzer, Bürgermeister von Chalampé, Fraktur. Seinen Informationen zufolge sind die sogenannten Probebohrungen bei Otmarsheim in der vergangenen Woche abgeschlossen worden. Durch ein Schrägstellen der Bohrgeräte sei man vom neuen Standort bis unter den Rhein-Seiten-Kanal gekommen. „Das Bohrloch mit einem Durchmesser von sechs Zoll ist bereit, um das Salz zu „verpressen", gab sich Schweitzer überzeugt. Ende dieser Woche, so der Bürgermeister, solle Wasser in das Bohrloch gespritzt werden, um zu überprüfen, welche Mengen der Untergrund aufnehmen kann. „Wir sind nach wie vor gegen diese Art der Salzverpressung."   Badische Zeitung 4.10.85

Expertenbefragung über Rheinverschmutzung als europäisches Problem

Nachdem sich die Schüler bei einer Fahrt durch die Kaliminen im Elsaß vor Ort mit dem Problem vertraut gemacht hatten, bot ein Expertengespräch im Stadthaus von Neuenburg Gelegenheit, diese Vorkenntnisse zu vertiefen und zu erweitern. Gesprächspartner der Schulklasse war eine Vertreterin der Umweltschutzverbände und der Europa-Union, der Bürgermeister von Neuenburg, der maire der französischen Nachbargemeinde Chalampé. Neben der Erweiterung ihres Problemhorizonts waren die Schüler, die in Gruppenarbeit Fragen und Beiträge zu Diskussion vorbereitet hatten, beeindruckt von der sehr guten menschlichen und politischen Zusammenarbeit der deutschen und französischen Gemeinden und der grenzüberschreitenden Bürgerinitiativen. Sie lernten die Interessen und Aktionsweisen der verschiedenen Gruppen und ihrer Adressaten kennen und erlebten dabei gewissermaßen „Europa von unten". Daß dieser „europäische Druck von unten" erfolgreich war, zeigt die Entscheidung der französischen Regierung im Oktober 1986, das Salz nicht mehr in den Rhein zu leiten und sich an die Konvention über die Reinhaltung des Rheins zu halten (siehe folgender Zeitungsbericht).

Salz aus Kaliminen künftig nicht mehr in den Rhein

Französische Regierung kündigte Zwischenlagerung an

MÜHLHAUSEN/PARIS (dpa). Frankreich will das Salz aus den elsässischen Kaliminen künftig zwischenlagern, anstatt es wie bisher in den Rhein zu leiten. Diese Lösung hat jetzt die Regierung in Paris angekündigt, zehn Jahre nach Unterzeichnung der Bonner Konvention über die Reinhaltung des Rheins.

Der französische Premierminister Jacques Chirac und sein niederländischer Amtskollege Rudd Lubbers hatten dies in Den Haag vereinbart.

Die Zwischenlagerung war von Experten empfohlen worden, nachdem sich die betroffene Bevölkerung erfolgreich gegen die vorgesehene Verpressung der Salzrückstände in den Untergrund gewehrt hatte. Die Fachleute bezeichneten die Zwischenlagerung auf einem Gelände von bis zu 30 Hektar und bis zu einer Höhe von 25 Metern als umweltfreundlich, einfach zu verwirklichen und mit 350 Millionen Francs (116 Millionen Mark) relativ kostengünstig.

Umweltminister Alain Carignon traf in Mühlhausen im Elsaß auf weitgehende Zustimmung der regionalen Mandatsträger, Umweltschützer und Gewerkschaftler, als er die Maßnahme im einzelnen erläuterte. Sie zeigten sich befriedigt, daß die Aktivitäten der Kaliminen bei diesem Verfahren nicht eingeschränkt werden müßten.

Einige Gewerkschaftler erneuerten ihre Forderung nach Errichtung einer Saline. Nach Ansicht von Umweltschützern kann die Zwischenlagerung nicht länger als zehn Jahre lang erfolgen. Sie hatten Salz-Pipelines zum Mittelmeer und der Nordsee empfohlen.

Südwest-Presse 9.10.1986

Europäisches Parlament als politischer Lernort

Mit diesen Vorkenntnissen über ein konkretes europäisches Umweltschutzproblem fuhren die Schüler am nächsten Tag zum europäischen Parlament nach Straßburg, um zu erfahren, welche Lösung diese Institution in dieser Frage anbieten könnte. Bei der Diskussion mit den Abgeordneten erwiesen sie sich in Sachen „Salzverpressung" als durchaus sachkundige und gleichwertige Gesprächspartner, denen die „Politiker nichts vormachen konnten" (Ausspruch eines Schülers). Zum angesprochenen Problem erklärte der Vizepräsident des EG-Parlaments, Siegfried Alber, der Mitglied der Fraktion der europäischen Volkspartei (Christlich-Demokratische Fraktion) ist:

„Wir können diese Kaliminegruben längst schließen. Es ist eine Frage der Arbeitsplätze. Es war für uns interessant, wer sich am meisten dagegen gewandt hat. Es waren vornehmlich die französischen Kommunisten, die

157

am meisten dagegen waren, daß man hier was tut. Weil sie sagen, da hat sich das internationale Salzkartell verschworen, und die wollen diese Kaliminen hier kaputt machen. Auf der anderen Seite sagt die französische Regierung, so in 10–15 Jahren ist der Rohstoff dort zu Ende. Was sollen wir jetzt da noch so kostenintensive Maßnahmen vornehmen. Zwischen diesen beiden Extremen müssen wir durch. Die Salzverpressung ist technisch möglich, aber sie hat unheimliche Auswirkungen auf das Grundwasser. Wenn man aber eine eigene Leitung baut, wie einige vorgeschlagen haben, bis zur Nordsee und dann direkt einzuleiten, das ist ein solcher Kostenfaktor, der einfach nicht realisierbar ist.

Was will ich damit sagen: Es geht nicht an, die Umweltpolitik isoliert zu sehen. Manche sagen zwar, Umwelt- und Wirtschaftspolitik dürften nicht im Gegensatz stehen. Sie kennen ja das Stichwort Ökologie und Ökonomie dürften sich nicht ausschließen, sondern im Gegenteil, sie gehören zusammen. Ich halte das, um es mal auf Schwäbisch auszudrücken für ein „Lettengeschwätz". Natürlich stehen sie im Gegensatz zueinander. Umweltschutz kostet Geld. Machen wir uns nichts vor, er ist zum Nulltarif nicht zu bekommen."

Unbedingt notwendig ist, daß sich die Schüler bei der unterrichtlichen Vorbereitung mit den Aufgaben, aber auch mit den begrenzten Möglichkeiten des EG-Parlaments vertraut machen. So war es für sie in unserem Falle durchaus verständlich, daß die Frage der Salzverpressung im Elsaß durch das Parlament nicht endgültig entschieden werden konnte.

Außerdem empfiehlt es sich, mit den Schülern vor dem Besuch des Straßburger Europagebäudes vor der Plenarsitzung des EG-Parlaments Beobachtungsaufgaben zu stellen. U.a. sind folgende Aspekte von Interesse:

— Was soll die Architektur des Gebäudes ausdrücken? Welche Bedeutung haben die verschiedenen staatlichen Symbole?
— Nach welchen Regeln läuft eine Plenarsitzung ab?
— Welche Personen haben welche Funktionen? (Unterschiede zwischen öffentlichen und privaten Verhaltensweisen?)
— Wie ist das Sprachenproblem gelöst?

Allerdings sollte den Jugendlichen auch Gelegenheit geboten werden, ihre Eindrücke und Beobachtungen auszutauschen.

Bei unserer Exkursion waren sie besonders beeindruckt von der internationalen Atmosphäre einer Plenardebatte, an der sie, wenn auch nur für kurze Zeit, teilnahmen. Sie staunten zwar über die Sprachenvielfalt, konnten aber schnell feststellen, daß die Abgeordneten nicht die Meinung ihres Landes, sondern die Meinung ihrer Fraktion vertraten.

Im anschließenden Gespräch schilderten die Abgeordneten sehr anschaulich ihre Alltagsarbeit. Hier ein Auszug aus dem mündlichen Bericht des EG-Abgeordneten Hans-Jürgen Zahorka:

„Hier sind Abgeordnete aus 12 Ländern, die in 8 Fraktionen zusammen-
arbeiten. Sie kommen aus 70 Parteien aus der ganzen europäischen Gemeinschaft. Die müssen in 9 Sprachen miteinander arbeiten. Sie haben
selbst gesehen, daß das nur mit Simultanübersetzung möglich ist, auf 9
Kanälen.
Kanal 1: deutsch, Kanal 9: portugiesisch. Diese Dolmetscheranlage hat
manchmal ganz eigenartige Wirkungen. Da gibt es Abgeordnete, die halten sehr gute Reden. Es kommt aber eine ganz „lahme" Übersetzung heraus oder umgekehrt. Es kommt also ganz auf den Dolmetscher an, was
am Schluß herauskommt. . . Die Redezeiten im Parlament sind relativ
kurz, 2–5 Minuten. Wenn ich das mit dem Deutschen Bundestag vergleiche, dann glaube ich, daß hier ein viel lebendigerer Schlagabtausch
stattfindet. . . Wir haben eine ganze Menge interfraktioneller Arbeitsgruppen. Dann gibt es Fraktionsgruppen, die sich treffen müssen, um
irgendwas auszuarbeiten. Dann gibt es interparlamentarische Delegatio-
nen. Als Sie auf der Tribüne waren, da betreute ich eine Delegation aus
Jugoslawien. . .
Dann gibt es noch Besuchergruppen, die müssen ja auch „gepflegt" werden. Deswegen ist es ganz logisch, daß wir nicht immer im Plenum anwesend sein können, sondern irgendwo hier im Hause herumschwirren. Ein
Abgeordneter, der einen vollen Terminkalender hat, kann hier durchaus
einige Kilometer am Tag herunterspulen."

Diese und andere Detailinformationen sind den Schülern in anderer Form
wohl kaum zugänglich.
Insgesamt wurden den Jugendlichen der Aufwand und die Schwierigkeiten des europäischen Einigungsprozesses sehr eindringlich vor Augen geführt. Auf dem Hintergrund der beiden Weltkriege, mit deren Opfer sie
der Kriegsgräberbesuch am Tage vorher konfrontiert hatte, wurde ihnen
auch bewußt, welchen Fortschritt das Europäische Parlament in der
Geschichte Europas darstellt.
Die Exkursion fand ihren Abschluß mit einer Besichtigung des Münsters
und der Altstadt von Straßburg, wo die Schüler die kulturelle Vielfalt der
europäischen Geschichte kennenlernen konnten. „Ich habe Europa direkt
erlebt." Mit diesem Satz faßte ein Schüler spontan seine Eindrücke zusammen.

Europarat (Straßburg) und EG-Kommission (Brüssel)
als Lernorte

Im Straßburger Palais d'Europe ist neben dem Europäischen Parlament
auch der schon 1949 gegründete Europarat untergebracht, dem 21 Staaten Europas angehören. Diese haben inzwischen etwa 120 Konventionen

zu verschiedenen Politikbereichen verabschiedet, u.a. die Europäische Konvention für Menschenrechte. Der Europarat empfängt im Palais d'Europe ebenfalls Schülergruppen und stellt Referenten zu verschiedenen Problemen der europäischen Zusammenarbeit zur Verfügung. Beim Europarat sind in der Regel leichter Besuchstermine zu erhalten als für das Europäische Parlament.

Auch die Kommission der Europäischen Gemeinschaft in Brüssel bietet ebenfalls Führungen durch ihr repräsentatives Gebäude und Referenten zu allen Problemfeldern der EG an (Adressen im Anhang).

Allerdings sollten die beiden zuletzt genannten Institutionen nur in Verbindung mit den in dem Beitrag skizzierten Elementen wie z. B. historischer Hintergrund und Fallprinzip durchgeführt werden.

Anmerkungen

1) Hrbek, R./Sander, W.: Die Europäische Gemeinschaft. In: Nitzschke, V./Sandmann, F. (Hrsg.): Metzler Handbuch für den politischen Unterricht. Stuttgart 1987. S. 600 (dort weitere fachwissenschaftliche und didaktische Hinweise mit Literaturangaben).

2) Vgl. Pawelka, P.: Politische Sozialisation und regionale Integration. Versuch einer Forschungsperspektive. In: Claußen, B. (Hrsg.): Politische Sozialisation in Theorie und Praxis. München-Basel 1980. S. 132.

3) Die Erkundung wurde in Zusammenarbeit mit dem Europazentrum Tübingen (Leitung Dr. Michael Bosch) durchgeführt. Mitarbeitende Lehrer: Doris Weirether und Jürgen Beck.

4) Nähere Informationen zum Problem der Kriegsgräber und zur Arbeit des Volksbundes beim: Volksbund Deutscher Kriegsgräberfürsorge. Bundesgeschäftsstelle. Postfach 103840, 35 Kassel. Vgl. dazu auch Zeitschrift: Politik und Unterricht H. 1/86 (Verdun 1916 – Aspekte zum Thema Krieg und Frieden).

Literaturhinweise

Informationen zur Politischen Bildung 213 (1986) Themenheft: Die Europäische Gemeinschaft. (Dort ausführliche Literatur- und Medienhinweise).

Mickel, W.: Studienbrief Europäische Integration, Fernstudium Politische Bildung. Deutsches Institut für Fernstudien an der Universität Tübingen 1984 (Bestellnummer 01977).

Woyke, W. (Hrsg.): Europäische Gemeinschaft. Problemfelder, Institutionen, Politik. In: Pipers Wörterbuch zur Politik Bd. 3. Nohlen, D. (Hrsg.). München 1984. (Umfassendes, übersichtliches, lexikalisches Nachschlagewerk mit fundierten Beiträgen, Materialanhang, Bibliographie).

Mickel, W.W.: Die „Europäische Dimension" im Unterricht. Begründung, Dokumente, Vorschläge. Institut für Europäische Lehrerbildung an der Europäischen Akademie Berlin Nr. IX (Hrsg.) Berlin 1984.
Sandner, W.: Europäische Politik — ein Problemaufriß. Materialien zum sozialwissenschaftlichen Kursunterricht. Stuttgart 1986.

Informationsbüros

Bei folgenden Stellen erhalten Sie Informationsmaterial und Auskünfte für Exkursionen:

Europäisches Parlament

Informationsbüro des Europäischen Parlaments, Bundeskanzlerplatz, Bonn-Center, 53 Bonn 1, Tel.: 0228/2 23 91
Generalsekretariat des EG-Parlaments, Plateau du Kirchberg, Centre Européenne, ET 1601, L 2929 Luxemburg, Tel.: 00352/4 30 01

EG-Kommission

Kommission der Europäischen Gemeinschaften — Presse- und Informationsbüro — Zitelmannstraße 22, 53 Bonn 1, Tel.: 0228/23 80 41
Kommission der Europäischen Gemeinschaften, 200, rue de la Loi, B-1049 Bruxelles

Europarat

Europarat, Referat Öffentlichkeitsarbeit, F 67066 Straßburg — CEDEX, Tel.: 003388/6149

Rolf Müller

Politische Woche außerhalb der Schule

Untersuchungen zeigen, daß bei Hauptschülern ein ausgeprägtes Defizit im Bereich der politischen Bildung besteht (1).
Hauptschüler haben im Vergleich zu Realschülern und Gymnasiasten weniger Zugang zur differenzierten Betrachtung politischer Sachverhalte und neigen zu vereinfachten politischen Lösungen. Besonderheiten, zum Beispiel Verhaltensauffälligkeiten wie mutwilliger Zerstörungsdrang, Apathie, Resignation, Schuleschwänzen usw., sind in der Hauptschule insbesondere in den Städten, häufiger als bei anderen Schularten zu beobachten.
Sind Hauptschüler wegen ihrer Besonderheiten (2) überhaupt als Zielgruppe geeignet für außerschulische politische Bildung?
Ob und wie politische Bildung mit Hauptschülern möglich ist, erprobte die Außenstelle Tübingen der Landeszentrale für politische Bildung Baden-Württemberg in Zusammenarbeit mit dem Oberschulamt Tübingen zum ersten Mal 1977 durch eine neu konzipierte Seminarform „Politische Woche".
Seither haben über 60 „Politische Wochen" stattgefunden, in denen wertvolle Erfahrungen bei der Arbeit mit Hauptschülern der Klassen 8 und 9 und zum Teil auch mit Sonderschülern gewonnen werden konnten.
Die hier dargestellten didaktisch-methodischen Grundsätze zur Vorbereitung und Gestaltung der Politischen Woche, ihre Konzeption und Lernziele werden daher besonders den Haupt- und Sonderschullehrer interessieren.
Manche Anregungen zum schüler- und handlungsorientierten Lehren und Lernen sind jedoch zumindest im Ansatz auch verwertbar bei der projektartigen Durchführung außerschulischer Unterrichtsvorhaben mit Realschülern und Gymnasiasten, zum Beispiel im Rahmen von Schullandheimaufenthalten.

Besondere didaktisch-methodische Grundsätze zur Gestaltung der Politischen Woche

Bei der Unterrichtsgestaltung der Politischen Woche werden besondere, didaktisch-methodische Grundsätze berücksichtigt (3).

Lebensnähe

Unter „lebensnaher" Bildung ist weder die Vermittlung pragmatischer Kenntnisse und Fertigkeiten noch die allseitige Ausbildung aller Kräfte, sondern die Einbeziehung des den Schüler umgebenden Lebensraumes zu verstehen. Die zu vermittelnden Inhalte sollen handlungsorientiert und in einem echten Realitäts- und Lebensbezug angeboten werden, für den Schüler lebensnah und konkret erfahrbar. Der Schüler soll nicht bloßes Objekt der Bildung sein, sondern unter Beachtung und Berücksichtigung seiner Interessen, seiner Lebensprobleme und der auf ihn einwirkenden außerschulischen Einflüsse subjektive Mitgestaltung eingeräumt bekommen. Weil der Schüler nur ganzheitlich seine Lebenswelt begreifen kann, müssen die Bildungsinhalte möglichst ganzheitlich erlebt, das heißt immer wieder auch durch fächerübergreifenden Unterricht vermittelt werden.

Differenzierung

Die Verschiedenartigkeit der Zielgruppe erfordert entsprechende unterrichtliche Differenzierungsmaßnahmen, um eine optimale Förderung des individuellen Lernvermögens einzelner Schüler zu erreichen. Stoffumfang, Schwierigkeitsgrad und Arbeitszeit müssen den individuellen Gegebenheiten angepaßt werden. Partner- und Gruppenarbeit sind wichtige Methoden bei der Arbeit mit Schülern, insbesondere Haupt- und Sonderschülern.

Anschaulichkeit

Der Unterricht sollte möglichst anschaulich erfolgen. Die Schüler müssen Gelegenheit erhalten, mit ihren Sinnen wahrnehmen zu können, also zu sehen, zu hören, zu riechen usw. Soviel als möglich soll den Sinnen zugänglich gemacht werden. „Innere " Vorstellungen ergänzen die „äußere" Anschauung. Besonders bei weniger oder nicht wahrnehmbaren Sachverhalten können durch entsprechende Impulse Phantasie und Erinnerung angeregt werden. Anschauen heißt auch „erleben", „innewerden", „erfahren", also „lernen durch eigenes Erleben". Angesichts unterschiedlicher Lernvoraussetzungen erfassen die Schüler die äußere und innere Wirklichkeit unterschiedlich. Deshalb muß die Gelegenheit bestehen, daß sie ihre Anschauung auf dem ihnen möglichen Weg gewinnen (Differenzierung), wobei die Lernstoffe weitgehend aus dem Erfahrungsbereich der Schüler entstammen sollen (Lebensnähe). Neben Erkundungen vor Ort, Besichtigungen usw. ist ein gezielter Medieneinsatz wichtig.

Aktivität

Unter Schüleraktivität ist Selbsttätigkeit und Selbständigkeit der Schüler zu verstehen. Die Schüler sollen möglichst viel mitarbeiten und Eigenaktivitäten entwickeln. Ziel der Eigenaktivität ist die Selbständigkeit der Schüler. Der unmittelbare Umgang mit der Sache erfordert zwar mehr Zeit, vergrößert jedoch Interesse und Merkfähigkeit der Schüler, vor allem für die Arbeit mit Haupt- und Sonderschülern gilt ganz besonders der Grundsatz: Qualität (des Gelernten) vor Quantität (des Lernstoffes).

Wiederholung und Übung

Sicherung des erlernten Wissens durch Wiederholung und Anwendung der erworbenen Kenntnisse durch Übung sind unerläßlich und haben einen wichtigen Stellenwert. Dabei sollte versucht werden, Lernhilfen und Methoden des Lernens zu vermitteln, um den Schüler zu selbständigen Wiederholungen und Übungen in späteren Jahren zu befähigen.
Die Zielgruppe Haupt- und Sonderschüler braucht den schüler- und handlungsorientierten, fächerübergreifenden, anschaulichen, kurz: projektartigen Unterricht besonders. Welche Möglichkeiten und Formen der politischen Bildung bieten sich an? Auf der Suche nach geeigneten Konzepten erprobten wir die Politische Woche.

Politische Woche — Konzeption und Lernziele

Kein einheitliches Konzept

Die einheitliche Bezeichnung der Seminare „Politische Woche" läßt einen für alle Veranstaltungen gleichen Programmablauf vermuten, bei dem nur inhaltlich thematische Variationen möglich sind. „Vorgefertigte starre Schubladenkonzepte" sind für eine optimale politische Bildungsarbeit nicht geeignet. Dies gilt im besonderen Maße für Seminare mit Haupt- und Sonderschülern. Schon wegen der Heterogenität dieser Zielgruppe (4) kann es ein einheitliches Konzept der Politischen Woche nicht geben, wobei allerdings interessante und bewährte Programmpunkte öfters gewählt werden.
Im wesentlichen gleich sind bei allen Seminaren die Lernziele.

Die Politische Woche hat drei Hauptlernziele:

1. Lernziel: Die Schüler sollen Hilfen zu ihrer persönlichen Entwicklung erhalten.
2. Lernziel: Demokratie und demokratisches Handeln sollen nähergebracht und grundlegende Informationen über das gewählte Seminarthema vermittelt werden.
3. Lernziel: Ausdrucksfähigkeit und sprachliche Fertigkeiten der Schüler sollen gestärkt werden.

Der 2. Lernzielbereich stimmt mit den Lernzielen anderer politischer Bildungsveranstaltungen überein. Anders ist hier die Art der Vermittlung. Schülergerechte Methoden, die die Besonderheiten der Zielgruppe berücksichtigen, sind erforderlich.

Den Schülern, insbesondere den Haupt- und Sonderschülern, mangelt es häufig an „verbaler Intelligenz". Das heißt, ihnen fällt es schwer, sich auszudrücken und die richtigen Worte zu finden. Diesem sprachlichen Defizit will das 3. Lernziel entsprechen. Stärkung von Ausdrucksfähigkeit heißt jedoch nicht rhetorische Übungen auf Hochdeutsch, sondern eine sich an der Sache und dem Sachverständnis orientierte Weiterentwicklung der eigenen natürlichen und kindgerechten Sprache. Hauptschüler können sich untereinander gut und schnell verständigen. Schwierigkeiten gibt es oft im Gespräch mit Schülern anderer Schularten, z. B. Gymnasiasten, die aus der Sicht der Hauptschüler dann „borniert" daherreden. Ähnliches kann auch bei Gesprächen mit Erwachsenen aus höheren sozialen Schichten beobachtet werden. Dieses Minderwertigkeitsgefühl vor dem sprachlich Überlegenen, die Ohnmacht vor der Macht der Sprache, gilt es abzubauen.

Das 1. Lernziel hat bei der Arbeit mit Haupt- und Sonderschülern einen ganz besonderen Stellenwert. Daher soll dieser „Bereich der personalen Dimension" ausführlicher behandelt werden.

Hilfen zur persönlichen Entwicklung (Bereich der personalen Dimension)

Die Jugendlichen sollen Hilfen zu ihrer persönlichen Entfaltung erhalten, die für sie besonders wichtig sind.

1. Die gesamte Aktion „Politische Woche" einschließlich der Maßnahme vor und nach dem Seminar steht außerhalb jeglicher Leistungsbeurteilung. Zensuren oder Noten dürfen nicht erteilt werden. Die begleitenden Lehrer können ihre Eindrücke über Leistung und Verhalten der Schüler

auch nicht zum „Ab- oder Aufrunden" für die Note Gemeinschaftskunde verwenden.

Der Schüler kann sich äußern und beteiligen, ohne Angst haben zu müssen, daß er etwas falsch sagt oder Fehler macht und dies sich dann auf sein Schulzeugnis auswirkt. Keine Notenangst, das ist die Grundvoraussetzung für die mögliche Entstehung eines personalen Bezuges im Sinne des 1. Lernzieles zwischen Seminarteilnehmer und Tagungsteam.

2. Vermittlung von Hilfen zur persönlichen Entwicklung der Schüler setzt weiter voraus:

— daß sich Tagungsteam und Seminarteilnehmer näher kennen
— daß die „Lehrer-Schüler"-Begegnung in Form einer Partnerschaft erfolgt
— daß sich „Lehrerautorität" als „Lebensautorität" entwickelt und erweist und
— daß ein gewisses Maß an Vertrauen und Verstehensbereitschaft auf beiden Seiten vorhanden ist.

Diese Voraussetzungen können nicht erst auf dem Seminar selbst geschaffen werden. Die gemeinsame Planung und Vorbereitung des Seminars mit den Schülern beginnt schon Monate vor der Politischen Woche. Das ermöglicht auch, daß sich Vertreter der Landeszentrale und Jugendliche gegenseitig kennenlernen. Da das Tagungsteam nicht nur aus ein oder zwei Vertretern der Landeszentrale, sondern auch aus zwei bis drei begleitenden Lehrern besteht, von denen zumindest einer längere Zeit in der Klasse unterrichtet hat, kennen sich Team und Teilnehmer bereits vor dem Seminar. Dies erleichtert die Entstehung einer gegenseitigen Vertrauensbasis und einer partnerschaftlichen Begegnung zwischen Schülern und Pädagogen. Teilnehmer und Team sind gleichermaßen in die Aktion „Politische Woche" eingebunden und als Person aufeinander angewiesen. Ein echtes Gespräch zwischen beiden Seiten kann nur auf einer gleichberechtigten Ebene zustande kommen. Dabei erfolgt das Einwirken des betreffenden Pädagogen auf den Schüler in der Form, daß der Schüler nicht als ein zu bearbeitendes „Material", sondern als „Partner" angesehen wird (5).

3. Während der Politischen Woche können besondere Einrichtungen vorgesehen werden, die die Vermittlung von Hilfen zur persönlichen Entwicklung der Jugendlichen erleichtern sollen. Am häufigsten wird von den Schülern eine Aktion Kummerkasten, Mecker- oder Fragestündchen, Sprechstunde und ein umfangreiches Freizeitprogramm gewünscht. Die Aktion Kummerkasten ermöglicht jedem Seminarteilnehmer, vertrauliche oder nichtvertrauliche, anonyme oder mit seinem Namen versehene Mitteilungen jeglicher Art. Entsprechend dem jeweiligen Anliegen finden

„Vier-Augen-Gespräche" und Aussprachen mit dem Betroffenen statt oder wird der Wunsch, soweit erlaubt, der Klasse bekanntgegeben und diskutiert. Ein Mecker- und Fragestündchen kann je nach Bedarf vorgesehen werden.

Im Gegensatz zu der Kummerkastenaktion, den Aussprachestunden und der „Sprechstunde" wird das Meckerstündchen immer mit allen Beteiligten im Plenum durchgeführt. Zum Teil wünschen die Schüler Diskussionen über Problembereiche wie Alkohol, Rauchen, Lokalbesuch, Drogen, Freizeit, Freundschaft, Generationen oder Konflikte, entweder langfristig geplant oder auch erst während dem Seminar aufgrund dort entstehender Probleme und Situationen.

Beim gemeinsamen Freizeitprogramm, also z. B. bei Ausflügen, Wanderungen, Besichtigungen oder Lokalbesuchen, bietet sich oft Gelegenheit zum partnerschaftlichen Gespräch mit dem Schüler. Möglichkeiten, den Schülern Hilfestellungen zu ihrer persönlichen Entfaltung zu geben, bestehen zum Teil schon vor dem Seminar, soweit dazu die notwendigen Voraussetzungen bereits vorliegen. Bei der Aktion „Politische Woche" findet nämlich politische Bildung des Schülers bereits vor dem Seminar statt.

Politische Bildung vor dem Seminar

Schüler planen und organisieren ihre Politische Woche

Ein Problem, das sich zunächst zu Beginn jeder Aktion Politische Woche stellt, ist die Themenfindung. Wie können Haupt- und Sonderschüler sich beispielsweise für den „Rechtsstaat" entscheiden, wenn sie nichts oder nur wenig über das Thema „Rechtsstaat" wissen. Ausgehend von dem bisher im Gemeinschaftskundeunterricht Gelernten, muß den Schülern bereits hier eine kurze, zusammenfassende Darstellung über die zur Auswahl stehenden Themenbereiche geboten werden. Dieser je nach Vorkenntnissen oft mühsame „Weg zum Thema" wird manchmal dadurch erleichtert, daß einzelne Schüler schon konkrete Erfahrungen mit entsprechenden Problembereichen gemacht haben, z. B. hatten ein oder mehrere Schüler einmal mit der Polizei zu tun und vielleicht sogar an einer gerichtlichen Verhandlung teilgenommen. Oft erzählt dann der betroffene Schüler selbst seinen Klassenkameraden die Neuigkeit. Das Interesse der Klasse für den „Rechtsstaat" kann in diesen Fällen in der Regel eher geweckt werden. Entsprechendes gilt für andere Themenbereiche.

Die schülerorientierte Vorbereitung kann z. B. im wesentlichen in folgenden Schritten verlaufen:

- Nach der Wahl des Themas überlegen sich die Schüler in Partner- oder Gruppenarbeit Vorschläge zu einzelnen Programmpunkten.
- Gemeinschaftskundelehrer und Vertreter der Landeszentrale entscheiden über die Realisierungsmöglichkeiten der vorgebrachten Beiträge.
- Die endgültige Auswahl wird nach mehrheitlichem Willen der Klasse vorgenommen.
- Soweit erforderlich, fragt der Vertreter der Landeszentrale bei den in Frage kommenden Institutionen, Behörden, Ämtern und geeigneten Referenten an, um die grundsätzliche Möglichkeit der Mitwirkung zu klären und auf die schülerorientierte Vorbereitung hinzuweisen.
- Arbeitsgruppen sind für bestimmte Aufgaben zuständig, jede erhält eine Auswahl möglicher „Anlaufadressen". Nahe gelegene Institutionen oder leicht erreichbare Referenten werden von den Schülern besucht, um Einzelheiten abzusprechen. Hier ist manchmal auch die Begleitung durch den Vertreter der Landeszentrale bzw. den Gemeinschaftskundelehrer erforderlich. Soweit die Schüler selbst nicht hinfahren können, erfolgen die Absprachen schriftlich und telefonisch.
- Berichte und Zwischenergebnisse der einzelnen Arbeitsgruppen, letzte Ratschläge und gegebenenfalls Entscheidungen durch das Team im Einvernehmen mit den Schülern.
- Auswertung und gemeinsame inhaltliche Aufstellung des endgültigen Programms.
- Anfertigung des Programms, Illustration, Malwettbewerb, Schreibarbeiten.

Frühzeitig sollten die Eltern verständigt werden und eine Abendveranstaltung (möglichst mit den Schülern) stattfinden.

Malwettbewerb

Nicht nur die gemeinsame inhaltliche Konzeption des Programmes, sondern auch seine äußere Gestaltung durch die Schüler ist wichtig. Passive, stille Schüler können oft durch einen Mal- und Illustrationswettbewerb eher zur Mitarbeit motiviert werden. Zunächst lautet die Aufgabe: Wer macht den „schönsten" und „geeignetsten" Entwurf für das Titelblatt? Zeichnen und malen, Collagearbeiten und andere Techniken sind erlaubt. Einige „beste" Arbeiten werden durch mehrheitliche Abstimmung der Klasse ausgewählt und mit Buch- oder Spielpreisen belohnt. Die anderen abgegebenen Werke der Schüler werden zur Illustration der übrigen Programmseiten verwendet. Möglichst jeder sollte bereits an der äußeren Gestaltung des fertigen Seminarprogrammes seinen großen oder kleinen Beitrag wiederentdecken können. Wichtig ist, daß sich keiner schon im Vorbereitungsstadium ausgeschlossen, „selektiert" fühlt, sondern daß bei allen eine gewisse Identifikation mit dem Programm erreicht wird. Nach weitgehender inhaltlicher und äußerlicher Gestaltung des Seminarprogrammes durch die Teilnehmer selbst sprechen die Schüler nicht mehr vom Seminar der Landeszentrale, sondern von „ihrer Politischen Woche".

Interviewaktion

Einige Tage vor Seminarbeginn führen die Schüler Interviews mit Bürgern durch. Die Schüler, pro Gruppe mit einem Tonbandgerät ausgerüstet, gehen durch belebte Straßen und Plätze ihrer Gemeinde und versuchen, Passanten vor das Mikrophon zu bekommen. Die Fragen, die die Jugendlichen stellen, sind am Thema der Politischen Woche orientiert und vorher unter Anleitung erarbeitet worden. Am Anfang sind die „Interviews" noch unsichere Gehversuche in einem den Schülern ungewohnten Rollenspiel. Nach Überwindung der ersten Scheu und Hemmungen spielen die Jugendlichen bald eifrig „Reporter", manche wollen nicht mehr damit aufhören.
Lernen durch eigenes Erleben wird hier praktiziert. Und lernen können die Schüler einiges, nicht nur Informationen über das Seminarthema sammeln, sondern z. B. erkennen,

- daß es in unserer Demokratie oft nicht einfach ist, die Bürger zur Beantwortung politischer Fragen zu bewegen, insbesondere wenn die Antwort auf Tonband festgehalten wird;
- daß es verschiedene Meinungen zur Lösung eines politischen Problems gibt;
- daß aber in der Bevölkerung auch Stimmen zu finden sind, die das „einzig richtige Patentrezept" verkünden, manchmal extreme Ansichten äußern wie „kurzen Prozeß machen", „an die Wand stellen", „verhungern lassen" usw.;
- daß rhetorische Fähigkeiten erlernbar sind (manche Schüler formulieren ihre Fragen nach vielen Interviews frei, wobei einige sogar den Mut zu nicht vorgesehenen Fragen finden).

„Auf Politischer Woche" — Ein Beispiel zu Konzeption und Seminarverlauf

Das Seminarprogramm:
Politische Woche der Klasse 9 einer Hauptschule im Feriendorf Gomadingen.

Thema: *Unser Staat — ein Sozialstaat*

Montag	7.30 Uhr	Abreise an der Schule mit Sonderbus
	9.30 Uhr	Ankunft in Gomadingen
	ab 10.00 Uhr	Grundzüge des Sozialstaatsprinzips (Team)
Dienstag	8.30 Uhr	Frage-, Meckerstündchen, anschl. Vorbereitung
	10.00 Uhr	Hilfe und Betreuung für verhaltensauffällige Jugendliche, geistig Behinderte und alte Menschen, Vertreter vom Haus am Berg, Bad Urach
	14.00 Uhr	Besuch im Landheim Buttenhausen (Haus am Berg)
	anschl.	Fahrt nach Zwiefalten, Wanderung
Mittwoch	8.30 Uhr	Meckerstündchen — Kummerkasten, Vorbereitung
	10.00 Uhr	Fälle aus der Praxis, Vertreter des Sozialamtes
	14.00 Uhr	Gemeinsamer Lokalbesuch — Diskussion über Alkohol — Rauchen Restaurant im Kurzentrum Urach (Team)
	abends	Diskothek in Dettingen bei Urach
Donnerstag	8.30 Uhr	aktuell — 30 Minuten zur besonderen Verwendung — Vorbereitung
	10.00 Uhr	Berichte von Vertretern einer Sozial-AG
	14.00 Uhr	Der freie Nachmittag — Bärenhöhle, Märchengarten, Schloß Liechtenstein
Freitag	8.30 Uhr	Fragen der Teilnehmer — Kummerkasten — Vorbereitung
	10.30 Uhr	Begegnung mit körperbehinderten Schülern im Körperbehindertenzentrum Mössingen
	14.00 Uhr	gemeinsame Diskussion: Was geschieht mit den staatlichen Geldern im KBZ?
	abends	Abschlußparty
Samstag	8.30 Uhr	Aussprache — danach Gruppen, Film, Tonbänder, Spiele (Team)
	15.00 Uhr	Abreise

Endlich ist es soweit. An einem Montagmorgen fahren die Hauptschüler mit dem Bus in Richtung Schwäbische Alb nach Gomadingen. Sie freuen sich auf die „Politische Woche". Wegfahren und eine Woche nicht in die Schule gehen, einmal weg von zu Hause: Der „Ausflugcharakter" motiviert. Alle sind natürlich gespannt, wie es dort im Feriendorf Gomadingen sein wird. Ob alles so klappen wird, wie es gemeinsam vorbereitet wurde? Auf jeden Fall gibt es ja auch ein Freizeitprogramm. Schwacher Trost für wenige, denen es stinkt, daß sie keine Zigaretten rauchen dürfen, und die sich jetzt schon, etwas sauer, vorgenommen haben, bei nichts, aber auch gar nichts mitzumachen, was keinen Spaß macht.

Nach der Ankunft im Feriendorf Gomadingen bezieht jeweils eine Gruppe von 5 bis 6 Schülern ein Ferienhäuschen. In einem Häuschen kommt es zum Streit. Zwei Hauptschüler können sich nicht einigen, wer in den Etagenbetten oben bzw. unten schläft. Beleidigungen arten zu Tätlichkeiten aus. Andere mischen sich ein und versuchen, die Streithähne zu trennen. Als die Lehrer herbeieilen, wälzt sich ein Knäuel Hauptschüler raufend auf dem Boden herum. Die Schüler lassen einander sofort los und stehen auf. Natürlich weiß keiner, was gewesen ist und wer mit dem Streit begonnen hat. Nur ein paar Schrammen in den Gesichtern und eine zerrissene Jeanshose zeugen noch von dem Vorfall. (Soweit zu Beginn ein kleines Stimmungsbild.)

Schüler mögen keine langen Vorreden, beim Hauptschüler gilt dies besonders. Alle kennen sich, jeder weiß, um was es geht. Also beginnen wir ohne „Formalitäten" mit dem Unterricht über Grundzüge des Sozialstaates. Als „Einstieg" schenkt das Tagungsteam der Klasse einen Zehnmarkschein mit der Bitte, das Geld gerecht zu verteilen. Die Schüler überlegen sich mögliche Verteilungskriterien wie z.B. Bedürftigkeit. Ausgehend vom bisher in der Vorbereitungsphase Gelernten werden in einem lockeren Unterrichtsgespräch nochmals grundsätzliche Gedanken wiederholt.

Der Unterricht am Nachmittag verläuft im wesentlichen so:

– Gruppenarbeit (Fallbeispiele; „Bandbreite" der Leistungen, unterschiedliches Arbeitstempo erschwert die Festlegung für alle Gruppen auf einen „mittleren" Zeitansatz)
– Plenumsdiskussion (Jede Gruppe faßt ihre Ergebnisse in plakativer Weise auf großen Papierbögen zusammen, die zur Erleichterung der Auswertung für alle gut sichtbar an der Wand angebracht werden.)
– Folien, Overheadprojektor (Schaubilder, Säulen der sozialen Sicherung, Arten sozialer Leistungen usw.)
– „Begleitmappe": Lückentexte ausfüllen, Begriffe zuordnen, ergänzen. . . (Jeder Seminarteilnehmer erhält vor Seminarbeginn begleitende Unterrichtsmaterialien, Arbeitsblätter, Begriffsspiele, zusammenfassende Darstellungen.)

171

- zur Auswahl (Gruppen):
  Textpuzzle legen oder Begriffszuordnungsspiel (Abgrenzung Sozialstaat — Rechtsstaat, wobei Schüler mit Begriffsschildern versehen werden und jede Gruppe versucht, ihre „Begriffe" in die richtige Ecke zu
  bringen. „Doppelbegriffe" sorgen für ein lustiges Ziehen und Zerren
  um die beschilderten Schüler.)
  oder Film

Pausen sind wichtig, Zeitnot und Hektik sollten vermieden werden. Ein-
fache Spiele, bei denen jeder ohne lange Erklärungen mitmachen kann,
sind geeigneter als vom Seminarleiter vorgemachte raffinierte Spielsy-
steme.
Voraussetzungen für den Erfolg der Lernprozesse an dem immer etwas
problematischen Anreisetag, der einen erheblich kürzeren, störungs-
freien Zeitraum bietet als die folgenden Tage, sind: Mehrfacher Metho-
denwechsel und verhindern, daß eine Überfrachtung mit zuviel Lernstoff
entsteht.

Zum weiteren Seminarverlauf

In den folgenden Tagen sollen die Schüler selbst erleben können, wie sich
das Sozialstaatsprinzip im praktischen Alltag auswirkt. Unsere Gastrefe-
renten sind in der Regel immer den ganzen Tag, zum Teil noch abends,
dabei, so daß über die im Programm vorgesehenen Unterrichtszeiten hinaus Gelegenheit besteht, mit den Experten zu sprechen, auch allein und
ungestört. So bieten sich besonders für diejenigen Hauptschüler Möglichkeiten, Fragen zu stellen, die in der Klasse nicht mitwirken wollen oder
können. Um allen die Mitarbeit zu erleichtern, werden vor den Exper-
tengesprächen und Diskussionen in Partner- oder Gruppenarbeit Fragen
vorbereitet. Wichtig ist dabei, daß sich alle darauf einigen, wer welche
Fragen stellt und möglichst jeder etwas sagen oder ablesen kann.
Über die Betreuung verhaltensauffälliger Jugendlicher vermitteln am
Dienstag Tonbildschau, Begegnung mit Heim und Heimbewohnern selbst
realitätsnahe Eindrücke. Abends wieder im Feriendorf, am Lagerfeuer,
meint ein Schüler, er hätte sich an Stelle der „gefallenen" Jugendlichen
längst umgebracht. Diese Schülerbemerkung veranlaßt eine lange Diskussion über den Sinn des Lebens.
Am Mittwoch werden zunächst „öffentliche" Anliegen aus dem Kummerkasten behandelt. Das Rauch- und Alkoholverbot fällt einigen besonders
schwer. Einer hat von zu Hause kein Geld mitbekommen, eine Sammel-
aktion hilft ihm. Auch das Problem Liebeskummer taucht auf, es sind
Gespräche unter vier Augen in der „Sprechstunde" erforderlich.
Trotz sorgfältiger Vorbereitung bleiben Enttäuschungen nicht aus. Der
Mann vom Sozialamt verfügt über viel Fachwissen, beantwortet die

gestellten Fragen jedoch so ausführlich, daß sich bald die halbe Klasse langweilt. Das von der Seminarleitung vorgeschlagene Rollenspiel „Wir spielen Sozialamt" kann nur noch wenig retten. Eine wertvolle Erfahrung für die Teilnehmer.

Hauptschüler einer anderen Schule berichten am kommenden Tag von ihrer Sozial-AG. Ich habe jedesmal Angst, daß sie mir die Tür nicht aufmacht, erzählt ein Mädchen, die zwei Nachmittage in der Woche eine alte blinde Frau besucht, um ihr beim Einkaufen und Saubermachen zu helfen. An solchen Beispielen erkennen die Seminarteilnehmer, daß neben notwendigen staatlichen Unterstützungen auch Eigeninitiative sehr nützlich sein kann.

Auch die Begegnung mit Körper- und zum Teil Geistigbehinderten am Freitag wird besonders vorbereitet. Für die erste schwierige Phase des Zusammentreffens erweist es sich als hilfreich, daß die Behinderten unsere Schüler zunächst in Gruppen durch das Körperbehindertenzentrum führen. Später laden die Hauptschüler die Behinderten ein, am Abend zur Abschlußparty in die Tagungsstätte zu kommen. Bis zum Eintreffen der Gäste dekoriert die Klasse den Unterrichtsraum mit buntem Papier und selbst gefertigten Bildern, Karikaturen zu einer Diskothek um. Auch mit dem Rollstuhl kann man tanzen. Manche Spiele müssen jedoch durch Sketche und andere Unterhaltungsbeiträge ersetzt werden.

Am Samstag, dem letzten Tag, führen wir nachmittags vor der Abreise nur eine kurze Seminarkritik durch. Die Hauptschüler wissen, daß sie sich einige Wochen nach dem Seminar auf einer besonderen Veranstaltung ausführlich äußern können, sicherlich objektiver als jetzt.

Weitere Versuche

Politische Wochen wurden außer zum Thema Sozialstaat auch zu den Problembereichen Rechtsstaat, sozialer Rechtsstaat, Schülermitverwaltung und Betriebsrat bzw. Jugendvertretung, Berufsorientierung, Kommunalpolitik, Frieden, Natur-Umweltschutz und Zukunft erprobt.

Die Reihenfolge der einzelnen Programmpunkte zu den jeweiligen Themenbereichen wurde nicht nur durch didaktische, sondern auch durch organisatorische Gründe (Terminprobleme usw.) bestimmt.

Erfahrungen

Seit 1977 wurden über 60 Politische Wochen durchgeführt. Welche Erfahrungen konnten dabei gewonnen werden?

Lernziele erreicht?

Im Bereich der affektiven Lernziele können Änderungen im Sozialverhalten bei den Seminarteilnehmern festgestellt werden. Dies gilt sowohl für das Verhältnis der Schüler untereinander als auch für die Schüler-Lehrer-Beziehungen.
In der Regel verbessert sich die Klassengemeinschaft erheblich. Das Gefühl der Zusammengehörigkeit erleichtert teilweise auch den Abbau von Vorurteilen gegenüber „Außenseitern", „Versagern" oder ausländischen Altersgenossen. Leistungsschwache Schüler konnten in einigen Fällen die für sie wichtige Entdeckung machen, daß in der Schule „gute" Schüler auf anderen Gebieten, wie z. B. beim Spiel oder in der Freizeit, ebenfalls „versagen" können.
Nicht Schulnoten, sondern persönliche Probleme und außerschulische Interessen sind auf der Politischen Woche gefragt, auch im Verhältnis Seminarteilnehmer – Tagungsteam. Schüler und Lehrer „entdecken sich als Mensch". Bei fast allen Seminaren kam es zu solchen menschlichen Begegnungen und Gesprächen auf partnerschaftlicher Ebene mit einzelnen Schülern. Laut Aussagen einiger Jugendlicher habe sich ihr etwas „getrübtes" Verhältnis zur Erwachsenenwelt verbessert.
Im Bereich der kognitiven Lernziele kann eine gewisse Sensibilisierung der Schüler für politische Sachverhalte und ein größeres Interesse an Politik beobachtet werden.
Einige Klassen versuchten, selbständig als Ergänzung zum Gemeinschaftskundeunterricht in ihrer Freizeit eine „aktuelle Stunde" pro Woche zu organisieren. Die Jugendlichen würden sich im Umgang mit den kennengelernten Einrichtungen nicht so unsicher und hilflos verhalten wie sonst, wird erzählt. Nach Berichten von Lehrern seien zumindest Ansätze von Demokratiebewußtsein zu spüren. Entscheidungen nach mehrheitlichem Willen der Klasse würden jetzt eher akzeptiert. Proteste durch Abstimmungsverlierer kämen auch noch, aber seltener zustande und würden nicht mehr so oft mit Fäusten, sondern mit Argumenten vorgetragen. Vereinzelt seien Schüler geradezu „diskussionsfreudig" geworden.

174

Die konsequente Durchführung einer schülerorientierten Vorbereitung des Seminars verursacht in der Praxis meistens Probleme. Die Schüler sind oft selbständiges Arbeiten nicht gewöhnt und erstaunt, daß sie nun Entscheidungen treffen sollen, die ihnen bisher immer abgenommen wurden. Diese arbeits- und zeitintensive Phase erfordert neben ständiger Betreuung durch den Vertreter der Landeszentrale auch den engagierten Einsatz des Gemeinschaftskundelehrers. Die Versuchung ist groß, die oft schwerfälligen Entscheidungsprozesse der Schüler zu „erleichtern", indem Thema und Programmablauf weitgehend vorher festgelegt und dann der Klasse „schmackhaft" gemacht werden.

Experten arbeiten oft nicht schülergerecht. Diese Erfahrung muß bei fast jeder Politischen Woche gemacht werden. Die Auswahl der Referenten ist schwierig. Trotzdem ist die Mitwirkung solcher Experten notwendig und sinnvoll. Die Schüler werden durch die Begegnung mit einem „echten" Vertreter einer Behörde oder anderen Einrichtung, durch das Gespräch mit einem „richtigen" Experten eher mit dem „Ernstfall" konfrontiert, als wenn diese Beiträge durch das Tagungsteam übernommen würden. Wertvolle Erfahrungen können so unmittelbar und lebensnah durch eigenes Erleben gewonnen werden.

Die Kombination von ständig begleitendem Tagungsteam und gezieltem Einsatz von Fachleuten aus der Praxis während der Veranschaulichungsphase hat sich am besten bewährt und sorgt außerdem für Abwechslung. Ein weiteres Problem in der Praxis ist die Gefahr einer Stoffüberfrachtung. Beim Seminarthema „sozialer Rechtsstaat" müssen beispielsweise zwei komplexe Problembereiche, Sozialstaat und Rechtsstaat, behandelt werden. Hier fällt es erfahrungsgemäß schwer, auf wichtig erscheinende Programmpunkte zu verzichten. Eine solche Elementarisierung ist jedoch notwendig. Die Politische Woche sollte möglichst von Zeitdruck und Hektik freigehalten werden.

„Wir wurden vor allem ernst genommen" (Schüleraussagen)

„In der Schule wurden wir nicht gefragt, wie es uns geht, aber bei der Politischen Woche. Wir wurden vor allem ernst genommen, nicht so sehr wie Schulkinder, sondern eher wie Erwachsene behandelt und durften weitgehend selbständig arbeiten. Außerdem konnten wir nicht nur aus Schulbüchern lernen, sondern im Leben draußen selbst nach Antworten suchen und mit Leuten reden. Unser Lehrer war ganz anders als sonst in der Schule, Schulnoten gab es nicht."

So oder ähnlich lauteten die meisten Antworten der Jugendlichen bei der Seminarkritik nach der Politischen Woche auf die Frage: „Was hat Dir bei der Politischen Woche am besten gefallen?" Erst an zweiter Stelle wurden Freizeit und Ausflüge genannt.

Mit einigen Teilnehmergruppen fanden mehrere Jahre nach dem Seminar nochmals Auswertungsgespräche statt. Die inzwischen jungen Erwachsenen erinnerten sich immer noch gern an die Politische Woche. Als wichtigen Lernerfolg der Politischen Woche betonten die ehemaligen Seminarteilnehmer jetzt noch stärker:

„Wir haben gelernt, aufeinander Rücksicht zu nehmen, wir konnten alles gemeinsam machen, das Wohnen, Arbeiten und Lernen, und dabei war der Lehrer auch nur Weiterlernender."

Einige faßten ihre Eindrücke so zusammen:

„In der Schule habe ich stur auswendig gelernt und wußte oft nicht wozu. Bei der Politischen Woche konnte ich ein Stück wirkliches Leben kennenlernen, das hat mich mehr interessiert und mir für die Zeit nach der Schule auch mehr gebracht. In der Schule wurde immer nur erzählt, bei der Politischen Woche konnten wir selbst erleben, das machte mehr Spaß, und das Gelernte vergaßen wir nicht so schnell."

Ganzheitliches, fächerübergreifendes, lebensnahes, schüler- und handlungsorientiertes Lernen, Lernen mit Kopf, Herz, Hand und ein menschliches Miteinander von Lehrern und Schülern, diese Grundsätze haben sich zur Gestaltung der Politischen Woche bewährt. Sogar „schulmüde" Haupt- und Sonderschüler konnten so für politische Bildung motiviert werden (6).

Anmerkungen

1) So zum Beispiel: Scholz, G./Hauptschule B.: e tabu. Basel und Weinheim 1987. S. 31 ff.
2) Wegen Einzelheiten vgl. dazu Müller, Rolf: Politische Bildung für Hauptschüler. In: Politische Bildung im öffentlichen Auftrag. Landeszentrale für politische Bildung Baden-Württemberg (Hrsg.) S. 232 ff. Stuttgart 1982.
3) Vgl. dazu Oberschulamt Tübingen: Wesenszüge einer Hauptschule. Tübingen 1981. S. 11 ff., 20 ff.
4) Müller, Rolf, a.a.O., S. 235 f.
5) Vgl. auch Wesenszüge einer Hauptschule. S. 11 f.
6) Zur Politischen Woche mit Hauptschülern vgl. auch Müller, Rolf und Haury, Peter: „Erleben ist mehr". 16-mm-Farbfilm der Landeszentrale für politische Bildung Baden-Württemberg und des Oberschulamtes Tübingen. Stuttgart 1987.

Hans-Peter Biege/Otto Hoffmann/Uli Storz

Internationaler Schüleraustausch als politisches Lernen

Schüleraustausch als Lernort politischer Bildung unterscheidet sich in einigen wichtigen Punkten von den anderen Lernorten, die Gegenstand dieses Bandes sind: Das Lernfeld ist komplexer, der Erlebnischarakter ist intensiver, die Lernziele sind umfangreicher und manche davon zugleich schwerer zu evaluieren. Letzteres gilt insbesondere für das politisch-soziale Lernen.

Hinzu kommt, daß der internationale Schüleraustausch nicht unmittelbar in die schulische politische Bildung eingebunden ist, bei der nur der „Lernort" das außerschulische Element darstellen würde. Es liegt nahe, daß ein Deutsch- oder Gemeinschaftskundelehrer im Rahmen einer Unterrichtseinheit über „Massenmedien" mit seiner Klasse den Lernort Zeitungsdruckerei oder Rundfunkanstalt als integrativen Bestandteil des Unterrichts einplant. Nicht so beim Schüleraustausch: er wird überwiegend als wünschenswerte Ergänzung oder Bereicherung des Fremdsprachenunterrichtes gesehen, nicht jedoch als dessen Bestandteil integriert. Dieser Umstand spiegelt sich auch in den Lehrplänen wider. Während z. B. bei den Fächern Deutsch, Geschichte, Gemeinschaftskunde außerschulische Lernorte in der Spalte „Hinweise" aufgelistet werden, finden sich bei den Fremdsprachen solche Hinweise nicht. Dies liegt sicher auch daran, daß ein Schüleraustausch von den Kosten und dem Planungsaufwand her nicht mit einer „Erdkunde-Exkursion" vergleichbar ist. Dazu kommt, daß die am Austausch beteiligten Schüler meist aus verschiedenen Jahrgangsstufen und Klassen kommen und in der entsprechenden Fremdsprache von verschiedenen Fachlehrern unterrichtet werden. Ein Austausch als integrierter Bestandteil des Fremdsprachenunterrichts erfordert daher ein hohes Maß an Abstimmung und Kooperation zwischen den Kollegen. Auch eine wünschenswerte fächerübergreifende Kooperation ist schwierig: Gemeinschaftskunde wird im Gymnasium erst ab Klasse 10 unterrichtet, der Austausch findet aber meist früher statt.

Mit diesem Verweis auf die Besonderheiten des im folgenden beschriebenen Lernortes soll nicht der Eindruck erweckt werden, daß der Schüleraustausch nicht Teil der schulischen politischen Bildung werden könnte, es soll vielmehr eine realistische Beschreibung aus der Schulpraxis gegeben werden.

Befragt man Eltern, Schüler und Lehrer nach ihren Motiven für die Durchführung eines Schüleraustauschprogrammes, so lassen sich — natürlich mit unterschiedlicher Gewichtung — folgende Argumente zusammenstellen:

- Spracherlernung und -perfektion in der jeweiligen Fremdsprache auf eine besonders motivierende Weise
- Kennenlernen eines anderen Volkes, dessen sozialer und kultureller Eigenheiten
- Überprüfung und gegebenenfalls Korrektur von (Vor-)Urteilen bzw. Einstellungen bezüglich des anderen Volkes
- Urlaub im Ausland ohne ständige Beaufsichtigung durch die Eltern bzw. Lehrer. Die Zuschüsse ermöglichen auch ein relativ preiswertes Ferienvergnügen.
- Anbahnung von Bekanntschaften und Freundschaften
- Entwicklung eines gesamteuropäischen Handlungsbewußtseins gegenüber Politikfeldern, die den nationalen Rahmen sprengen (Ökonomie, Ökologie, Frieden usw.)

Die Erwartungshaltungen dieser drei Gruppen sind meistens nicht deckungsgleich, vielmehr werden die Akzente naturgemäß sehr unterschiedlich gesetzt. Daß dabei Enttäuschungen eintreten können, liegt auf der Hand. Die amtlichen Zielvorgaben in den gymnasialen Lehrplänen für das Fach Französisch lesen sich in Baden-Württemberg so:

„Der Schüler gewinnt eine genauere Vorstellung von Frankreich. Dies kann dazu dienen, Vorurteile abzubauen und den Wunsch nach einer Begegnung mit dem Nachbarland zu verstärken" (1).
„Der Schüler vervollständigt sein Orientierungswissen über Frankreich und stellt Vergleiche mit den deutschen Verhältnissen an. Er kennt die Bedeutung der deutsch-französischen Beziehungen innerhalb der Europäischen Gemeinschaft" (2).

Wie dies zu bewerkstelligen ist, wird knapp und richtig auf diesen Nenner gebracht:

„Der deutsch-französische Schülergruppenaustausch basiert auf dem Grundsatz der Gegenseitigkeit, d. h. eine bestehende oder beginnende Schulpartnerschaft ist notwendig. Das Austauschprogramm, das im Unterricht sorgfältig vorbereitet und nach der Rückkehr der Schüler ausgewertet werden muß, ist so zu gestalten, daß ein echter Kontakt zwischen den deutschen und französischen Schülern gewährleistet ist" (3).

Die Wirklichkeit entspricht dieser Zielvorstellung jedoch in den seltensten Fällen: Die geforderte systematische Auswertung oder Nachbereitung des Schüleraustausches findet meist nicht statt! Zwar wird der Lehrer in der Regel feststellen können, daß das Sprachvermögen der Schüler Fortschritte gemacht hat, bei der Interpretation der Erlebnisse und deren Einordnung in größere Zusammenhänge werden die Schüler meist alleine gelassen (4).

Welche Lernziele sind realistisch? Besteht nicht die Gefahr der Überfrachtung mit Erwartungen? Was vermag der relativ kurze Aufenthalt im fremden Land wirklich zu leisten? Gerade die besonders engagierten Lehrer laufen Gefahr, zuviel zu verlangen:

- „Verständnis für die Nachbarn und deren Werte aufbringen"
- „sich einer anderen Kultur öffnen"
- „die Überwindung des inneren Rassismus"
- „Relativierung der Überlegenheit der eigenen Lebensform" (5).

So erstrebenswert solche Ziele auch sind, der gewünschte Erfolg stellt sich nicht unbedingt von selbst ein. Es ist sogar wahrscheinlich, daß bei einem Teil der Austauschschüler der gegenteilige Effekt eintritt: Verstärkung der Vorurteile, Glorifizierung der eigenen Lebensart, Unverständnis. Dabei gilt es ebenfalls zu bedenken, daß Vorurteile auch positiv übertreiben können. Gerade der Fremdsprachenunterricht neigt dazu – aus Gründen der Motivation – seinen Gegenstand in besonders freundlichem Licht erscheinen zu lassen. Die Konfrontation mit der Realität kann somit zu Enttäuschungen führen. Dies gilt in dieser Form wohl vor allem für den Französischunterricht in Süddeutschland. Das positive Image, das Frankreich hier generell, nicht nur im Unterricht, hat, führt leicht zu unrealistischen Einschätzungen. Für den Englischunterricht dürfte eher das Gegenteil gelten: Die Annäherung an die Realität führt zu einer Verbesserung des Image (6).

Die Annäherung an die Realität eines fremden Landes, an das Selbstverständnis einer anderen Kultur, erfolgt zunächst mit Hilfe von Stereotypen. Man bringt ein Land und seine Bewohner mit bestimmten Eigenschaften in Verbindung; sie bekommen ein Image. Solche „festgefügten, für lange Zeit gleichbleibenden, durch neue Erfahrungen kaum veränderbaren, meist positiv oder negativ emotional gefärbten Vorstellungen" (7) entstehen auf rätselhafte Weise, offenbar in einem kollektiven Verständigungsprozeß, dessen einzelne Phasen z. T. weit in die Geschichte zurückreichen können. Sie sind einfach da, und sie sind wirksam, auch wenn wir uns dessen oft gar nicht bewußt sind. Aber diese Dimension ist in der Regel nicht systematisch in ein Austauschprogramm eingebaut. An diesem Manko setzt das im folgenden beschriebene Projekt an. Zuerst sollen jedoch Rahmenbedingungen skizziert und Erfahrungen geschildert werden.

Erfahrungsbasis und Rahmenbedingungen

Über die Durchführung von Schüleraustauschmaßnahmen und Städtepartnerschaften ganz unterschiedlicher Art gibt es inzwischen etliche Erfahrungsberichte. Sie spiegeln individuelle Erkenntnisse wider, ziehen, je nach den Gegebenheiten der Unternehmungen und den persönlichen Erfahrungen der beteiligten Lehrer, ganz unterschiedliche Schlüsse. Die Städte und die besuchten Schulen haben ihren eigenen Charakter, wodurch es schwierig wird, die einzelnen Austauschmaßnahmen im Detail zu vergleichen und anderen zur Nachahmung zu empfehlen. Wir machten daher bereits in der Broschüre „Deutsch-Französischer Schüleraustausch" (8) in Kapitel 3 (S. 36—45) den Versuch, wesentliche Erkenntnisse, die wohl für jeden Austausch gelten, zusammenzufassen. Sie beruhen auf Erfahrungen, die einmal aus dem langjährigen Austauschprogramm des Paracelsus-Gymnasiums in Stuttgart mit dem Lycée Mounier in Grenoble gewonnen wurden, zum anderen aus dem besonders gründlich geplanten Aufenthalt der französischen Schüler im Juni 1986 in Stuttgart. Die Grundzüge der Organisation und eventuell auftretende Schwierigkeiten sind bei solchen schulischen Veranstaltungen häufig ähnlich, so z. B. die Wahl des „richtigen" Partners, das Unterrichts- und Freizeitangebot, ein allen Neigungen gerecht werdendes Besichtigungsprogramm, die unterschiedliche Motivation der Schüler.

Bei diesem Austausch des Paracelsus-Gymnasiums, der seit zwölf Jahren existiert, nehmen auf deutscher Seite Schüler der Klassen 9 (1. und 2. Fremdsprache) sowie in geringerer Anzahl Schüler der Klassenstufe 10 teil. Diese ca. 25—30 Schüler starke Gruppe besucht ihre Partner in Grenoble, die der „classe de seconde" angehören, normalerweise 14 Tage, wobei eine Woche des Aufenthaltes dort in die Osterferien fällt. Der Gegenbesuch der französischen Partner erfolgt meist gegen Schuljahresende in Frankreich bzw. gegen Pfingsten. Die Planung beginnt etwa sechs Monate vor der Fahrt nach Grenoble. Sie umfaßt sowohl die unterrichtliche Vorbereitung durch die Fachlehrer als auch die organisatorische Vorbereitung durch zwei Kollegen.

Schließlich noch ein Wort zu den sprachlichen Voraussetzungen, die für dieses Beispiel des Lernens an einem außerschulischen Ort grundsätzliche Bedeutung haben. Über 50 Prozent der deutschen Teilnehmer lernten Französisch schon im 5. oder 6. Jahre (als erste Fremdsprache), die restlichen im 3. oder 4. Jahr. Im allgemeinen kamen sie, nach eigenen Aussagen und auch nach denen ihrer französischen Partner, sehr gut zurecht, hatten teilweise deutliche Erfolgserlebnisse. Wenige der französischen Schüler hatten mehr als 3 Jahre Deutschunterricht. Dies mag einer der Gründe dafür sein, daß sie, bis auf wenige Ausnahmen, kaum bereit waren, hier deutsch zu sprechen; sie verließen sich meist auf die Übersetzungsbereitschaft ihrer Partner und deren Eltern. Manche machten auch kein Hehl aus ihrer geringen Motivation, überhaupt diese Fremdsprache zu lernen.

Ein Wochenendseminar auf Burg Niederalfingen

Erste Reaktionen der Austauschschüler auf die Begegnung mit dem anderen Land erfolgen meist sehr früh, vielfach spontan. Sie betreffen vor allem Organisatorisches, beinhalten Kritik und auch Anerkennung, es werden Vorschläge zum Programm gemacht. Was jeder einzelne bei diesem interkulturellen Experiment tatsächlich für sich profitiert, ob er Einstellungen verändert oder modifiziert hat, ob er sich solcher Veränderungen bewußt ist, dies alles sollte in intensiverer Form außerhalb der „normalen" Umgebung von Familie und Schule erkundet werden. Zu diesem Zweck boten wir — mit Hilfe der Landeszentrale für politische Bildung — ein Wochenendseminar für die Deutschen und ihre französischen Austauschpartner auf der Burg Niederalfingen an (9). Es war die Möglichkeit gegeben, sich bei Spiel, Sport und zwanglosen Gesprächen auszutauschen, vor allem auch engeren Kontakt mit den anderen Austauschschülern aufzunehmen — was bekanntlich sehr schwierig ist, weil die Schüler dazu tendieren, in ihren national-homogenen Cliquen zu verharren.

Das eigentliche Seminarprogramm bestand dann aus der Arbeit in Kleingruppen und den Plenumsgesprächen, Aktivitäten, die in der Schule mit ähnlicher Intensität und der Bereitschaft zur offenen Meinungsäußerung nicht hätten durchgeführt werden können.

Prioritätenspiel: Was wäre ich lieber in welchem Land?

Das im folgenden beschriebene Prioritätenspiel und seine Auswertung wurden von uns für das gemeinsame Wochenende der deutsch-französischen Schülergruppe entwickelt. Es eignet sich aber auch für die unterrichtliche Vor- bzw. Nachbereitung des Auslandsaufenthaltes und stellt somit ein Bindeglied zum Lernort Schule dar. In dieser Arbeitsphase sollten die Schüler äußern, was sie lieber in welchem Land sein würden bzw. täten. Die Wahl sollten sie begründen, was zu interessanten Gesprächen führte.

Für den ersten Schritt wurde vier deutschen und vier französischen Kleingruppen von circa je 6—8 Teilnehmern jeweils ein Kartensatz übergeben. Die Karten waren beidseitig deutsch bzw. französisch mit einem Begriff versehen, wobei die eine, schwarz beschriftete Seite für Deutschland, die rot beschriftete Rückseite für Frankreich stand. Die Gruppen sollten die einzelnen Begriffe in gleicher Reihenfolge so anordnen, daß deutlich wurde, welches Land sie jeweils bevorzugten. Dabei mußten sie, unbelastet durch Sprachprobleme, mehrheitlich entscheiden: wir wären lieber Schüler in Deutschland; mögen das Essen lieber in Frankreich; zögen es

vor, arbeitslos zu sein in Frankreich; wären lieber Präsident in . . . etc.
Dies führte dann teilweise zu schwierigen Entscheidungsprozessen innerhalb der Gruppen, die durch intensive Diskussionen eine Einigung such-
ten. Anschließend wurden die Kartenreihen aller Gruppen im Gemein-
schaftsraum nebeneinander aufgehängt (vgl. Schaubild S. 185) und die
ersten optischen Eindrücke über die Präferenzliste im Plenum angesprochen. Unterstützt durch die farbliche Zweiteilung war für die Schüler
auch ohne wortreiche – und dadurch schwierige – Erklärung sichtbar,
daß die entstandenen Farbmuster nicht rein zufällig entstanden sein
konnten, da selbst beim Raten oder willkürlichen Auswählen nicht der-
artig übereinstimmende Präferenzmuster entstehen können. Die Erklärung für diese Tatsache wurde anschließend in – national gemischten –
Kleingruppen gesucht und diskutiert, wobei die Betreuer insbesondere
als Dolmetscher helfen mußten. In diesen Gesprächen boten die Schüler
teils sehr anspruchsvolle Erklärungen für die jeweiligen Stereotypen,
deren Entstehung und Tradition (Schule, Elternhaus, Massenmedien etc.).
Außerdem entstand konkreter Informationsbedarf in solchen Fällen, wo
die Entscheidung nicht auf konkretem Wissen gründete: Wie unterscheidet sich das soziale Netz? Welche Kompetenzen hat der deutsche Bun-
despräsident, der französische Staatspräsident? usw. . . .

Der Austauscheffekt

Daß Reisen bildet, gehört zum Standardsatz deutscher Spruchweisheiten.
Aber schon Goethe kannte eine wichtige Einschränkung des Wahrheits-
gehaltes dieser Aussage: Man sieht nur das, was man kennt! Mit diesen
Binsenweisheiten wäre schon (fast) alles gesagt, welche Chancen ein
Schüleraustausch bietet und welche Grenzen dem Lernerfolg gesetzt
sind.
Um herauszubekommen, welchen Einfluß eine Austauschmaßnahme auf
den Umgang von Schülern mit Stereotypen hat, legten wir 51 Schülerinnen und Schülern des Lycée Mounier und des Paracelsus-Gymnasiums
einen Fragebogen mit 33 Gegensatzpaaren vor. Auf einer Skala mit fünf
Punkten sollte angekreuzt werden, wie sehr die Eigenschaften auf Franzosen bzw. Deutsche zutreffen. Die Befragung wurde jeweils vor und
nach dem Austausch bei allen beteiligten Schülern durchgeführt und die
Ergebnisse in Niederalfingen ausführlich diskutiert (10).
Einstellungsänderungen hielten sich demnach in engen Grenzen. War die
durchschnittliche Bewertung der Franzosen durch die Deutschen vor
dem Austausch bei 2,5 gelegen, so verschiebt sie sich nach dem Austausch leicht nach 2,7 (auf einer Skala von 1–5). Bei nur zehn von drei-
unddreißig Begriffspaaren gab es überhaupt eine signifikante Änderung.
Alle gingen in die negative Richtung. Der eingangs erwähnte Ernüchte-

rungsprozeß dürfte sich hier widerspiegeln. Die These, daß man bei einer Reise vielleicht nur wenig über das bereiste Land, dafür aber um so mehr über sich selbst erfährt, läßt sich durch die Daten nur wenig stützen. Die Selbsteinschätzung der deutschen Schüler verschiebt sich nach dem Austausch lediglich von 2,5 nach 2,6. Deutliche Veränderungen gab es nur bei folgenden Einstellungen: deutsche Schüler empfinden sich bzw. die Deutschen nach dem Austausch im Vergleich zu vorher steifer, abweisender, nationalistischer, sprachbegabter und egoistischer.

Ein weiterer Befund aus der Befragung legt den Schluß nahe, daß dort, wo sich deutlich unterschiedliche Profile bei der Fremdeinschätzung ergeben, es sich dabei nicht unbedingt um Vorurteile handeln muß. Vielmehr können diese Einschätzungen durchaus richtig sein, insofern sie tatsächliche Unterschiede in Mentalität und Lebensweise nachzeichnen — zumindest verblüfft die weitgehende Übereinstimmung zwischen Fremd- und Selbstwahrnehmung. Ob es so etwas wie einen Volks- oder Nationalcharakter gibt, ist mit Recht umstritten. Daß Völker aber nicht nur die anderen, sondern auch sich selbst mit Stereotypen belegen, ist eine Tatsache. Und nach unserer Untersuchung reproduzierten die befragten Schüler eben auch solche Selbstbilder der anderen als Zuschreibung kollektiver Charakter- und Einstellungseigenheiten. Diese Eigenheiten zu erkennen, ist Voraussetzung dafür, sie auch zu akzeptieren, auch und vor allem dann, wenn man selbst in vielen Punkten anders gewirkt ist. Allerdings darf nicht übersehen werden, daß die Austauschmaßnahmen viel zu kurz sind, um nachhaltige Einstellungsänderungen zu bewirken. Mehr als ein Anstoß zur Infragestellung vorfabrizierter Bilder darf nicht erhofft werden. Und insofern reicht der Lernort Ausland alleine nicht aus, um die gewünschten Effekte zu erzielen. Die vielfältigen, sicherlich oft sehr intensiven Erfahrungen und Erlebnisse müssen auch im Unterricht verarbeitet werden. Und dazu bedarf es sowohl der begleitenden Betreuung als auch der intensiven Nacharbeit. Zumal die beim Schüleraustausch geknüpften persönlichen Kontakte in der Regel nicht sehr lange aufrechterhalten bleiben (11)!

Anmerkungen

1) Lehrplan Französisch, 2. Fremdsprache, Klasse 9
2) ebenda, Klasse 10
3) Merkblatt des Oberschulamts Stuttgart zur Durchführung des deutsch-französischen Schüler/Gruppenaustauschs.
4) Zu dieser Einschätzung gelangt auch Holger Mirek: Gemeindepartnerschaft. Ein Leitfaden für Praktiker. Kehl 1984. An einigen Schulen ist es jedoch üblich, daß die Schüler über ihre Erlebnisse schriftlich berichten, sei es in Aufsatzform oder als „Zeitung". Beispiele

hierfür sind aufgeführt bei: Birgit Hanke: Deutsch-Französische Städtepartnerschaft: Tübingen — Aix en Provence; unter Berücksichtigung des Schüler- und Jugendaustauschs. Wiss. Arbeit zur 1. Dienstprüfung für das Lehramt an Realschulen, Fach Französisch, PH-Reutlingen. Mai 1987 (maschinenschriftliches Manuskript).

6) Eine ad hoc Befragung bei 17 Bediensteten der Landeszentrale für politische Bildung ergab eine deutliche Mehrheit der Frankophilen. Die zwei echten Anglophilen in der Belegschaft sind Norddeutsche. — Im übrigen: Wo machen deutsche Französischlehrer Urlaub und wo französische Deutschlehrer?

7) Lexikon zur Soziologie, Stichwort: Stereotyp. Westdeutscher Verlag. 1987. S. 749.

8) Hans-Peter Biege, Annette Félix-Stoll, Otto Hoffmann, Uli Storz: Deutsch-Französischer Schüleraustausch. Erfahrungen — Bewertungen — Anregungen. Herausgegeben von der Landeszentrale für politische Bildung Baden-Württemberg. Stuttgart 1986. Die Broschüre kann kostenlos dort angefordert werden!

9) siehe dazu ausführlich a.a.O., S. 7—34.

10) Genaueres a.a.O., S. 14—31.

11) Zu dieser Einschätzung kommt auch Birgit Hanke, a.a.O., S. 136 f.

ich würde . . . .

[Frankreich] . . .

Antworten der deutschen Schüler (4 Gruppen)

Schüler	Schüler	Schüler	Schüler
Lehrer	Lehrer	Lehrer	Lehrer
Hausfrau	Hausfrau	Hausfrau	Hausfrau
Mann	Mann	Mann	Mann
Frau	Frau	Frau	Frau
Kind	Kind	Kind	Kind
Jugendlicher	Jugendlicher	Jugendlicher	Jugendlicher
Arbeiten	Arbeiten	Arbeiten	Arbeiten
Familienleben	Familienleben	Familienleben	Familienleben
Abends ausgehen	Abends ausgehen	Abends ausgehen	Abends ausgehen
Autofahrer	Autofahrer	Autofahrer	Autofahrer
Arbeitslos	Arbeitslos	Arbeitslos	Arbeitslos
Freizeit	Freizeit	Freizeit	Freizeit
Ferien	Ferien	Ferien	Ferien
Einkaufen	Einkaufen	Einkaufen	Einkaufen
Essen	Essen	Essen	Essen
Präsident	Präsident	Präsident	Präsident
Alte	Alte	Alte	Alte
Obdachlos	Obdachlos	Obdachlos	Obdachlos
Umweltschützer	Umweltschützer	Umweltschützer	Umweltschützer
Wohnung	Wohnung	Wohnung	Wohnung

Antworten der französischen Schüler (4 Gruppen)

professeur	élève	élève	élève
maîtresse de maison	professeur	professeur	professeur
homme	maîtresse de maison	maîtresse de maison	maîtresse de maison
femme	homme	homme	homme
enfant	femme	femme	femme
adolescent	enfant	enfant	enfant
travailler	adolescent	adolescent	adolescent
vie de famille	travailler	travailler	travailler
sortir le soir	vie de famille	vie de famille	vie de famille
automobiliste	sortir le soir	sortir le soir	sortir le soir
chômeur	automobiliste	automobiliste	automobiliste
loisirs	loisirs	chômeur	chômeur
vacances	vacances	loisirs	loisirs
faires des courses	faires des courses	vacances	vacances
manger	manger	faires des courses	faires des courses
président	président	manger	manger
3ème âge	3ème âge	président	président
clochard	clochard	3ème âge	3ème âge
écologiste	écologiste	clochard	clochard
appartement	appartement	écologiste	écologiste
		appartement	appartement

185

Autorenspiegel

Paul Ackermann, Dr. phil., Professor für Politikwissenschaft und Politische Bildung an der Pädagogischen Hochschule Ludwigsburg.

Jürgen Beck, Grund- und Hauptschullehrer, Mitarbeiter am Projekt „Außerschulische Lernorte", Fachbereichsleiter am Staatlichen Seminar für Schulpädagogik Albstadt.

Hans-Peter Biege, Dr. rer. soc., Referent für Jugendbildung, Presse und Hörfunk bei der Landeszentrale für politische Bildung Stuttgart.

Reinhard Gaßmann, Referent für Schule und Hochschule bei der Landeszentrale für politische Bildung Baden-Württemberg.

Winfried Glashagen, Dr. phil., Professor, Referatsleiter im Landesinstitut für Erziehung und Unterricht, dem pädagogischen Institut des Ministeriums für Kultus und Sport Baden-Württemberg.

Michael Glöckner, Dr. phil., Referat Öffentlichkeitsarbeit, Süddeutscher Rundfunk Stuttgart.

Otto Hoffmann, Gymnasialprofessor Paracelsus-Gymnasium Stuttgart, Fachberater im Fach Französisch.

Heinz Lauber, Stellvertretender Direktor der Landeszentrale für politische Bildung Baden-Württemberg, Referent für Lehrerfortbildung.

Rolf Müller, Leiter der Außenstelle Tübingen der Landeszentrale für politische Bildung Baden-Württemberg.

Helmut Nagel, Direktor der Staatlichen Akademie für Lehrerfortbildung Calw.

Fritz Sandmann, Dr. phil., Prof. (em.) für Didaktik der Gesellschaftswissenschaften an der Johann Wolfgang Goethe-Universität Frankfurt.

Karl Setzen, Dr. phil., Professor für Soziologie an der Pädagogischen Hochschule Schwäbisch Gmünd.

Ulrich Storz, Oberstudienrat Paracelsus-Gymnasium Stuttgart.

Herbert Uhl, Dr. phil., Akademischer Oberrat für Politikwissenschaft und Politische Bildung an der Pädagogischen Hochschule Freiburg.

Herbert Zimmermann, Realschullehrer, Lehrbeauftragter am Staatlichen Seminar für Schulpädagogik Reutlingen.

Klaus Wasmund (Hrsg.)

Jugendliche — Neue Bewußtseinsformen und politische Verhaltensweisen

251 Seiten, kart., Klettbuch 922131

Das Verhältnis der Jugend zu Staat und Gesellschaft ist in der Bundesrepublik ein zentrales Diskussionsthema geworden. Während Staat und Gesellschaft in den 70er Jahren gebannt auf das Terrorismus-Phänomen starrten, entwickelte sich in der Bundesrepublik — zunächst lautlos — eine „neue Jugendbewegung", die anfangs kaum wahrgenommen und noch weniger ernstgenommen wurde. Glaubte man noch, als die ersten Pflastersteine flogen, die wachsenden Protest- und Unruhepotentiale mit Stichworten wie „Krawall" und „Politrocker" stigmatisieren zu können, so wurde die aufgeschreckte Republik, die bis dahin eher über eine „angepaßte" Jugend beunruhigt schien, hinsichtlich der politischen Motive und Energien der neuen Jugendbewegung sehr schnell eines Besseren belehrt.

Die neue Jugend- und Alternativbewegung ist inzwischen zu einer gesellschaftlichen Formation „für sich" geworden, mit neuen Bewußtseinsformen, Lebensstilen und politischen Verhaltensweisen. Sie ist ein Stück innenpolitischer Realität, vielleicht sogar schon ein Machtfaktor.

Die Schwerpunkte des vorliegenden Sammelbandes liegen in folgenden Bereichen:
I. Zur Psychologie des Jugendalters
II. Jugend und Politik
III. Resignation und Fluchttendenzen in der Jugendgeneration
IV. Das Thema „Jugend" im Unterricht.

Paul Ackermann/Winfried Glashagen (Hrsg.)

Friedenssicherung als pädagogisches Problem in beiden deutschen Staaten

236 Seiten, Klettbuch 920331

Fachdidaktiker, Fachwissenschaftler und Vertreter verschiedener gesellschaftlich-politischer Gruppen versuchen hier, Elemente eines Konsenses für die unterrichtliche Behandlung der Friedens- und Sicherheitspolitik zu finden und die vor allem von der Friedensbewegung neu gestellten ethischen Fragen aufzunehmen. Ferner werden die pädagogischen Bemühungen um Friedenssicherung in der Bundesrepublik Deutschland und der Deutschen Demokratischen Republik verglichen.

Die Themen:
— Problemstellungen der Friedenserziehung in den 80er Jahren
— Das Thema Frieden und Sicherheit in der bildungspolitischen Diskussion
— Aspekte der Friedenssicherung: Entspannung zwischen Ost und West
— Deutsche Frage und Friedenspolitik
— Friedenssicherung und Verteidigungsbereitschaft als unterrichtliches Thema
— Zur Behandlung der Thematik „Friedenssicherung und Friedenserziehung" in der Schule
— Friedensstiftung als biblische Herausforderung an das Gewissen evangelischer Christen
— Wehrerziehung in der DDR
— Politische Bildung in der Bundeswehr und Polit-Arbeit in der Nationalen Volksarmee
— Vertrauensbildung und Friedenserziehung
— Friedensfähigkeit und Verteidigungsbereitschaft als pädagogisches Konsensproblem